Maurice DESPINOY

Psychopathologie de l'enfant et de l'adolescent

ARMAND COLIN

COLLECTION CURSUS • PSYCHOLOGIE

dirigée par Colette Chiland, Nicole Bacri, Gabriel Moser et Fayda Winnykamen

DANS LA MÊME COLLECTION

J.-C. ABRIC	*Psychologie de la communication,* 1999, 2e édition.
J.-D. BAGOT	*Information, sensation et perception,* 1999, 2e édition.
J. BEAUDICHON	*La communication,* 1999.
J.-F. BRAUNSTEIN, É. PEWZNER	*Histoire de la psychologie,* 1999.
A. CARTRON, F. WINNYKAMEN	*Les relations sociales chez l'enfant,* 1999, 2e édition.
P. DELHOMME, T. MEYER	*Les projets de recherche en psychologie sociale,* 1997.
M. DESPINOY	*Psychopathologie de l'enfant et de l'adolescent,* 1999.
C. DOUCET	*La psychosomatique,* 2000.
E. DROZDA-SENKOWSKA	*Psychologie sociale expérimentale,* 1999.
H. FEERTCHAK	*Les motivations et les valeurs en psycho-sociologie,* 1996.
M. GUIDETTI, C. TOURRETTE	*Handicaps et développement psychologique* de l'enfant, 1999, 2e édition.
M. GUIDETTI, S. LALLEMAND, M.-F. MOREL	*Enfances d'ailleurs, d'hier et d'aujourd'hui,* 2000, 2e édition.
C. LOUCHE	*Psychologie sociale des organisations,* 2001.
É. PEWZNER	*Inroduction à la psychopathologie de l'adulte,* 2000, 2e édition.
H. STORK	*Inroduction à la psychologie anthropologique,* 1999.
É. THOMMEN	*L'enfant face à autrui,* 2001.
C. TOURRETTE, M. GUIDETTI	*Introduction à la psychologie du développement. Du bébé à l'adolescent,* 1998, 2e édition.
G. VINSONNEAU	*Culture et comportement,* 2000, 2e édition.

Conception de couverture : Dominique Chapon et Emma Drieu

Internet : http://www.armand-colin.com
ISBN 2-200-26306-6

ARMAND COLIN ÉDITEUR • 21, RUE DU MONTPARNASSE • 75006 PARIS

SOMMAIRE GÉNÉRAL

LES UTILITAIRES

Introduction

Cet ouvrage a pour projet d'offrir un instrument de travail pour l'étudiant et une source d'informations rapides pour le praticien. Il n'est évidemment pas possible d'offrir dans un cadre restreint une étude complète de la pathologie mentale de l'enfant et de l'adolescent mais des indications supplémentaires sont données en bibliographie.

Les descriptions cliniques sont suivies d'exposés qui se réfèrent à des études théoriques sur les processus psychiques pathologiques. Parmi ces théories, la psychanalyse offre les modèles qui apparaissent ici comme les plus satisfaisants. Mais les recherches propres à la psychologie cognitive et aux neurosciences seront utilisées en fonction de leur importance, selon les sujets étudiés.

Cet ouvrage suppose connus les traits essentiels du développement psychique normal de l'enfant et de l'adolescent ; cependant, un rappel des notions indispensables à la compréhension sera donné en introduction aux chapitres consacrés à la pathologie.

Le développement est, en effet, la perspective fondamentale de l'étude du psychisme, normal ou pathologique, de l'enfant. Contrairement à une opinion souvent exprimée, la notion de développement ne réfère pas en psychanalyse à un processus linéaire. La clinique analytique a confirmé l'importance de la notion de niveaux de fonctionnement psychique mais elle a montré aussi qu'il n'existe pas de succession chronologique simple, et que la coexistence d'organisations psychiques différentes est la source de la richesse et de la complexité du psychisme. Les prédominances diachroniques cèdent en effet la place à des organisations qui permettent à des processus de niveaux différents de participer d'une façon synchronique au fonctionnement psychique.

C'est sur la base des observations cliniques et de la sémiologie que la psychopathologie élabore des modèles de fonctionnements psychiques. Mais en retour, l'observation informée par la psychopathologie s'affine et permet de constater d'autres faits qui contribuent à faire évoluer les théories.

Dans le mouvement permanent de reprises, de transformations, d'avancées et de régressions, selon l'organisation interne et les circonstances, la pathologie s'estompe ou se confirme. Certaines périodes de grands changements : les premiers mois, la troisième année, l'adolescence, offrent plus de possibilités de réajustement mais aussi plus de risques d'impasses. Quand l'âge adulte est atteint, si les grandes catastrophes psychiques ont pu être évitées, des domaines entiers de la personnalité paraissent encore fonctionner selon les registres de l'enfance, d'autres parties, inorganisées ou destructrices sont maîtrisées, mais constituent une menace pour le fonctionnement psychique.

Tout n'est pas joué dans l'enfance, le travail de reprise et de développement se poursuit chez l'adulte mais sans disposer, il est vrai, de l'extrême plasticité et du dynamisme de changement qui caractérisent l'enfance et l'adolescence.

Chapitre 1

Définition et problématique de la psychopathologie

SOMMAIRE

OBJECTIFS DE CONNAISSANCE

▲ Savoir définir la notion de psychopathologie et comprendre son intérêt pour l'étude clinique ;

▲ Connaître l'importance et les limites des notions de normalité et de pathologique ;

▲ Expliquer l'intérêt pour la clinique d'une conception unitaire, biologique et psychique, des processus psychopathologiques ;

▲ Connaître la diversité et la complexité des approches théoriques de la pathologie du psychisme de l'enfant.

1. Définition

1.1. *Le champ de la psychopathologie*

Dans un sens strict, la psychopathologie peut être définie comme la recherche des processus et des formes d'organisation auxquels nous attribuons les troubles psychiques. Elle nécessite donc une connaissance des processus du développement normal du psychisme de l'enfant et une certaine modélisation des phénomènes psychiques basée sur des conceptions théoriques. Ces notions constituent des références qui assurent la cohérence de la pensée du thérapeute au cours de sa rencontre avec l'enfant et lui permettent de construire des hypothèses nécessaires à ses interventions.

Dans cet ouvrage, notre approche en psychopathologie utilise essentiellement la métapsychologie psychanalytique dont les concepts structuraux, dynamiques, économiques et génétiques offrent les cadres théoriques nécessaires à l'analyse des faits cliniques.

La découverte et la création des notions résultent de l'observation de faits cliniques qui suggèrent l'élaboration d'hypothèses concernant les processus psychiques en cause. La validité d'une conception nouvelle s'apprécie en fonction de sa cohérence avec l'ensemble des constructions théoriques admises, et surtout en fonction de son utilité pratique dans la relation thérapeutique. Ces « mises à l'épreuve » conduisent à des reprises, des modifications des notions, et devraient aboutir parfois à leur disparition.

1.2. *Psychopathologie et psychiatrie*

La psychiatrie se distingue de la psychopathologie par le fait qu'elle propose essentiellement la description des troubles psychiques avec le projet pratique de déterminer le choix du traitement. La sémiologie est un domaine essentiel de la psychiatrie qui consiste en l'observation des signes, première étape de la démarche diagnostique.

L'étude des *manifestations symptomatiques* concerne des enfants qui présentent un trouble prédominant, un symptôme parfois isolé. Certains symptômes peuvent être décelés par l'observation, d'autres sont subjectifs, déduits indirectement ou décrits par le sujet lui-même.

Les perturbations légères du développement se traduisent souvent par quelques symptômes isolés qui pourront s'avérer des signes avant-coureurs d'un trouble plus important, manifeste ultérieurement.

L'observation d'un ensemble de symptômes fait généralement apparaître des associations caractéristiques. Pour désigner de tels ensembles, dans le domaine psychique, où l'origine du trouble est complexe — et particulièrement pour l'enfant, dont la pathologie n'est pas fixée —, on emploie le terme de *syndrome,* qui ne préjuge pas d'une étiologie ni d'un pronostic.

La différence entre psychiatrie et psychopathologie n'est cependant pas radicale. Une réflexion psychopathologique s'applique à des formes de troubles qui doivent êtres bien définis et clairement décrits : la perspective sémiologique est son fondement. Par ailleurs la psychiatrie, domaine originel des recherches sur les étiologies et la pathogenèse, utilise la psychopathologie pour l'élaboration des projets thérapeutiques.

Ainsi, c'est par l'équilibre, par la répartition des domaines d'études que les ouvrages de psychiatrie et de psychopathologie se distinguent. Pour le psychiatre, le diagnostic se fait surtout par la sémiologie. Pour le psychologue, le diagnostic peut utiliser des outils (psychométrie, épreuves projectives) qui nécessitent une compréhension, des hypothèses propres à la psychopathologie.

Dans le présent ouvrage, la sémiologie sera définie et utilisée pour décrire les diverses manifestations symptomatiques et les syndromes. La classification des troubles psychiques de l'enfant la plus souvent utilisée en France est la CFTMEA (Classification française des troubles mentaux de l'enfant et de l'adolescent) ; j'utiliserai parfois aussi, malgré les critiques qui leur sont adressées, les critères des DSM-III-R et DSM-IV.

La perspective du diagnostic sera envisagée essentiellement pour préciser les différents processus psychiques sans chercher à différencier les syndromes à partir d'analyses sémiologiques.

2. Le concept de normal et de pathologique

2.1. *Le choix des critères*

La distinction entre le normal et le pathologique est particulièrement difficile quand elle s'applique au psychisme. On peut chercher à l'établir par différents critères : selon une norme, selon des capacités d'adaptation ou selon l'évaluation subjective de la qualité de la vie.

2.1.1. La notion de norme

Si on définit une norme par la moyenne des modes d'évolution des enfants, cette moyenne varie selon les échantillons de populations choisies dont elle reflète le mode de vie. Dans une société défavorisée, la norme ainsi définie est bien éloignée des potentialités d'évolution des enfants. Pourtant, à condition de tenir compte de cet élément différentiel, la notion de *développement moyen* est une approche utile à l'appréciation d'une pathologie individuelle. Les études du développement du fonctionnement psychique se fondent sur la psychométrie quantitative, statistique ou qualitative, généralement projective.

2.1.2. L'adaptation

La capacité d'adaptation est un critère de normalité souvent utilisé pour l'adulte malgré les multiples critiques dont il est l'objet du fait, essentiellement, qu'il se réfère aux attentes sociales et peut conduire, comme l'histoire le montre, à considérer comme déviant celui qui s'oppose, par exemple, aux totalitarismes ou à l'obscurantisme. Pourtant, malgré la suspicion dont elle fait l'objet, il faut reconnaître que cette référence est toujours implicitement présente dans nos évaluations cliniques de l'adulte.

Pour l'enfant, cette appréciation est utilisable dans une perspective relativiste en fonction de l'âge, du milieu et des expériences antérieures. L'aptitude de l'enfant à faire face à des conditions nouvelles — une brève séparation d'avec les parents, la naissance d'un puîné, l'entrée en crèche ou en maternelle — est un élément d'appréciation important dans notre clinique. La question la plus importante et la plus difficile est l'appréciation des potentialités évolutives ; c'est un problème qui se manifeste par l'utilisation fréquente du terme *retard de développement*. S'agit-il vraiment d'un retard ? L'enfant parviendra-t-il, bien qu'avec de plus longs délais, aux mêmes formes de fonctionnement psychique que ses camarades du même âge ? Ou deviendra-t-il un adulte moins « efficient », moins bien adapté que la moyenne ? Le sens défavorable pris par le terme *« enfant retardé »* montre qu'en parlant de retard, nous utilisons souvent l'incertitude de notre pronostic d'une évolution pour masquer notre pessimisme.

2.1.3. L'état subjectif

La dimension subjective est une dimension essentielle de la santé mentale de l'enfant. La capacité d'éprouver du plaisir et de la curiosité, la satisfaction de prendre conscience de son propre développement, sont des faits dont nous ne pouvons avoir qu'une connaissance indirecte, mais qui nous éclairent sur le développement psychique d'un enfant.

2.2. *L'appréciation clinique*

Il ne saurait exister d'instrument rigoureux pour apprécier la normalité d'une conduite. L'expérience montre que les troubles importants sont reconnus de façon identique par les cliniciens d'écoles différentes, mais l'indétermination est grande quand les conduites observées sont à la limite entre le normal et le pathologique. L'évaluation utilise les aspects statistiques du développement, l'étude des circonstances particulières, les potentialités d'adaptation, le reflet des appréciations subjectives de l'enfant, les réactions de l'entourage et les outils psychométriques et projectifs de la psychologie.

Quelles que soient l'expérience et la compétence du clinicien, l'erreur la plus grande de sa part serait de faire preuve de rigidité dans son appréciation. Toute évaluation est soumise à l'épreuve de l'évolution dans le temps. L'interprétation donnée, par exemple, de l'insomnie précoce ou de l'évitement fréquent du regard dans les premiers mois, ou du retard du langage plus tard, qu'elle conduise ou non à des mesures immédiates, doit faire l'objet de vérifications ultérieures. Cette attitude prudente, nécessaire, peut décevoir l'attente des familles, qui recherchent souvent des avis catégoriques. Les cliniciens de la psychiatrie de l'enfant sont fréquemment confrontés à cette difficulté, mais les parents savent généralement reconnaître la différence entre une attitude indécise et la fermeté d'une décision de continuer l'observation de l'enfant.

3. Psychogenèse et organogenèse

3.1. *Biologie et interaction*

Le psychisme résulte de l'organisation d'une structure biologique sous l'influence de l'environnement et particulièrement des interactions familiales. La notion d'*épigenèse interactionnelle* (Cosnier, 1980) rend compte de cette articulation d'un programme inné avec les caractéristiques des actualisations dans l'environnement.

L'évolution est ainsi tributaire de contingences et de l'aléatoire : à la quasi-infinité des potentialités d'évolution des structures cérébrales, s'ajoute la quasi-infinité des rencontres possibles. Il est sans importance pratique de rechercher la part respective de la biologie et des relations ; dans des cas limites, on peut tout au plus noter que le poids de certaines anomalies génétiques ou, à l'autre extrême, un milieu relationnel « monstrueux » réduisent considérablement la diversité des potentialités évolutives.

Les anomalies de l'activité psychique de l'enfant peuvent être considérées comme des avatars, des accidents ou des distorsions de son développement. Elles peuvent résulter d'événements soudains, comme les traumatismes et les deuils, ou de circonstances défavorables : milieux carencés, inorganisés, violents. Nous devons garder à l'esprit que ces situations ont des effets différents selon des particularités constitutionnelles que nous ne savons pas évaluer. Selon les circonstances qui ont présidé aux premières années de la vie d'un enfant et selon son patrimoine génétique, ses capacités d'affronter les épreuves et les traumatismes de l'existence seront très différentes. La notion de *vulnérabilité* a été proposée (Anthony, Chiland, Koupernik, 1978) pour rendre compte de la diversité de ces aptitudes ; elle peut être invoquée pour l'ensemble de la psychopathologie.

Le travail thérapeutique s'appuie sur cette remarquable plasticité du psychisme qui apparaît dans son aptitude à être modifié par une relation, bien qu'il soit surprenant que la relation dite de psychothérapie puisse être efficace malgré sa brièveté relative par rapport à la vie quotidienne de l'enfant.

3.2. *Un principe fondamental pour notre pratique*

Quel est l'intérêt de souligner cette intrication du biologique et du relationnel ? La réponse peut être donnée par l'expérience qui a été vécue par la génération de psychiatres et de psychologues influencée par la psychanalyse après son apparition en France. Une conception erronée de la psychanalyse et une réaction à l'encontre des théories organicistes antérieures contribuèrent alors à récuser la part biologique de toute pathologie. La responsabilité exclusive des troubles de l'enfant était attribuée aux parents, et plus particulièrement à la mère. Durant cette période, qui s'estompe lentement, les parents, accablés par la découverte d'un trouble psychique de leur bébé, subissaient de plus la réprobation des thérapeutes qui les recevaient et leur transmettaient un message implicite sur leur responsabilité en exigeant qu'ils se soumettent à une psychothérapie, condition préalable, selon eux, à toute prise en soin de l'enfant.

Le modèle de causalité simple qui correspondait à cette attitude est incompatible avec les connaissances que nous devons à la psychanalyse. Les psychanalystes qui ont fondé les traitements des enfants psychotiques et autistes, pour parler des cas les plus dramatiques, ont reconnu l'importance de particularités constitutionnelles (Mahler, Tustin). Le fait que les facteurs héréditaires ou les accidents biologiques aient joué un rôle important dans le destin d'un enfant ne constitue pas un obstacle au processus analytique, ni un argument pour écarter une psychothérapie.

4. Psychanalyse et psychopathologie

4.1. *Évolution des théories psychanalytiques*

Malgré les controverses parfois violentes, on peut définir les concepts essentiels de la psychanalyse et constater que presque tous les germes de nouveaux progrès se trouvaient dans l'œuvre de Freud. Il avait en effet posé les jalons fondamentaux : les deux topiques, la relation objectale, les identifications, le narcissisme et le clivage du Moi. Ces voies étant indiquées, l'évolution de la psychanalyse vers les domaines que Klein, Winnicott puis Kohut ont explorés devenait possible. On peut, par exemple, reconnaître après coup que Klein était l'héritière de Freud — comme elle en avait toujours été persuadée.

▲ La conception de la psychanalyse est développementale dès ses origines (Freud, 1887-1902). En 1905, le modèle proposé par Freud est génétique, il l'est toujours à la fin de son œuvre (1938b). Les phénomènes psychiques peuvent être interprétés en termes de processus qui s'organisent à partir des premiers événements vécus dans l'enfance. La reconnaissance de ce point de vue est une caractéristique permanente de toutes les démarches véritablement psychanalytiques ultérieures.

▲ Dans la ligne directe de la seconde topique, la psychologie du Moi, sous l'impulsion d'Anna Freud, explore le modèle pulsions-défenses (A. Freud, 1936).

▲ L'approfondissement de la notion d'objet, introduite par Freud, permet l'extension de plusieurs recherches sur la relation d'objet (Klein, 1946 ; Fairbairn, 1952 ; Bouvet, 1956 ; Winnicott, 1958 ; Balint, 1965). Les contributions les plus originales de Klein sont sans doute la notion d'un monde interne et la description de la position dépressive. Winnicott suggère l'existence d'objets créés, qui ne seraient ni internes ni externes, et fonde la recherche sur les phénomènes transitionnels.

▲ La théorie de l'attachement (Bowlby 1969, 1973, 1980 ; Ainsworth, 1969) occupe une place particulière par rapport à la psychanalyse. Elle s'en écarte par l'hypothèse d'une tendance primordiale à l'interaction mais son utilisation dans les études cliniques n'est pas incompatible avec les conceptions psychanalytiques. La notion freudienne d'angoisse de séparation (1926, p. 61-62) représente un point commun important entre les deux théories.

▲ La notion de Soi était déjà présente dans la relation à l'objet comme second terme implicite. Winnicott a traité du Soi à sa manière, en abordant à la fois la question essentielle de l'intimité du Soi et en traitant du « faux self » (1960).

Kohut attribue aux premières identifications parentales l'organisation narcissique du Soi (1971), conception introduite en France par Bergeret (1972). On assiste à partir de Kohut au développement des conceptions dites « intersubjectives » ainsi qu'à l'étude de la fonction réflexive (Stolorow *et al.,* 1994). Green (1974, p. 88-89), avec une formulation bien différente, avait eu une démarche similaire. Enfin Ogden (1986), un post-kleinien, étudie le processus analytique comme processus intersubjectif.

On peut constater actuellement un effort de rapprochement des différentes tendances car il existe d'importantes convergences entre psychologie du Soi, relations d'objet et théorie structurale du psychisme (Bacal et Newman, 1990).

4.2. *Concepts psychanalytiques et psychopathologie*

La théorie psychanalytique s'est construite pour une grande part grâce à l'étude clinique des états pathologiques. Sont exposées ici les notions qui ont une importance particulière pour la compréhension de la psychopathologie : théorie du traumatisme, des conflits, des régressions et des défauts d'organisation du Soi.

4.2.1. Le traumatisme

L'origine traumatique des névroses a constitué l'hypothèse principale des premières recherches freudiennes. Très rapidement Freud décompose le processus pathogène en deux temps. Il fait l'hypothèse d'un débordement du pare-excitations par un événement inaugural, une séduction de l'enfant, au cours de la petite enfance. L'effet psychique ne s'accompagne pas de prise de conscience de l'événement et fait l'objet d'un refoulement. Plusieurs années après, un second événement, traumatique par son effet mais qui peut constituer pour l'observateur un incident mineur, déclenche par retour du refoulé le trouble psychique.

En 1897, Freud constate l'invraisemblance d'une théorie traumatique exclusive (1887-1902, p. 190-193) et entreprend la construction d'une nouvelle conception de la névrose, basée sur le conflit intrapsychique.

Il n'abandonne pas cependant la notion du caractère pathogène du traumatisme et proposera plus tard un modèle explicite du processus (1915-1917, p. 341). La référence au traumatisme continue à occuper une place importante en psychopathologie et Khan, en décrivant le traumatisme cumulatif (1974, p. 69-87), en a élargi le champ d'application.

4.2.2. Conflit et régression

▲ Le conflit

La théorie traumatique ayant été reléguée au second plan, l'hypothèse de conflits intrapsychiques et des régressions qui en résultent devient prépondérante pour la psychopathologie psychanalytique.

Dans la première topique, le conflit se situe au niveau de la conscience. Le refoulement résulte du caractère insupportable d'une représentation et le symptôme est produit par le retour du refoulé.

Plus tard, avec la seconde topique, le Moi, siège du conflit, est l'agent du refoulement sous l'influence du Surmoi — l'angoisse donnant le signal (1926).

Le complexe d'Œdipe génère plusieurs conflits : motions pulsionnelles et angoisse de castration, œdipe normal et œdipe inversé, positions actives et passives, masculines et féminines.

Le développement du modèle de la seconde topique conduit à la notion de conflits intersystémiques entre le Moi et le Surmoi dont Freud avait donné le premier modèle avec la mélancolie.

Cette notion de conflit, dont le complexe œdipien occupe la place centrale, est particulièrement adéquate pour décrire les processus névrotiques. Mais elle ne permet pas de décrire les phénomènes de carence narcissique, de pathologies limites ou psychotiques, et la notion de régression ne peut que partiellement en rendre compte.

Klein accorde également au conflit une place importante dans sa conception de la psychopathologie. Cependant, le conflit perd pour elle le caractère mécanique d'un jeu de forces et résulte des fantasmes inconscients (Meltzer, 1978, p. 239). Dans la voie tracée par Freud avec son texte *Au-delà du principe de plaisir* (1920), elle décèle les troubles qui résultent des conflits entre libido et pulsion de mort.

Le modèle kleinien reprend pour l'essentiel le modèle freudien de la névrose mais les notions de position schizo-paranoïde et de mécanismes de clivage permettent la description des processus psychotiques.

▲ La régression

La notion de régression complète celle de conflit : le conflit provoque la régression à des stades antérieurs du développement psychique. Selon Freud, les imperfections du processus de croissance psychique, les *fixations,* favorisent les régressions :

> « Les fonctions psychiques [...] doivent passer par un développement long et compliqué avant de parvenir à l'état qui les caractérise chez l'adulte normal. Or nous admettons que ces développements ne s'effectuent pas toujours assez impeccablement pour que la fonction dans son ensemble soit soumise à une modification progressive. Qu'un élément de cette fonction s'accroche au stade antérieur, et nous aurons alors un point de fixation [...] » [1913, p. 189-190].

Cette notion de fixation est utilisée par Freud pour étudier la forme de régression spécifique aux troubles afférents aux deux principales névroses : stade oral pour l'hystérie, stade anal pour la névrose obsessionnelle. Selon P. Marty (1976), la notion de fixation est loin de présenter une connotation négative : intrinsèque à la notion d'évolution et à celle de régression, le phénomène de fixation constituerait « un moment privilégié [...] particulièrement notable dans les périodes de croissance » (p. 122).

À partir de la seconde topique, c'est un conflit entre le Moi et le Surmoi (Freud, 1924) qui entraîne la régression ; le Moi trouve un nouvel équilibre dans le compromis du refoulement, du symptôme et de la régression.

La notion de régression se prête mieux que celle du conflit psychique à la compréhension de la psychose. Freud, à partir du constat de la perte de contact du Moi avec la réalité, fait l'hypothèse que l'intensité des conflits conduit le Moi à une régression narcissique profonde qui entraîne la perte de tous les investissements pour les objets externes.

Le modèle kleinien utilise également la notion de régression et des fonctionnements prégénitaux. L'enfant fonctionne en position schizo-paranoïde pour se protéger de l'intensité des angoisses dépressives.

Dans l'éventualité d'un milieu favorable au développement, il reste à expliquer pourquoi, chez certains sujets, les conflits indispensables à la croissance psychique, par exemple ceux de la période œdipienne ou de la puberté, sont surmontés, tandis qu'ils entraînent chez d'autres névroses et psychoses. Comme l'écrivait Freud à Fliess quand il dut renoncer à l'hypothèse exclusive du traumatisme, le recours à l'hypothèse d'une « prédisposition héréditaire » est inévitable (1887-1902, p. 192) et cette conclusion est partagée depuis, du moins pour les psychoses, par tous les cliniciens expérimentés.

4.2.3. Non-organisation du Soi

L'importance accordée à l'organisation du Soi pour le développement psychique a conduit à étudier les perturbations des premières relations objectales qui résultent d'un défaut d'intégration du Moi.

Cette perspective fait apparaître une composante nouvelle en psychopathologie — perspective dont Freud était proche quand, dans sa discussion du mémoire de Schreber, il envisageait le danger auquel étaient exposées « les personnes qui ne sont pas entièrement libérées du stade du narcissisme et qui par suite, y ont une fixation capable d'agir à titre de prédisposition pathogène [...] » (1911, p. 307). Winnicott adopte ce point de vue quand il décrit les risques que court le self en formation dans la relation individu-environnement. Il adopte souvent une théorie qui place le déficit à l'origine, le conflit étant un révélateur. Quand le Soi est organisé, il peut affronter les conflits pulsionnels, sinon la pathologie est inévitable. « Il y a une ligne de partage : Maturité du moi : les expériences instinctuelles renforcent le moi. Immaturité du moi : les expériences instinctuelles démembrent le moi. » (1956a, p. 174).

C'est sans doute Kohut qui représente le mieux cette conception des troubles psychiques car pour lui, l'organisation narcissique du Soi, qui résulte des premières intériorisations des expériences parentales, conditionne la capacité d'établir sans conflits déstructurants les relations objectales. « Le développement du narcissisme conditionne toute la pathologie, même si les névroses se définissent par les conflits inconscients. » (Oppenheimer, 1996, p. 98).

En proposant le modèle de la fonction contenant-contenu (1962), Bion est le premier kleinien à conceptualiser l'adéquation (ou l'inadéquation) de la relation parentale. Cette théorisation de ce que Winnicott appelle *« préoccupation maternelle »* permet aussi de reconnaître un défaut possible de cette fonction contenante et des capacités de penser qui en résultent pour le bébé. Les travaux post-kleiniens de Bick (1968), Meltzer (1975), et Grotstein (1981), en définissant la fonction de la peau psychique et de l'objet d'arrière-plan, permettent de mieux concevoir ce que le terme *organisation du Soi* signifie. Dans cette perspective, les conceptions de Kohut sur l'organisation narcissique du Soi et les recherches concernant l'intégration de la fonction « peau psychique » semblent se rejoindre et se compléter.

Les défauts d'organisation du Soi constituent une base importante pour l'étude psychopathologique des troubles de la personnalité, ils permettent d'interpréter les effets des milieux carencés et des défauts de soins maternels, qui n'étaient interprétables ni par les théories des conflits intrapsychiques, ni par celles du traumatisme. C'est par cette carence — de théorie — que s'expliquent les réactions suscitées dans leurs propres écoles par les travaux de Spitz (1945) et Bowlby (1951), à l'époque de leur publication.

Mais il n'y a pas contradiction entre une conception d'une psychopathologie liée à la non-organisation du Soi et la prise en compte des conflits intra- et extrapsychiques. L'organisation du Soi, par les identifications primaires, détermine la capacité d'affronter les conflits intrapsychiques et les angoisses de séparation ainsi que les angoisses persécutives et dépressives.

Ainsi, les défauts d'organisation qui apparaissent au cours du développement, et les conflits qui leur font suite, sont les éléments déterminants de toute la psychopathologie.

4.3. *Clinique et théories psychanalytiques*

Les notions reconnues par la communauté internationale de psychanalyse offrent une grande diversité d'approches qui ne sont pas contradictoires mais véritablement complémentaires. Le terme de *théorie* est critiquable dans la mesure où la psychanalyse offre des notions concernant les processus qui servent à établir des liens entre des faits psychiques sans prétendre à une abstraction scientifique. « L'intelligence » de la psychanalyse est constituée de boîtes à outils notionnels dont l'utilité peut être comprise en se référant au modèle proposé par Bion pour la relation mère-bébé et la situation thérapeutique. Ce modèle exige du thérapeute un temps de travail de pensée qui transforme les projections du bébé ou du patient (1962). Dans une relation thérapeutique, l'empathie (l'activité de la fonction alpha) ne peut s'exercer en utilisant exclusivement l'expérience de vie du thérapeute, alors que c'est le cas pour la mère. La « contenance » du thérapeute est tributaire de sa capacité de se représenter les liens entre les conflits et les angoisses du patient. Certes, la connaissance abstraite de la psychanalyse n'est pas suffisante pour acquérir cette capacité de représentation et c'est là qu'intervient la fonction d'expérience selon Bion (*cf.* Meltzer, 1978, p. 422). Le savoir, repris par la pensée et soumis à l'« apprentissage par l'expérience »

(Bion, 1962), devient une compréhension vivante et plus précise des angoisses et des conflits du patient.

5. Les théories non psychanalytiques

Les principales théories qui peuvent être considérées comme des outils de connaissance des processus pathologiques n'ont pas une part égale dans le travail clinique. Leur intérêt pour le praticien et les psychothérapeutes sera discuté plus loin.

5.1. *Les neurosciences*

Freud pensait que la psychanalyse devait fonder une méthodologie qui lui était propre mais il ne perdait jamais de vue qu'elle décrivait des phénomènes d'origine biologique. Il rappelait souvent sa certitude qu'il serait possible de trouver des « jonctions » entre les études de la physiologie et du psychisme :

> « Nous avons jugé nécessaire de tenir à l'écart les points de vue biologiques pendant le travail psychanalytique et de ne pas utiliser non plus de tels points de vue pour des buts heuristiques, afin que nous ne soyons pas égarés dans le jugement impartial porté sur des faits psychanalytiques présents à nous. Mais une fois le travail psychanalytique accompli, nous devons trouver la jonction avec la biologie et pouvons nous estimer satisfaits si elle semble déjà assurée sur l'un ou l'autre des points essentiels. » [1913a, p. 204].

Les conseils de Freud semblent toujours actuels malgré les progrès considérables des neurosciences. La biologie n'apporte pas de contribution directe à la compréhension des phénomènes psychiques, même si les tentatives de quelques psychanalystes permettent certains rapprochements. Il existe tout au plus des indices de convergences qui montrent que certains échanges sont possibles d'un domaine à l'autre.

Le champ de connaissance des neurosciences est si vaste qu'il n'est pas possible d'en évoquer, à titre d'exemple, plus de quelques aspects.

5.1.1. La construction neuronale

La plasticité du psychisme a son équivalent au niveau histologique et anatomique. On a, en effet, démontré les transformations des synapses sous l'influence de nouvelles expériences, même chez des sujets adultes. Prochiantz (1997) souligne les capacités d'évolution neurophysiologique considérables du cerveau humain :

> « Cette influence de l'histoire de nos interactions sensorielles, sociales, affectives avec le milieu se poursuit tout au long de notre existence du fait du caractère inachevé, donc hautement déformable, des réseaux neuronaux qui sont à la base de la construction et de l'évolution morphologique des homunculus cérébraux. Cette plasticité adulte [...] est liée au maintien de caractères embryonnaires et, nous le supposons, de l'expression continue des gènes de développement, les mêmes qui, ayant imposé la mémoire de l'espèce, définissent à travers la forme sans cesse changeante des homunculus celle des individus. La forme visible reste identique ou se dégrade peu à peu, mais les formes internes, sous l'influence du milieu, continuent leur inventive sarabande. » [*Les Anatomies de la pensée*, p. 189-190 (1997)]

Au cours des années 1960, la psychiatrie française, interprétant d'une façon tendancieuse les recherches neurobiologiques, considérait comme caduques les théories de la localisation des fonctions cérébrales, alors qu'elles sont, depuis, bien confirmées. En plus d'une répartition topographique globale très complexe, il existe des organisations de groupes neuronaux spécialisés dans des fonctions très précises. Edelman (1994) a proposé une théorie de sélection des groupes neuronaux basée sur le modèle darwinien de sélection et a construit des modèles fondés sur la cartographie des neurones.

5.1.2. Les neurotransmetteurs

L'étude des neurotransmetteurs a une importance pratique pour la psychopathologie. On connaît l'existence de systèmes modulateurs cérébraux qui sont déterminants pour l'équilibre émotionnel, les processus attentionnels, les rythmes d'éveil, l'humeur et les conduites de plaisir-déplaisir. La noradrénaline, la dopamine, la sérotonine et l'acétylcholine, qui sont les principaux neurotransmetteurs de ces systèmes, sont sensibles à l'action des psychotoxiques et des médicaments. Leur rôle n'est pas totalement élucidé, mais on sait que la dopamine ou la sérotonine sont en cause par exemple dans la dépression, la schizophrénie et la maladie des tics. Et bien que cela ne permette pas de déterminer si les particularités biochimiques sont à l'origine d'un trouble ou en sont les indices, les conséquences pratiques sont grandes, comme dans le cas de l'utilisation des neuroleptiques pour les psychoses.

5.1.3. Biologie des émotions

L'émotion n'est pas un luxe ; dans une perspective darwinienne, elle apparaît comme un phénomène évolutif important. L'étude anatomophysiologique a conduit à décrire un système d'émotions primaires, innées, préprogrammées dépendant du système limbique (amygdale, cortex cingulaire) qui se traduisent, en réaction à des stimulations sensorielles spécifiques, par des actions sur les muscles (tonus, mimique), sur la circulation (rythme cardiaque, tension artérielle) et sur les sécrétions endocrines. Ces émotions primaires peuvent exister sans que le sujet en ait conscience. Les émotions secondaires sont produites par des perceptions ou des représentations, elles mettent en action le circuit primaire.

Les modifications corporelles participent à l'activation des phénomènes préfrontaux qui entraînent la conscience de l'émotion (Damasio, 1994). L'émotion résulterait de l'intégration de plusieurs processus : la représentation de ce qui l'a provoquée, la conscience de transformations corporelles et les effets sur l'ensemble de l'encéphale.

5.1.4. Les deux hémisphères cérébraux

Les recherches sur les différentes fonctionnalités des hémisphères cérébraux droit et gauche chez l'Homme utilisent les observations faites sur des sujets dont un seul hémisphère est lésé ou sur ceux dont le corps calleux a été sectionné. Dans la configuration statistiquement la plus fréquente, le cerveau gauche est celui du langage, tandis que le droit est plus adapté aux repérages dans l'espace, à l'appréciation des structures et tonalités musicales et à la perception des différenciations émotionnelles, etc. Ces recherches ont permis des avancées importantes dans les domaines concernant le langage, la pensée non verbale et la conscience ; elles offrent ainsi de nouvelles perspectives à la psychopathologie.

5.1.5. La conscience

Le phénomène de la conscience semblait avoir intimidé les chercheurs de neurosciences jusqu'à ces dernières années. Edelman fait exception et mène des recherches de modélisation. Ces études le conduisent à une réflexion sur la fonction de conscience : « La conscience primaire fournit un moyen de mettre en relation les signaux d'entrée, reçus par un individu sur le moment, avec ses actes et des récompenses passés » (1994, p. 161). Cette conscience est efficace, c'est-à-dire qu'elle permet une meilleure adaptation aux variations de l'environnement. Mais elle est limitée à un petit intervalle de mémoire autour du présent et ne permet pas de planifier le futur.

La conscience d'ordre supérieur, à partir des informations de la conscience primaire, construirait des modèles correspondant au présent, au passé, au futur et à la personne :

> « Le fait que certaines parties de la pensée consciente se libèrent des contraintes du présent immédiat et que la communication sociale s'enrichisse permet d'anticiper les états futurs et de planifier le comportement. Avec cette faculté viennent aussi la capacité de modéliser le monde, celles d'effectuer des comparaisons explicites, et de peser les différentes issues possibles — et, à travers de telles comparaisons de réorganiser des plans. Il est clair que ces capacités ont une valeur adaptative. » [1994, p. 176]

Ce texte n'est pas sans rappeler la démonstration par Freud de l'avantage que représente la pensée pour une expérimentation sans action (1911).

5.2. La *psychologie cognitive*

La psychologie cognitive étudie les structures, les fonctions qui président à l'organisation des expériences et les procédés de résolution des tâches. Depuis la rencontre en 1945, à New York, entre psychiatres, mathématiciens, psychologues et linguistes, elle a pris un nouveau tournant en prenant en compte la théorie de l'information. La psychologie cognitive se distingue radicalement du béhaviorisme puisqu'elle admet l'existence de contenus psychiques et inclut l'affect dans ses recherches jusqu'au début des années 1980. Elle utilise des modèles qui sont des entités « idéales » synthétisant un système spécifique de relations entre des éléments.

5.2.1. Les travaux de Piaget et la psychologie cognitive

La psychologie cognitive s'est longtemps développée aux États-Unis indépendamment des travaux européens et en particulier de ceux de Piaget qui anticipaient sur certains aspects de la démarche cognitiviste. Cependant, invité par Piaget lui-même, J. Bruner participait au Centre d'épistémologie génétique fondé par Piaget. Tout en admettant certains aspects de la conception piagétienne de l'intelligence, comme construction structurale *globale*, Bruner considère que la connaissance et l'aptitude concernent aussi des domaines spécifiques d'efficience et ne sont pas toujours transférables. Associées au savoir-faire, elles constituent un ensemble comparable à une « boîte à outils ». Chaque sujet dispose d'un assortiment qui lui est propre et la pression sociale est déterminante pour ces acquisitions d'outils (1973).

Plus tard, l'école genevoise a développé des travaux dans cette ligne, son objectif n'étant plus seulement de mettre en évidence les structures fondamentales des opérations intellectuelles propres au « sujet épistémique » mais aussi l'étude des processus fonctionnels qui permettent de réaliser des tâches particulières (Inhelder, Cellerier, 1992). Du reste, dès les années 1960, Ajuriaguerra et son équipe avaient montré par leurs travaux la fécondité pour la psychopathologie des découvertes piagétiennes.

5.2.2. Domaines et principes théoriques

La psychologie cognitive développe ses recherches dans des domaines différenciés — perception, attention, apprentissage, mémoire, langage — en utilisant l'expérimentation et les études en milieu naturel. Deux tendances théoriques apparaissent dans les travaux cognitifs :

▲ L'objectif est de construire des modèles aisément formalisables qui permettent d'interpréter les résultats observés expérimentalement en assimilant implicitement le fonctionnement psychique à celui de l'ordinateur et en considérant la mémoire comme un stock d'informations organisées. La conception modulaire des traitements de l'information (Fodor, 1983) peut être citée en exemple ; elle distingue des processus de traitement, spécifiques à certains types d'informations, réalisés par des modules indépendants les uns des autres, et des processus centraux qui utilisent toutes les informations disponibles. Cette conception ne tient aucun compte des caractéristiques des connexions neuronales qui seraient le support de ces relations modulaires.

▲ Le connexionisme s'oppose à cette conception formaliste du traitement de l'information et propose des modélisations qui s'inspirent de l'organisation neuronale en réseau. Ces systèmes complexes, dont l'étude mathématique est difficile, ont été utilisés pour l'étude de la perception et pour celle de la mémoire (Roulin, 1998, p. 297).

Pour certains biologistes, aucune hypothèse fondamentale sur les processus cognitifs ne peut être construite sans référence à la structure anatomo-physiologique (Changeux, 1989 ; Edelman, 1993).

Pourtant, des modèles cognitifs utiles à la compréhension de certains processus ne peuvent actuellement qu'ignorer les structures biologiques sous-jacentes (Chiland, 1997, p. 330) et le modèle connexioniste lui-même est encore très éloigné des structures réelles.

5.3. *La psychologie du développement*

Après les pionniers qui, comme W. Preyer (1887), publièrent les premières observations systématiques de bébés et de jeunes enfants dans leur famille, ce sont incontestablement Wallon et Piaget qui impulsèrent les recherches les plus décisives pour le développement de la psychologie de l'enfant.

Wallon a poursuivi d'importantes recherches sur le développement des émotions, sur les crises de l'enfance et sur la symbolisation qui se construisent, les unes et les autres, dans des mouvements dialectiques dynamiques entre *« l'Acte et la Pensée »* (1942).

Piaget, qui a mené des observations sur ses propres enfants dès leur naissance, s'est d'emblée intéressé à la construction chez l'enfant des grandes catégories de la pensée (1936). Il s'est ensuite orienté définitivement vers l'étude de la construction génétique interactive (sujet/environnement) des structures de l'intelligence chez celui que l'on a appelé « le sujet épistémique ».

Freud, après Abraham (1924), avait également décrit des stades, mais sa méthode d'induction du développement à partir de faits cliniques est bien éloignée des méthodes d'observation de la psychologie.

Il existe cependant des liens particuliers entre la psychanalyse et la psychologie du développement. L'intérêt des psychanalystes appartenant à l'école d'Anna Freud pour l'évolution de l'enfant au cours des périodes préverbales les a conduits à des recherches concernant le développement des jeunes enfants, recherches dont les méthodes étaient celles de l'observation directe. En 1950, à Londres, au cours d'un symposium consacré au thème « Psychanalyse et psychologie du développement », Spitz (1950) fit état de ses observations des bébés ; Hartmann (1950) discuta de l'intérêt et des limites des apports de l'observation directe à la psychanalyse. Par la suite, dans une perspective semblable, Anna Freud proposa la notion de « lignes de développement » (1965, p. 42-85) et E. Kris entreprit une étude longitudinale du développement des jeunes enfants (M. Kris, 1957). Plus tard, on retrouve cet intérêt et l'utilisation de l'observation directe dans d'autres écoles : chez Bowlby (1960), Escalona (1968), Ainsworth (1969), Mahler (1975, p. 27-30), jusqu'à présent chez Stern (1985) et Emde (1989).

Les recherches pédiatriques de Brazelton ont également contribué aux études de la psychologie du développement. L'échelle d'évaluation néo-natale (1973), par exemple, est un indicateur du développement du bébé. Elle est construite à partir des observations des premières interactions. L'extraordinaire essor des recherches expérimentales sur les nourrissons en psychologie autour des années 1970 doit beaucoup à l'impulsion de ces praticiens. Réciproquement, la psychologie du développement a fourni une hypothèse intéressante pour la psychanalyse et la psychopathologie en décrivant une aptitude qui apparaît chez le bébé vers l'âge de deux ans. L'enfant dispose alors d'une forme de connaissance intuitive dite « théorie de l'esprit ». Le terme, emprunté à l'éthologie (Premack et Woodruff, 1978), est utilisé pour qualifier la capacité d'apprécier en les observant le désir et la pensée d'une personne. Cette aptitude à forger des hypothèses sur l'intentionnalité de la personne observée ferait défaut, selon Frith (1989), aux enfants autistes.

5.4. *Les théories systémiques*

Les conceptions systémiques servent de support à des traitements qui s'adressent généralement à des familles et non à des personnes seules. Elles sont nées de l'observation des situations conflictuelles dans des familles et des groupes par rapprochement avec les théories de la communication, de la cybernétique et des systèmes, auxquelles elles empruntent certaines notions.

▲ La théorie de la communication appliquée à la relation s'inspire des recherches sur les transmissions de messages et comporte trois domaines, qu'on peut qualifier de syntaxique, sémantique et pragmatique (Waslawick *et al.,* 1967). À l'exception de la notion « syntaxique » de la différence entre communication digitale (par unités discrètes, dites *bits*) et analogique (par différences continues) qui trouve son application dans l'étude des interactions dans les groupes, seul le domaine pragmatique, qui traite de l'effet des messages sur le récepteur, est applicable à l'étude des relations.

▲ La cybernétique de Wiener démontre l'importance du principe de rétroaction pour l'homéostasie et la conception des machines automatiques.

▲ La théorie générale des systèmes (Bertalanffy, 1968) constitue un ensemble plus vaste que la cybernétique, qui n'en est qu'un cas particulier. Un système étant constitué par un ensemble d'éléments en interaction les uns avec les autres, « il existe des modèles, des lois et des principes qui s'appliquent à des systèmes généralisés ; leur espèce particulière, leurs éléments et les "forces" engagés n'interviennent pas. » (p. 32). Bertalanffy associe dans cette théorie générale la physique, la biologie, la sociologie, l'économie, etc.

La théorie systémique se propose de réfléchir et d'agir sur l'émergence de certaines formes de communication dans le système considéré. La conduite de chaque sujet n'est plus considérée en fonction de ses déterminations psychiques mais du contexte de relations dans lequel il se trouve. Le psychisme n'est pas l'objet d'une étude directe et, de ce fait, il est généralement considéré comme une « boîte noire ».

Certains principes sont toujours cités :

▲ On ne peut pas ne pas communiquer (le comportement est une communication).

▲ Toute communication a d'une part un contenu et d'autre part un ordre qui définit la qualité de la relation.

▲ Le sens d'une communication n'est pas défini *a priori*, il dépend d'un système de valeurs et nécessite l'étude du contexte.

Les systèmes complexes ont des potentialités de changement et peuvent fonctionner à des niveaux différents. L'apprentissage du changement est possible à condition de pouvoir s'opposer aux tendances homéostatiques du système.

Les groupes pathologiques ont des modes de communication spécifiques caractérisés par des règles d'un jeu de plus en plus rigide, qui consiste à reproduire toujours les mêmes solutions.

Certaines communications dans les familles schizophréniques ont été décrites par Bateson (1977-1980) sous le nom de *double bind* (« double contrainte »). L'exemple suivant est proposé par Miermont (1994, p. 188) pour décrire la situation du thérapeute dans une telle famille :

1. Vous devez agir pour réussir là où nous avons échoué ;
2. Vous devez ne rien faire qui puisse changer la situation ;
3. Vous ne pouvez vous échapper des injonctions (1) et (2).

Les projets thérapeutiques ont pour objectif de modifier les principes d'autonomie et d'homéostasie qui régissent la famille. Cela explique la nécessité d'utiliser des prescriptions paradoxales qui mettent le système homéostatique en échec et conduisent à des modifications sans accroître la dépendance.

5.5. *Clinique des théories non psychanalytiques*

On peut se poser la question de l'intérêt que peut présenter pour le clinicien la connaissance de théories qui ne concernent pas les instruments habituels de sa pratique.

L'exemple extrême est sans doute celui des neurosciences, qui n'ont évidemment pas d'application directe pour le praticien. On pourrait argumenter en faveur de connaissances des neurosciences en observant que les études de biochimie cérébrale éclairent les modalités d'action de certains médicaments et permettent de suivre les progrès des recherches thérapeutiques dans le domaine des dysmétabolismes. Les recherches sur la physiologie de l'émotion semblent illustrer les conceptions psychosomatiques et les études sur les mémoires ont des applications pour les rééducations.

Mais l'aspect le plus important est le fait que les progrès des neurosciences démontrent l'extraordinaire complexité des phénomènes biologiques qui sous-tendent les processus psychiques.

La psychologie cognitive offre des outils pour l'étude et le traitement des troubles des acquisitions et de la pensée. Elle offre aussi un support théorique à certaines rééducations, l'exemple le plus connu étant la méthode TEACCH (Rutter et Schopler, 1978). Bursztejn, en étudiant les applications des recherches cognitivistes à la psychopathologie, donne quelques exemples de modèles de la dépression et de la schizophrénie et des études importantes sur la dyslexie (1997, p. 314-315). L'évolution qui introduit l'affect dans la recherche en psychologie cognitive aura sans doute pour effet de favoriser les échanges entre ces disciplines.

Pour les conceptions systémiques, on peut remarquer qu'il ne semble exister de rencontre possible avec les psychanalystes que dans la pratique, puisque, en considérant le psychisme comme une boîte noire, la théorie systémique écarte toute étude psychopathologique. On peut cependant observer que la psychanalyse étudie les communications et que son intérêt pour les formes particulières de psychothérapies (famille et groupes) est à l'origine des recherches systémiques.

Chapitre 2

Psychopathologie spécifique du nourrisson

SOMMAIRE

OBJECTIFS DE CONNAISSANCE

▲ Connaître les éléments essentiels du développement psychique du nourrisson ;
▲ Savoir la différence entre les troubles qui résultent d'un déséquilibre psychosomatique et ceux qui ont une valeur symbolique ;
▲ Montrer les effets de la pathologie des interrelations précoces ;
▲ Savoir expliciter la différence entre les troubles qui résultent d'une carence de relations précoces et ceux qui résultent d'une rupture de relation ;
▲ Montrer la diversité des processus impliqués dans les anorexies du nourrisson.

Introduction

Originellement, le terme *nourrisson* désignait le bébé avant le sevrage ; c'est aussi l'enfant encore dépourvu de langage (l'*infans* des Romains). La limite de l'âge du nourrisson est généralement deux ans et demi (Kreisler), parfois trois ans (OMS).

Les troubles psychiques du nourrisson peuvent être considérés comme des incidents au cours de l'évolution complexe du développement. De ce fait, l'étude de la psychopathologie se fonde sur la connaissance des processus du développement psychique du nourrisson, connaissance qui s'est considérablement enrichie ces trente dernières années grâce à des recherches psychologiques, psychanalytiques et pédiatriques. La psychiatrie du nourrisson s'est constituée à partir de ces recherches, qui ont été diffusées en France par des publications importantes (Lebovici et Stoleru, 1983 ; Gutton, 1983).

▲ La notion actuelle la plus importante concernant la psychologie du nourrisson est sans doute celle d'*interaction*. Mais avant même que le terme ne s'impose, elle était familière à Winnicott, comme le montre son aphorisme : « Mais un bébé, cela n'existe pas. » (1952, p. 128) — une boutade dans une conférence qui eut un retentissement considérable.

L'interaction apparaît comme le lieu et l'instrument, le creuset du développement psychique des premiers mois. Par les échanges avec sa mère et par les observations du monde inanimé, le bébé acquiert cette compétence surprenante qui a fait dire de lui qu'il est un expérimentateur-né. Les effets massifs de la carence totale ou partielle de ces échanges privilégiés témoignent qu'ils constituent la véritable nourriture psychique du nourrisson.

Les études des interactions ont été conduites à la fois par des expérimentalistes et par des psychanalystes. La notion d'*interaction fantasmatique* (Kreisler et Cramer, 1981 ; Lebovici et Stoleru, 1983) souligne que les activités maternelles sont sous-tendues par des processus fantasmatiques, mais elle s'accompagne d'une certaine indétermination sur l'apparition des fantasmes chez le nourrisson.

La complexité et la richesse des interactions entraînent des risques multiples de dysfonctionnement. On pourrait donc prétendre appréhender la psychopathologie de l'enfant à partir des troubles des interactions. Mais ce serait méconnaître la part qui relève des modalités spécifiques d'activités et de réactions du bébé. Ce serait aussi oublier l'extrême plasticité du développement du nourrisson. C'est la période de la vie où la capacité de transformation, de changement évolutif qui caractérise l'ensemble du développement de l'enfant, est la plus grande ; elle est donc particulièrement propice aux actions préventives.

▲ La dyade mère-bébé est fondamentale, mais elle ne peut être considérée isolément : la famille et la société contribuent à la qualité de la relation de la mère à son bébé, et même si le père ne prend pas directement l'enfant en charge, son rôle de soutien et de réparation de la mère influence la relation de celle-ci à son bébé. Cette prise en compte du rôle du père et éventuellement de l'influence de l'ensemble familial sur les interactions peut justifier l'extension de la psychothérapie habituelle mère-bébé à des thérapies conjointes associant le père.

▲ L'étude de la psychopathologie du nourrisson apparaît, particulièrement en France, influencée par les conceptions psychosomatiques. L'Institut psychosomatique de Paris a généralisé l'idée du retentissement somatique de certains conflits psychiques en proposant la notion d'*équilibre psychosomatique*, lequel serait, à tout âge, la condition nécessaire d'un fonctionnement somatique normal. Pour le nourrisson, cela a permis d'observer que certaines formes de dépression étaient produites par un déséquilibre de l'économie pulsionnelle qui entraîne une vulnérabilité spécifique annonçant des manifestations psychosomatiques parfois graves.

▲ Cette notion d'équilibre peut être étendue à des manifestations non somatiques. L'étude de la psychopathologie du nourrisson fait régulièrement apparaître que le symptôme « isolé » révèle des conflits ou des carences qui peuvent entraîner d'autres troubles ou s'organiser en syndromes particuliers. Les traitements psychanalytiques du nourrisson s'inspirent de l'adage de Freud qui recommandait de ne pas traiter le symptôme mais de tenter de modifier ce qui l'a fait naître. Cette démarche est la règle essentielle, mais parfois le symptôme, par les souffrances du bébé et de la famille qu'il entraîne, nous impose des mesures pratiques. C'est le cas pour l'insomnie des premiers mois qui n'est pas un symptôme grave mais qui désorganise la vie familiale.

▲ L'étude du *syndrome de carence* totale de relation maternelle est malheureusement toujours d'actualité. Elle traite d'une situation limite que les circonstances sociales et les institutionnalisations créaient encore en France il y a peu d'années. L'anamnèse des enfants appartenant à des milieux défavorisés fait souvent apparaître des successions de périodes de carence et de périodes de relations conflictuelles provoquées par les réactions de protestation à la séparation (Bowlby, 1973). Les effets pathologiques ultérieurs se manifestent à tous les âges et prennent souvent, chez l'adulte, la forme d'« états limites » (Misès, 1990, p. 17).

1. Les éléments essentiels pour étudier la psychopathologie du bébé

Le développement normal du bébé n'est pas traité dans cet ouvrage, cependant nous proposons un bref rappel des connaissances actuelles pour indiquer les références utilisées pour l'étude psychopathologique. L'équilibre psychosomatique influence toute la vie psychique du nourrisson. Certains troubles résultent directement des effractions de tensions psychiques sur le fonctionnement somatique. Souvent, il s'agit d'un ensemble complexe de conflits psychiques et de processus somatiques.

1.1. *L'évolution des connaissances sur le développement du psychisme*

Freud avait construit ses hypothèses sur les premières années de la vie de l'enfant à partir de son travail clinique avec des adultes. Mais l'observation des enfants lui paraissait une vérification nécessaire de ses reconstructions. Il avait la conviction que la recherche psychanalytique et l'observation pourraient « conjuguer leur action » (1905, p. 132).

C'est en s'inspirant de cette idée de Freud que Spitz a commencé en 1935 ses observations directes de nourrissons. Ses recherches sont si remarquables qu'on s'y réfère encore régulièrement. Influencé par la conception freudienne sur une genèse tardive du Moi, il a attribué au nourrisson des acquisitions bien plus lentes que celles qui lui sont actuellement reconnues. Mais ses travaux, dont l'essentiel fut publié en 1965, ont le mérite d'être à l'origine d'une démarche qui eut des conséquences considérables. En décrivant les organisateurs du développement et le « dialogue » entre la mère et le bébé, Spitz anticipait toutes les recherches sur la compétence et les interactions.

Nous indiquerons d'abord les connaissances acquises par l'observation, puis celles qui se fondent sur la clinique dans une perspective psychanalytique.

1.1.1. Le bébé en observation

▲ La période intra-utérine

Le passage de la vie intra-utérine à la naissance représente une rupture du milieu de vie mais il y a cependant continuité de la vie psychique, comme l'ont dit Freud (1926, p. 62-63) et Bion (1975). Les travaux effectués conjointement par des échographistes et des psychanalystes ont permis d'observer un ensemble de faits qui démontrent l'importance de l'activité psychique intra-utérine. Dès le moment où le fœtus possède une motricité spontanée, il manifeste des caractéristiques individuelles très spécifiques qui se retrouvent d'une façon indiscutable dans le style des relations après la naissance. Une des variables caractéristiques est le degré de recherche active d'expérience : le fœtus explore le placenta, le lèche, joue avec le cordon, se déplace en fonction des stimulations externes. L'étude des enfants observés avant la naissance et suivis plus tard en psychanalyse suggère, bien qu'il soit invraisemblable qu'ils aient un « souvenir » de leur expérience intra-utérine et de leur naissance, qu'il existe des reviviscences de cette expérience. L'observation des jumeaux est particulièrement significative. Ils semblent être perpétuellement influencés par l'expérience d'avoir été deux dans un espace trop étroit (Piontelli, 1992).

▲ Compétence et interactions

Le nouveau-né dispose de la capacité de contrôler la succion, la rotation de la tête et les mouvements des yeux. Cette capacité est utilisée pour explorer les réponses du bébé à diverses situations. Dans ce qui suit, nous indiquerons quelques résultats significatifs sans décrire les procédés utilisés pour les démonstrations ; nous renvoyons pour les références et la discussion de ces travaux aux publications de Piñol Douriez (1984), de Stern (1985) et de Lamour et Lebovici (1991). Il s'agit d'un aperçu sommaire d'un domaine qui s'enrichit rapidement.

Par contraste avec l'être végétatif, dépourvu de l'usage de ses sens, qui était décrit autrefois, le bébé se montre capable, dès la naissance, de perceptions très différenciées, y compris dans le domaine visuel, à condition que l'objet soit proche (25 cm). Il dispose d'aptitudes préorganisées, préexistant à l'expérience, qui lui permettent de faire des corrélations entre la vision, l'audition et le tact. Par exemple, voir un objet lui donne des informations sur ce que sera l'expérience tactile de l'objet et inversement.

Ces capacités perceptives donnent au bébé la possibilité d'utiliser l'expérience pour des apprentissages. Le nourrisson est avide de nouvelles observations et montre une capacité précoce à faire des liens. Il s'intéresse à toutes les perceptions, enregistre les trajectoires normales des objets propulsés ou en chute libre, il reconnaît la voix de sa mère et son odeur dès les premiers jours qui suivent sa naissance. Les visages l'intéressent plus que toutes les autres perceptions, et si on lui montre plusieurs visages qui sont des variantes d'un sujet moyen, il reconnaît le profil moyen de ces visages. Mais ce qui l'intéresse le plus, dès l'âge d'un mois et demi, c'est de faire des hypothèses sur les lois qui régissent l'effet de ses activités (par exemple, l'effet du nombre de succions d'une tétine sur l'apparition de diapositives).

Dans le domaine des interactions avec sa mère, le bébé fait preuve d'aptitudes perçues par quelques parents attentifs mais longtemps déniées même par les observateurs qualifiés. La communication s'établit très tôt par le regard, le son de la voix de la mère, les mouvements, le toucher. Le contact œil à œil est premier ; il instaure des séquences

« accrochage du regard — désengagement — restauration de l'attention » qui ont été bien décrites par Brazelton (1982). Le rythme choisi est le résultat d'un ajustement progressif entre la mère et le bébé, et celui-ci a généralement l'initiative des débuts des échanges.

Les interactions mettent progressivement en jeu un nombre croissant de formes de communication. La mère instaure des transpositions intramodales dans les interactions rythmées : les sons à la place des gestes ou des contacts. La complexité des échanges, la richesse des protocoles établis, leur évolution sont aussi sources d'échecs et de conflits, par exemple, l'interaction avec une mère préoccupée peut constituer une situation angoissante pour le bébé.

▲ Échanges affectifs

Stern a étudié l'aspect émotionnel de l'interaction et décrit le jeu maternel qui consiste à modifier la tonalité des échanges en leur donnant plus de vivacité ou en calmant le jeu. Le bébé a la capacité de modeler son activité sur ces indications qui sont complétées par les mimiques de la mère et il peut avoir l'initiative de ces échanges. Les bébés se montrent particulièrement sensibles aux caractéristiques mélodiques de la voix, à la prosodie, qui constituent des communications affectives analogiques.

Pour Stern, à l'âge de neuf mois, la lecture des gestes et du visage informe le bébé de l'état affectif de la subjectivité maternelle. Il définit l'*accordage,* qui apparaît alors comme « l'exécution de comportements qui expriment la propriété émotionnelle d'un état affectif partagé » (1985, p. 185).

Cette notion peut être rapprochée des études cognitivistes concernant l'acquisition d'une « théorie de la pensée » chez l'enfant qui apprend à déceler l'état affectif et les pensées par le déchiffrement du visage. Cette aptitude ferait défaut au futur autiste (Frith, 1989).

La disponibilité affective de la mère est déterminante pour la qualité des liens d'attachement, sa carence peut produire une extinction des interactions affectives. Emde (1989) qui avait travaillé avec Spitz, s'est intéressé au développement des émotions au cours des interactions. Selon lui, les réactions affectives du nourrisson ont un rôle dans l'établissement d'un sentiment de continuité et de cohérence du Soi.

▲ La naissance du Soi

Il paraît difficile d'étudier par l'observation la genèse d'une fonction psychique, pourtant Stern (1985) a montré de façon convaincante les diverses étapes d'organisation du Soi. Il distingue quatre étapes : celle du Soi émergent, du Soi noyau, du Soi subjectif et du Soi verbal. Un aspect particulièrement important de son travail est la notion d'une capacité très précoce de différenciation entre le Soi et le non-Soi, notion déjà admise par Klein (1952).

▲ Observation directe et psychanalyse

La représentation du nourrisson a été profondément transformée par l'ensemble de ces recherches. Certaines conceptions psychanalytiques, qui étaient fondées sur l'hypothèse d'un repli total dans un monde de sensations, sont contestées ; compte tenu de ces travaux, Mahler (citée par Tustin, 1994) abandonna la notion d'un autisme normal des deux premiers mois. Petot (1982, p. 266-279) tire argument de ces observations pour montrer l'actualité des dernières conceptions kleiniennes.

Cependant, malgré la caution de Freud, les psychanalystes qui s'intéressent à l'observation directe sont parfois vivement critiqués (Green, 1979) pour le motif que le champ de la psychanalyse est l'intrapsychique, dont l'étude ne s'appuie que sur les fantasmes et l'après-coup.

On peut soutenir qu'il y a une part d'observation directe dans la séance analytique. La psychanalyse repose sur une forme particulière d'attention portée à nos propres processus psychiques et à l'observation de l'enfant, dans « l'ici et maintenant » des séances successives. Le thérapeute doit — comme Freud le suggère — utiliser tout autant l'observation que la construction, non plus seulement au bénéfice de la recherche mais pour le processus thérapeutique même.

1.1.2. Études psychanalytiques du développement psychique du nourrisson

Un rappel très bref des principales notions qui opèrent dans la démarche psychanalytique a surtout pour but, ici, d'indiquer les références adoptées pour l'exposé de la psychopathologie du nourrisson.

▲ Attachement, autoérotisme et relations d'objet

L'hypothèse d'une intégration psychique précoce et de l'émergence d'un Soi primitif dès la naissance, que Klein et Fairbairn avaient soutenue, est devenue tout à fait plausible avec la connaissance des activités du fœtus dans les derniers mois de la grossesse et des capacités perceptives du nourrisson. Elle est renforcée par les travaux de Stern, l'étude clinique des interactions, et la psychopathologie. Tustin qui, pendant de nombreuses années, avait fait l'hypothèse d'une période primitive d'autisme normal, c'est-à-dire d'une vie psychique exclusivement sensori-motrice pendant les deux premiers mois de la vie du nourrisson, s'est ralliée à l'idée qu'il y a, dès la naissance, recherche active de l'objet par le bébé (1991, 1994).

Nous admettrons avec Freud (1905) que dans les conditions d'interactions adéquates, il s'établit une relation du nourrisson à sa mère, basée sur le besoin qui étaye la satisfaction libidinale. Le plaisir corporel de l'autoérotisme se polarise sur la relation avec la mère, ce qui fonde la relation objectale. À propos de l'autoérotisme, il est intéressant de remarquer que, bien qu'il ne soit pas produit par la relation en elle-même, son instauration est tributaire de la qualité des interactions.

À défaut, le bébé cherche la stimulation plutôt que le plaisir et il y a indistinction entre plaisir et déplaisir.

Les premiers liens entre la mère et le bébé sont interprétés dans une autre perspective par Bowlby qui admet l'existence d'un mouvement primordial d'attachement du bébé à sa mère. Les recherches de Bowlby sont inspirées par la clinique, particulièrement l'étude de l'hospitalisme, et par les recherches éthologiques de Harlow sur les effets dramatiques des carences de soins maternels chez des primates. L'attachement est « la propension à établir des liens affectifs avec des personnes particulières » et constitue une composante fondamentale du psychisme humain. La différence avec la notion de relation d'objet élaborée par Freud apparaît dans le fait que c'est un lien primaire, qui ne dépend pas du besoin oral :

> « Ainsi, dans le cadre de l'attachement, les liens ne sont plus considérés ni comme subordonnés au nourrissage et à la sexualité, ni comme en dérivant et le désir pressant de consolation et de soutien face à l'adversité n'est pas non plus considéré comme enfantin comme le sous-entend la théorie de la dépendance. Au contraire, la capacité d'établir des liens avec d'autres individus, parfois dans le rôle de celui qui cherche des soins *(careseeking),* parfois dans le rôle de celui qui les donne *(caregiving),* est considérée comme une caractéristique principale du fonctionnement efficace de la personnalité en vue de la santé mentale. » [*La Théorie de l'attachement*, Bowlby, p. 165-166 (1989)]

▲ Constitution des frontières du Soi et relations d'objet adhésives

Au début de la vie psychique, la différenciation Soi/non-Soi — la constitution des limites du Soi — se produit grâce à la relation avec un *objet contenant* dont Bick décrit les aspects essentiels :

> « Le besoin d'un objet contenant semblerait dans l'état non intégré du premier âge, produire une recherche frénétique d'un objet [...] qui puisse retenir l'attention et, partant, être éprouvé momentanément au moins comme tenant rassemblées les parties de la personnalité. L'objet optimal est le mamelon-dans-la-bouche joint à la façon qu'a la mère de tenir et de parler et à son odeur familière. » [*The Experience of the Skin in Early Object Relation* (1968), *in* Meltzer, 1975, p. 241]

Le matériel clinique a conduit Bick à considérer que l'objet contenant est expérimenté comme une première peau. Anzieu, de son côté, a décrit le « *Moi-Peau* » (1974) qui assure la contenance des contenus psychiques. La défense contre l'angoisse de séparation se manifeste alors dans une relation « adhésive » à l'objet, dans une recherche de contiguïté, position antérieure à celles qui ont été décrites par Klein.

Il existe une convergence entre l'hypothèse de la constitution d'une peau psychique nécessaire à la fonction contenante du psychisme et l'hypothèse de Bion (1962) selon laquelle la mère permet au bébé d'internaliser la relation contenant-contenu, cette fonction qui permet l'organisation des éléments alpha en pensées. Piñol Douriez (1984) a étudié l'expérience sensorielle et les émotions qui accompagnent les premières interactions et fait l'hypothèse qu'elles entraînent la construction de protoreprésentations constituées d'« affects-percepts ». Cette genèse est mise en relation avec la fonction alpha : « Les protoreprésentations de la pensée indifférenciée ne peuvent émerger chez le bébé, ne peuvent se soutenir, se transformer sémiotiquement, s'organiser, qu'avec l'appui de la "capacité de rêverie" de la mère. » (1989, p. 186). On peut ajouter que les protoreprésentations contribuent à la construction de la capacité de rêverie du bébé.

Meltzer (1975) a fait l'hypothèse que dans cette position le monde, dépourvu d'espace psychique, est bidimensionnel. Il propose, par homologie avec l'identification projective de Klein, de qualifier d'*identification adhésive* cette relation primitive à l'objet. Tustin (1990, p. 17) propose le terme d'équation adhésive et Ogden (1989) la décrit comme position de *contiguïté autistique*.

▲ Développement des relations d'objet et position dépressive

L'élaboration de la peau psychique et l'évolution des relations d'objet ne doivent pas être comprises selon une image de succession linéaire. La complexité du processus de développement, loin d'impliquer la substitution d'un mode d'organisation psychique à un autre, entraîne au contraire une disponibilité potentielle de chacun d'eux, avec des prédominances toujours sujettes à des oscillations et des remaniements.

À partir de la position adhésive, la constitution progressive du Moi corporel conduit à une organisation psychique permettant le jeu des introjections et des projections. L'instauration des relations d'objet, telles qu'elles ont été décrites par Klein (1946) et Winnicott (1958, 1963), ainsi que les introjections et les projections qu'elles entraînent, conduisent à des identifications secondaires et à l'intégration du Soi.

Les défenses prédominantes sont les clivages et les projections. Le refoulement, plus tardif, serait tributaire, selon Bion, d'une organisation psychique de la pensée qui établit la frontière entre conscient et inconscient (1962, p. 34-35).

L'intensité des identifications projectives constitue à cette période (celle de la « relation symbiotique » de Mahler), une défense contre l'angoisse de séparation parce qu'elle favorise une confusion partielle entre l'objet et Soi, confusion d'une origine différente de l'indistinction primitive Soi/non-Soi.

Les relations d'objet sont tributaires des prédominances des stades décrits par Freud (1905) et Abraham (1924) ; leurs incidences sur la qualité des inter-relations dans la famille ont été bien décrites par Erickson (1950, p 48-68).

Les fantasmes des parents contribuent à l'organisation psychique du bébé par le jeu des projections et des introjections qui conduit à des identifications secondaires. Les fantasmes parentaux sont ainsi agissants sur l'identité des enfants. L'appartenance à un sexe fait partie de ce processus. Stoller (1975, cité par Chiland [1985]), a montré que l'identité sexuée est tributaire des fantasmes parentaux, qui se traduisent par de multiples communications spécifiques et inconscientes.

L'accès à la « position dépressive » (Klein, 1940, p. 342-347) représente une étape particulièrement importante de l'évolution psychique. Dans cette « position », qui apparaît au cours de la première année du nourrisson, l'objet n'est plus utilisé dans une relation narcissique d'identification projective, il est distinct, séparé, et peut susciter un sentiment d'intérêt et de préoccupation, accompagné d'angoisse de séparation et d'angoisse dépressive. Pour Ogden, la fonction réflexive du Soi et l'utilisation de l'espace transitionnel de Winnicott sont tributaires de l'accès à la position dépressive (1986, p. 67-99 et 167-201).

Ces étapes du développement psychique ont été observées par Mahler (1975) qui a étudié les relations mère-bébé de l'âge de trois mois à trois ans. Elle a décrit un processus de « séparation-individuation » qui évolue vers l'autonomie avec des temps de crises qui ont été parfois considérés comme des points de fixation à la psychopathologie. Les concepts qu'elle adopte sont strictement freudiens, mais bien qu'elle n'utilise pas la notion d'attachement ses études concordent avec les travaux de Bowlby (1973, 1980) et d'Ainsworth (1969) : l'autonomie est d'autant mieux acquise que les liens d'attachement sont forts et précocement instaurés.

▲ L'organisation préœdipienne du nourrisson

La formation d'un Surmoi dans une période antérieure à la période œdipienne était l'un des points de désaccord entre Klein (1926) et Freud (1923). Dans le modèle que nous utilisons, nous considérons que l'introjection des objets est précoce et que, de ce fait, il y a chez le nourrisson internalisation d'objets parentaux ayant valeur de précurseurs de l'idéal du Moi ou du Surmoi. La crise œdipienne donne lieu à une transformation de ces objets internes qui correspondent, ultérieurement, aux descriptions freudiennes.

Klein avait constaté des indices de conflits œdipiens précoces que Freud situait (au plus tôt) à la fin de la deuxième année. Dans les perspectives actuelles, d'une part on reconnaît l'existence de préconceptions (Bion 1962, p. 111) des différences sexuelles et de la scène primitive, et d'autre part on s'intéresse aux triangulations précoces des relations objectales. Le père établit avec le bébé une relation différenciée et subit des projections d'amour ou de haine en fonction des avatars de la relation avec la mère. Il en résulte une triangulation préœdipienne :

« L'organisation du complexe d'Œdipe nécessite une élaboration dont cette triangulation initiale est le point de départ. Les formulations de Melanie Klein sur les premiers stades du complexe d'Œdipe, constitués par la position dépressive et projetés dans le second semestre de la vie, sont parfaitement compréhensibles, d'autant plus que la projection dans la mère de l'érogénéité orale, constitutive du sein fantasmatique, se réplique dans la constitution de l'imago paternelle. » [*Introduction à la théorie psychanalytique de la psychopathologie,* Diatkine, p. 1075-1076 (1985a)]

1.2. *Clinique des interactions*

La notion d'interaction réfère à des formes multiples de communication entre l'adulte et le bébé. Elle est particulièrement utilisée dans une perspective expérimentale qui ne préjuge pas de la nature des phénomènes psychiques qui accompagnent les interactions.

Quand, dans les années 1980, les psychanalystes d'enfants se sont intéressés aux travaux qui démontraient les compétences du bébé, leur intérêt s'est porté sur les phénomènes intrapsychiques et particulièrement sur les fantasmes.

Kreisler et Cramer (1981) ainsi que Lebovici et Stoleru (1983) ont fait appel à la notion d'*« interactions fantasmatiques »* — terme assez surprenant, puisque la plupart de ces auteurs n'ont pas accepté le point de vue kleinien de fantasmes précoces chez le nourrisson. Piñol-Douriez (1985) avance qu'il s'agit, dans les exemples proposés, de l'effet des fantasmes parentaux sur la structure et le fonctionnement des proto-représentations infantiles dans leurs incidences psychosomatiques.

1.2.1. Méthode clinique d'observation des bébés dans leur famille

L'étude clinique des interactions entre parents et bébés qui se développent normalement serait inaccessible si plusieurs psychanalystes appartenant aussi bien à l'école d'Anna Freud qu'à celle de Melanie Klein n'avaient développé des recherches portant sur des formes d'observation des relations entre bébé et parents dans des situations familiales ordinaires. Ces expériences constituent à la fois des sources de connaissances, différentes de celles qui résultent des travaux expérimentaux, et une méthode de formation développée par Bick (1965) et adoptée par les psychanalystes britanniques.

Les études que cette méthode a suscitées ont contribué à confirmer les hypothèses faites sur la constitution de la peau psychique et l'importance de la tenue dans le regard (Haag, 1988 a) pour accéder à la fonction contenante. La complexité et la diversité des modes d'évolution observés dans des situations favorables montrent les difficultés des études de la pathologie des interactions.

Mais l'interaction ne doit pas être considérée isolément : la famille et la société contribuent à la qualité de la relation de la mère à son bébé. Même si le père ne prend pas en charge directement le bébé, il joue un rôle de soutien et de réparation de la mère.

1.2.2. Pathologie des interactions

Les perturbations des échanges mère-bébé pourraient être attribuées aux troubles de la mère ou aux particularités du bébé, mais le plus souvent il n'est pas possible de prédire les difficultés en considérant séparément la mère ou l'enfant, le dysfonctionnement résultant des particularités de la dyade. L'observation et la clinique montrent qu'il n'existe pas de causalité linéaire dans l'évolution d'un système aussi complexe que les interactions de deux psychismes, mais on peut cependant faire des liens entre les modalités d'échanges entre la mère et le bébé et les manifestations pathologiques ultérieures. En présence d'une relation pathologique, il n'y a pas de prédictibilité du trouble à venir, mais on peut souvent évaluer les divers risques d'évolutions défavorables. Pour les besoins des descriptions, on distingue habituellement troubles « *quantitatifs* » et « *qualitatifs* ».

▲ Troubles quantitatifs

Le manque d'interactions. Après la séparation de la naissance, la première relation nécessaire est le contact corporel qui a un effet spécifique dans les premières heures qui suivent. Klaus et Kennel (1976) ont montré que les bébés privés d'un contact maternel prolongé dans les premières vingt-quatre heures de leur naissance présentent un développement moins favorable que des enfants qui ont été confiés à leur mère quelques heures chaque jour. La qualité de ce lien précoce, forme primitive d'attachement *(bonding),* a des effets importants sur l'avenir du nourrisson, qui se traduisent par la qualité des échanges entre la mère et l'enfant et par l'aptitude aux premiers apprentissages pendant plusieurs années. Dans les premiers mois, l'effet de l'absence de relation a fait l'objet d'une étude expérimentale avec le « *still face* », situation où la mère adopte une attitude figée, un visage sans expression, face aux sollicitations du bébé.

La dépression maternelle a parfois été comparée à cette situation de *still face* car, généralement, les mères dépressives réduisent les échanges avec leur bébé. On constate alors qu'après des tentatives d'appel, les bébés réagissent par la colère et le retrait avec utilisation d'autostimulations comme se sucer le pouce. Stern a décrit (1995) les différents « modes d'être avec » la mère déprimée que le nourrisson peut adopter. Celui-ci présente souvent des états de « microdépression » caractérisés par la rupture du contact œil à œil sans tentatives pour le rétablir, la perte d'expressivité du visage, la posture moins tonique, une activité réduite. Dans d'autres circonstances, le bébé peut aussi tenter de ranimer la mère par ses vocalises, ses gestes, ses sourires, et il se montre parfois très créatif dans cette activité. Stern a souvent observé que le bébé peut réussir dans son entreprise, et cette expérience pourrait se retrouver dans les conduites adultes de boute-en-train. Enfin le bébé peut rechercher d'autres stimulations, mais il a besoin pour effectuer cette recherche de la présence de la mère malgré sa dépression.

Stern rapproche ces observations de la description par Green du syndrome de la mère morte (1983) chez des patients adultes. Dans sa reconstruction, Green envisage la dépression maternelle comme un traumatisme qui fait l'objet dans l'après-coup d'un travail complexe de remaniement. Stern, pour sa part, montre la complexité des expériences immédiates du bébé. Ces expériences peuvent être considérées comme des « traumatismes cumulatifs » (Khan, 1974, p. 69-87) et sont sources de remaniements psychiques importants.

Les excès de stimulations. L'excès de stimulations peut résulter d'un défaut d'évaluation par la mère de signaux de débordement comme le hoquet, la fermeture des yeux, ou le détournement. Parfois la mère est incertaine de sa capacité à favoriser le développement de l'enfant et son inquiétude se manifeste par des interventions fréquentes et prolongées.

Selon Tronick et Weinberg (1998), la dépression maternelle n'entraîne pas toujours le retrait. Ils ont observé une configuration d'interaction caractérisée par l'intrusion. Ces mères interviennent activement dans les activités des bébés, avec une certaine rudesse. Les bébés se détournent, mais ils ont aussi des réactions de colère et de rejet qui maintiennent une certaine relation avec la mère.

▲ Troubles qualitatifs

Il s'agit de perturbations plus spécifiques, qu'il est souvent difficile de décrire.

Stern (cité par Cramer, 1982) a montré les effets des différences de qualité des relations de la mère avec ses jumeaux (dizygotes) : Mark et Fred avaient trois mois et demi et Stern filma les interactions de la mère avec chacun des bébés. Alors que les interactions avec Mark avaient les caractéristiques habituelles de successions d'échanges et de séparations, la relation avec Fred était caractérisée par des échecs des échanges dans une poursuite infructueuse — détournement du regard du bébé, insistance de la mère et, à l'opposé, regard de l'enfant et détournement de la mère. À quatorze mois, Fred est dépendant de sa mère, ne peut s'aventurer seul et évite les relations avec ses pairs. Par ailleurs, des entretiens avec la mère font apparaître son angoisse d'avoir des jumeaux et un clivage dans sa représentation des bébés, Fred étant doté des mauvais aspects du père.

Une observation de Kubicek (1980) illustre l'importance de cette forme d'étude. Il s'agit encore de jumeaux dizygotes observés à quatre mois. Le diagnostic d'autisme fut porté pour l'un d'eux deux ans plus tard, l'autre ayant une évolution normale. On assiste encore à une poursuite du bébé par la mère, mais il n'y a pas de recherche de la mère de la part du bébé futur autiste, et ses réactions d'évitement sont impressionnantes (travail cité par Lebovici, Stoleru, 1983, p. 220).

Une éventualité de troubles graves des interrelations que connaissent bien les psychiatres d'adultes est représentée par les cas où la mère présente une psychose puerpérale ou une schizophrénie. Myriam David (1987) a observé que pour la mère psychotique, la confrontation avec le fonctionnement psychique du nourrisson met à nu des angoisses primaires qui sont vécues en miroir. Dans ces situations, elle a constaté que le bébé met en place des défenses qui se manifestent par une hypervigilance, mais elle note aussi la fascination que ces mères semblent exercer sur leur bébé (voir encadré 1, p. 40).

1.3. *La place de la psychosomatique dans la pathologie du nourrisson*

Selon Kreisler (1985a), la médecine psychosomatique est une conception pathogénique qui inclut les facteurs psychiques dans le déterminisme des maladies physiques. L'Institut psychosomatique de Paris (IPSO) a défini la notion d'économie psychosomatique qui détermine, au cours de toute l'existence, la qualité du fonctionnement somatique. Les défenses participent au maintien de l'équilibre psychosomatique mais, pendant les premières années de la vie, la fragilité des défenses propres au nourrisson rend nécessaire une protection assurée par la relation maternelle, la mère jouant le rôle de pare-excitation. Les interactions qui sont favorables à l'équilibre de l'économie psychosomatique ont, selon Kreisler, des qualités de plénitude, de souplesse et de stabilité… mais ces termes ne prennent leur sens que dans des études cliniques précises.

À la différence des phénomènes de conversion, le symptôme psychosomatique n'a pas de valeur symbolique. Ce sont les situations pour lesquelles il n'existe pas de possibilité de représentations, de travail de la pensée qui font courir le risque d'effets pathologiques sur le soma. Le modèle bionien de l'effet physique des éléments bêta qui n'ont pas rencontré le contenant psychique se présente naturellement à l'esprit, mais il n'est pas utilisé par l'IPSO.

Quand l'ensemble de l'organisation psychique est en déséquilibre sous l'influence d'une « ambiance pathogène », l'enfant se trouve en situation de vulnérabilité psychosomatique. L'événement déclenchant, banal ou grave — de l'entrée en crèche à la séparation des parents — fait apparaître un symptôme dont il serait vain de rechercher le sens symbolique.

1. Sonia

Sonia est le premier enfant du couple ; les parents ont 24 ans.
Depuis l'âge de 19 ans, la mère présente des troubles considérés comme schizophréniques avec épisodes délirants conduisant à de brèves hospitalisations en psychiatrie. Les consultations psychiatriques sont irrégulières et le traitement a été peu suivi jusqu'à son accouchement.

Une intervention du secteur de pédopsychiatrie a été demandée par la maternité alors qu'elle présentait des troubles du comportement. Elle déambulait dans les chambres et déclarait avoir un fils et non une fille.

Le conjoint, très disponible, se révèle avoir des qualités affectives et éducatives qui permettent d'envisager le maintien partiel de la mère dans la famille, avec une aide thérapeutique multiple.

Visite à domicile (Sonia a 2 mois)

Le père a sa fille dans les bras, lui parle, et Sonia lui répond de ses « Aarreu ». La mère est tournée vers eux, elle a un regard perdu, absent. Puis elle dit « Je peux la prendre ? À moi maintenant ? ». Elle prend l'enfant qu'elle porte contre elle ; elle regarde alors son mari avec une sorte de défi dans les yeux. Il lui suggère de tourner Sonia vers elle pour pouvoir la regarder ; elle la tourne à moitié mais ne la regarde pas. Sonia se met à pleurer ; la mère la regarde et lui dit « Bébé, bébé ! » ; Sonia s'arrête de pleurer et regarde sa mère en poussant un « Ah » de fond de gorge. Madame X saisit la main du bébé et la caresse machinalement ; Sonia se met encore à pleurer, la mère essaye de la calmer en la berçant, puis se lève, tend l'enfant à son père et dit : « Il faut que j'aille me laver les mains ». Sonia suit du regard un instant sa mère, l'air surpris, écarte les bras en criant « A-a-a », se met à pleurer, puis se calme dans les bras de son père. La mère revenue demande à reprendre sa fille, qui recommence ses pleurs. Le regard de la mère se fige, elle dit qu'elle va lui laver le visage ; Sonia, dont les pleurs s'étaient calmés pendant le trajet, crie au contact du liquide froid, elle se calme quand elle est portée au salon. La mère tend l'enfant au père en déclarant qu'il faut qu'elle aille se laver les mains, Sonia se calme en s'endormant sur l'épaule de son père. Elle est alors couchée. Dans son lit, elle ouvre les yeux et fixe un ours en peluche, elle est calme.

La mère s'approche du lit, Sonia se met à gémir, la mère lui met la sucette. Sonia semble lutter contre le sommeil (ses yeux s'ouvrent et se referment), elle regarde son ours, son visage se détend. La mère se penche d'un seul coup, lui touche la joue de l'index en disant « Je t'aime Sonia », Sonia sursaute et se met à pleurer.

Visite alors que Sonia est âgée de trois mois et demi

La mère n'a pas été enthousiaste pour la prendre, elle l'assied sur sa cuisse, tournée vers l'extérieur et, l'air vide, absent, lui caresse la nuque. Sonia grogne, gesticule, elle n'a pas l'air à l'aise. « Qu'est ce qu'il y a ? » lui demande sa mère en lui imprimant de petits mouvements verticaux des mains. Sonia continue à se manifester, elle regarde le tapis devant elle. La mère la soulève sous les bras et la place entre ses cuisses, Sonia se met à pleurer. « Qu'est ce qu'elle a... Je vais la coucher ». Elle la couche et lui donne la sucette. Sonia regroupe ses mains à la hauteur de sa poitrine, les poings à demi fermés, l'index gauche en contact avec le pouce et l'index de la main droite ; elle tête la sucette, silencieuse, ses mains bougent en contact l'une avec l'autre, elle regarde sa mère, longuement, ne la quitte pas des yeux. La maman se dandine sur place et regarde vers la cuisine ; puis elle met en route un mobile musical ; Sonia, qui a suivi son mouvement du regard, se met à remuer des jambes quand la mère s'approche — la mère s'en va —, Sonia tourne la tête légèrement et regarde dans la direction où sa mère est partie ; elle ferme les yeux et s'endort. Un moment après, elle lâche la sucette et se met à pleurer. La mère, une tasse de café à la main, passe dans la chambre, replace la sucette et repart immédiatement. Sonia a refermé les yeux, elle semble se rendormir mais bouge dans son lit, ses mains restent constamment en contact. Elle lâche la sucette une deuxième fois et pleure plus fortement.

Le père va dans la chambre — la mère lui dit : « Tu n'as qu'à lui redonner la sucette ». Il parle à Sonia qui se calme, il réajuste la couette ; au contact du père, Sonia lâche ses mains, le regarde et lui sourit largement, remue dans son lit, décollant une épaule du matelas, puis saisit à nouveau ses mains quand son papa lâche le contact.

2. Les manifestations symptomatiques

2.1. *Les coliques du troisième mois*

2.1.1. Description

Ce trouble apparaît chez des bébés à partir de la troisième semaine et disparaît généralement après le troisième mois. Il s'agit d'une agitation avec cris et pleurs du bébé, qui est interprétée comme manifestation de souffrance. Alors qu'un bébé pleure habituellement selon Brazelton environ deux heures par jour à l'âge de deux mois, chez ces bébés, les crises de pleurs se renouvellent plusieurs fois et durent quatre, cinq heures ou plus par jour. L'horaire des crises est parfois assez régulier, après le repas, dans la soirée. Le bébé agite bras et jambes, s'arc-boute dans son berceau, rougit sous l'effort, ses cris sont parfois de véritables hurlements.

Ces manifestations mettent à rude épreuve les parents qui réagissent par l'anxiété et diverses tentatives d'apaisement. Les préoccupations tendres alternent avec la colère, l'agressivité est suivie de réactions de culpabilité et de craintes concernant l'état physique du bébé. L'enfant cajolé est inconsolable et la mère se sent impuissante et inadéquate. Quand le bercement est inopérant, en dernier recours certains parents utilisent l'apaisement procuré par les secousses rythmiques des promenades en voiture !

Fort heureusement, la sucette a souvent un effet sédatif immédiat et cet effet est parfois considéré comme un élément diagnostique.

Ces troubles sont si fréquents qu'ils sont parfois considérés comme des avatars normaux du développement du bébé. Mais une certaine vigilance s'impose : dans la mesure où il existe des syndromes douloureux d'origine organique, un diagnostic pédiatrique est nécessaire. L'examen médical, quand il s'agit de coliques du troisième mois, ne révèle aucune anomalie, mais dans une proportion importante, ces bébés sont hypertoniques et hyperactifs.

Fait important pour la pathogenèse, on a constaté que ce symptôme n'apparaît pas quand le bébé est placé en collectivité.

2.1.2. Pathogenèse et psychopathologie

La validité du terme de *coliques,* consacré par l'usage, a été contestée. Les éructations et émissions de gaz parfois observées seraient produites par les absorptions d'air pendant les pleurs du nourrisson plutôt que par des troubles digestifs. Cependant Kreisler considère, en se référant à des études physiologiques, qu'il s'agit de colopathies fonctionnelles. Depuis Spitz (1965, p. 162-171), on a souvent admis que le trouble apparaissait du fait de la « sollicitude primaire excessive et anxieuse » de la mère ; le bébé hyperactif réagirait trop vivement à l'anxiété de la mère. Certaines études n'ont pas confirmé ce profil psychologique maternel, les coliques pouvant survenir avec des mères peu « stimulantes ». On admet maintenant qu'il s'agit de troubles qualitatifs des interactions affectant un bébé particulièrement réactif et que le dysfonctionnement de la dyade peut avoir des formes complexes. Le symptôme n'a pas de valeur symbolique et il s'agit donc d'un trouble de l'équilibre psychosomatique.

2.1.3. Traitement

Après confirmation du diagnostic par le pédiatre, l'utilisation de la sucette, la prise de nourriture plus réduite et plus fréquente, les bercements, peuvent se révéler efficaces. Le succès des interventions pédiatriques semble confirmer qu'il s'agit souvent de troubles minimes des interrelations qui vont dans le sens de l'excès d'excitation ou d'incohérences. Brazelton préconise une relation aux parents qui tienne compte de leur agressivité et de leur désespoir. Il n'est généralement pas nécessaire de prolonger les rencontres au-delà de deux ou trois séances, mais ce trouble est parfois accompagné, ou avant-coureur, de troubles du sommeil.

2.2. *Le mérycisme*

2.2.1. Description

Ce trouble de l'alimentation, généralement observé à partir du second semestre, se manifeste par des régurgitations et un vomissement partiel suivis du mâchonnement de la nourriture, véritable rumination au cours de laquelle le bébé semble éprouver une grande satisfaction, profondément absorbé dans son activité, isolé du monde mais s'interrompant si quelqu'un l'observe. Le vomissement est obtenu par des contractions abdominales rythmées et un blocage respiratoire en expiration forcée, mais il peut devenir ultérieurement réalisable sans grands efforts.

Ce symptôme apparaît souvent à la suite d'une séparation d'avec la mère, ou quand celle-ci est intolérante, peu disponible ou dépressive. Toutes les circonstances qui menacent la qualité de l'investissement maternel peuvent produire ce trouble, elles correspondent à des frustrations du besoin du bébé d'entrer en relations d'échanges avec sa mère.

On a envisagé le rôle d'une « complaisance somatique », d'une facilitation par l'expérience fortuite, car le mérycisme apparaît parfois à la suite d'une atteinte digestive comme une gastro-entérite, ayant entraîné des vomissements.

Le mérycisme peut survenir chez des enfants dont le développement est normal. Ce sont souvent des enfants très vifs, curieux, recherchant le contact. On note parfois une tendance générale à la recherche d'autostimulations comme des bercements ou des attouchements génitaux.

2.2.2. Psychopathologie

Les discussions pathogéniques doivent prendre en compte le fait assez général d'une intense frustration dans les relations avec la mère, l'avidité habituelle de contacts que manifeste le bébé et les caractéristiques de la conduite méryciste, qui montrent à l'inverse un retrait important du bébé.

L'attente avide de contacts entraîne Fain (*in* Kreisler, Fain, Soulé, 1974) à suggérer une difficulté dans l'introjection de l'objet, ce qui laisse entendre qu'un bébé devrait disposer d'une image interne de sa mère lui permettant d'affronter des interrelations insatisfaisantes. Mais on peut admettre avec lui que la relation maternelle n'a pas permis la constitution d'une organisation narcissique correspondant à ce qu'Erickson a nommé « confiance fondamentale » (1950, p. 169-170) et que le bébé recourt de ce fait à une activité autoérotique. Les caractéristiques de ce recours sont remarquables : le bébé parvient à imposer un retour du bol alimentaire, ce qui a été comparé au retour de la bobine, symbolisant le retour de la mère, dans le jeu observé par Freud (1920, p. 284-286). Dans le temps de mâchonnement, il y a un plaisir oral qui reconstitue l'expérience du nourrissage maternel, comme si l'hallucination de la réalisation du désir devenait partiellement réalité. Le retrait du bébé pendant son activité de mérycisme a quelque chose de commun avec l'absence de contact du bébé autiste ; on peut aussi penser que le mérycisme montre une recherche de sensations comparable à ce qui apparaît dans l'autisme. Mais cette recherche de sensations est anobjectale dans l'autisme, tandis qu'ici le bol alimentaire est

2. Un cas de mérycisme

Le bébé Axel est conduit en consultation PMI par sa grand-mère maternelle. Il est âgé de six mois. On note que sa courbe de poids s'infléchit depuis la dernière consultation malgré une alimentation facile au biberon et à la cuiller. C'est un bébé vif, tonique, au regard intense, mais il vocalise peu. Son développement moteur est normal et il peut se tenir assis sur la table d'examen.

La mère, âgée de 22 ans, est absente car elle a repris un travail de serveuse dans un restaurant après le départ du père de l'enfant, il y a un mois. L'enfant est souvent confié à sa grand-mère, mais celle-ci se dit malade et fatiguée et paraît manifester peu d'empathie pour l'enfant. Elle signale aussi que sa fille est très angoissée et déprimée à la suite du départ de son ami et qu'elle a des moments d'impatience avec son bébé.

Au cours de l'entretien, la grand-mère fait état de moments de repli du bébé au cours desquels il semble ignorer son entourage. Des visites à domicile de la puéricultrice sont décidées.

Au cours de la seconde visite, alors que la puéricultrice se tenait silencieuse en l'absence passagère de la mère qui venait de donner sans difficulté un biberon au bébé, elle observe un comportement étrange qu'elle décrit ainsi : « Axel était assez tranquille dans son berceau, regardant vers le plafond. J'ai entendu qu'il faisait des mouvements rythmés et je l'ai vu se contracter avec la tête en arrière et la bouche ouverte en faisant des bruits qui ressemblaient à des grondements. Il tirait la langue et j'ai compris qu'il faisait des efforts pour vomir. Une intuition m'a arrêtée dans mon mouvement pour intervenir et quelques minutes plus tard, tandis que du lait coulait en filets de sa bouche refermée, Axel faisait des mouvements comme pour téter lentement et mâcher, avec une expression repue et concentrée. »

Par la suite, des entretiens de la mère avec la psychologue de la PMI permirent d'aborder les réactions agressives que son angoisse entraînait. Des changements des horaires de travail, négociés par la mère, permirent des modes de garde plus appropriés pour l'enfant et la restauration progressive des relations mère-bébé. Les consultations suivantes montrèrent la reprise d'un développement pondéral normal.

un substitut objectal et que le symptôme est signe d'une relation objectale inadéquate mais déjà constituée. Ici, on le voit, le symptôme a une valeur symbolique.

2.2.3. Traitement

Les hypothèses sur les processus qui conduisent à ce symptôme orientent les mesures thérapeutiques. Il peut apparaître, comme c'est le cas dans notre exemple, que les circonstances ont contribué à désorganiser une relation maternelle déjà fragile et des mesures sociales peuvent être utiles. Mais ce symptôme marque l'existence d'un risque pour l'évolution psychique ultérieure. Un suivi est généralement nécessaire sous la forme d'entretiens avec les parents en présence du bébé.

2.3. *Les anorexies*

L'anorexie est un refus de nourriture ; c'est un phénomène psychique, par opposition à l'absence de faim qui a une origine physiologique.

Les difficultés d'alimentation sont assez fréquentes entre trois et six mois, mais elles sont en général rapidement surmontées par le soutien pédiatrique.

L'anorexie du second semestre est fréquente et généralement bénigne. Il existe une autre forme d'anorexie qui se rapproche de réactions phobiques et une forme rare et très grave d'anorexie précoce.

2.3.1. Le refus du second semestre

▲ Description

La forme la plus habituelle, généralement bénigne, est l'anorexie du second semestre.

Le bébé a un développement normal, il est souvent décrit comme particulièrement vif, ayant une grande facilité de contact.

L'anorexie s'installe souvent à partir d'un événement qui est venu perturber le cours ordinaire de la vie du bébé : une maladie infectieuse, un trouble digestif, un changement d'alimentation. Un premier refus a entraîné des réactions de forçage de la part des parents. Et la situation de conflit s'installe. Chaque repas devient un petit drame qui se renouvelle avec quelques variantes. L'enfant trouve des prétextes pour retarder le moment du repas ; quand il est enfin à table, il détourne sa tête pour éviter la cuiller, pleure, finit par céder et ouvre la bouche… qui s'emplit sans qu'il avale la nourriture qui sera finalement recrachée.

Pour surmonter cette opposition, les parents se fâchent, crient et punissent. Ils cherchent aussi des expédients en distrayant l'enfant. Histoires racontées, jeux apportés sur la table, cassettes vidéo… Les repas sont interminables et souvent, alors que les parents sont parvenus à faire manger l'enfant, tout se termine par un vomissement sans effort !

L'enfant déconcerte aussi ses parents par l'irrégularité de ses refus. Dans certaines circonstances, avec des personnes étrangères, dans des lieux inhabituels, il fait soudain preuve d'un bon appétit. Du fait de ces reprises soudaines de nourriture, l'état de l'enfant n'inspire généralement pas d'inquiétude au pédiatre. Mais des mesures thérapeutiques s'imposent car les relations familiales sont menacées par les divergences sur les attitudes qui doivent être adoptées.

▲ Pathogénie et psychopathologie

Le plaisir que prend le bébé au sein se transforme avec le sevrage et la prise progressive de nourriture solide, mais ce qui est bon est absorbé avec satisfaction et ce qui est mauvais recraché. La tétée, particulièrement au sein, est un acte qui exige beaucoup d'efforts de la part du nourrisson, et c'est sa décision. L'utilisation de la cuiller donne au parent — coercitif et contrôlant — la possibilité de transformer ce qui était la décision agréable du bébé en obligation imposée par l'adulte.

Davis (citée par Lehman, 1949) avait montré en 1928 l'importance de la sélection libre de la nourriture en permettant à des nourrissons de moins d'un an de faire librement leur choix parmi une grande variété de nourritures mise à leur disposition. Ceux qui faisaient parfois une orgie de tel ou tel aliment, se mettaient ensuite spontanément à la diète. Les repas étaient pour tous une véritable source de plaisir et leur état physique était tout à fait satisfaisant.

Le refus de nourriture peut être considéré comme un signe de développement normal d'un bébé qui résiste à l'envahissement d'un domaine privé, qui concerne ce que nous aimons et ce que nous rejetons. Mais il marque un trouble de la relation parents-enfant qui met en cause non seulement l'interaction mère-bébé, mais aussi la constellation familiale. Par exemple, la rigueur à l'égard du petit dernier est justifiée par le risque de faciliter le laisser-aller d'un aîné.

▲ Traitement

Dans la mesure où la prise de nourriture représente une nécessité vitale, l'avis et l'appui d'un pédiatre sont indispensables. Le médecin peut à la fois rassurer et conseiller, et son intervention est souvent suffisante pour rompre le cercle vicieux qui s'était installé.

La psychothérapie mère-bébé doit souvent être complétée par des rencontres avec le père. En effet, avec le domaine des repas, des questions d'éducation, de principes, d'autorité, sont souvent mises en jeu.

Le désir de contrôle marque parfois l'angoisse devant toute manifestation pulsionnelle et dans ce cas, au-delà de l'épisode d'anorexie, on peut craindre d'autres écueils dans le développement de l'enfant.

Ce sont des cas où la rupture du lien thérapeutique est fréquente. L'anorexie peut se poursuivre des années. On retrouvera l'enfant petit mangeur et malingre, ayant un passé d'anorexie du second semestre.

2.3.2. Les anorexies complexes

▲ Description de l'anorexie phobique

Cette forme d'anorexie survient généralement entre le deuxième semestre et le début de la seconde année. Elle s'installe parfois brusquement et la situation paraît assez dramatique car l'enfant refuse d'un jour à l'autre toute nourriture.

La description des repas permet de déceler les réactions de dégoût de l'enfant, on peut rattacher le trouble à des angoisses de type phobique : fantasmes de cannibalisme, associations symboliques de la nourriture à des excréments ou des substances dangereuses ou interdites. Il est fréquent d'apprendre aussi qu'un des parents est une personne anxieuse ayant elle-même des phobies alimentaires.

Généralement les rencontres avec la famille et l'enfant permettent une reprise de nourriture en quelques semaines, et la rapidité de l'évolution fait dire à Kreisler (1985b, p. 2066) que c'est une anorexie « en coup d'archet », mais il a aussi constaté la fréquente apparition tardive de troubles névrotiques.

▲ Pathogenèse et psychopathologie

Cette forme d'anorexie révèle l'existence précoce de fantasmes du nourrisson qui se construisent en utilisant des liens symboliques complexes. L'utilisation des dents est une attaque sadique qui peut entraîner des représailles tandis que, selon sa forme et son goût, la nourriture est associée à des parties du corps. Cette pathologie montre la précocité de la symbolisation sexuée et de préconceptions de la sexualité chez les nourrissons.

Il faut cependant s'interroger sur le fait que, chez certains enfants, ces fantasmes construisent un monde de rêve sans angoisses excessives, et que chez d'autres, ces liens symboliques produisent des réactions phobiques qui s'opposent à leur faim. On peut bien observer dans ce cas l'intrication des particularités propres au bébé et propres aux circonstances. Le nourrisson est particulièrement sensible aux indices donnés par l'entourage sur ce qui peut être dangereux, or très souvent on constate qu'un des parents est lui-même angoissé ou phobique. Les processus d'identifications secondaires sont à l'œuvre dans la plupart de ces cas d'anorexie.

▲ Autres formes d'anorexie

Les phobies peuvent se manifester dès le second semestre et entraîner des anorexies partielles dont parents et enfant finissent par s'accommoder. Ces troubles se prolongent pendant des années et on constate que les aliments qui faisaient peur deviennent souvent les mets préférés de l'âge adulte, ce qui montre l'importance de leur valeur symbolique.

La dépression du nourrisson entraîne des anorexies parfois graves. Quand elles se prolongent, les décisions thérapeutiques — qui doivent être discutées entre pédiatre et psychothérapeute — sont difficiles. En effet, l'utilisation de la sonde gastrique pour une alimentation artificielle introduit une perturbation supplémentaire dans les relations du nourrisson avec son entourage, mais cette mesure est parfois nécessaire. On se trouve alors dans une situation aussi inquiétante que dans les formes graves des anorexies primitives.

2.3.3. Les anorexies primitives

▲ Description

Après la naissance, certains bébés ont des difficultés à téter pendant de brèves périodes qui peuvent correspondre à une indisponibilité de la mère. Il importe d'éviter toute mesure pour forcer le bébé à boire et tout rentre dans l'ordre rapidement.

Kreisler (1985b) a montré que certaines formes très rares d'anorexies primitives pouvaient être graves par la menace vitale qu'elles entraînent et par les troubles relationnels qu'elles révèlent. Après quelques semaines, le nourrisson donne l'impression de perdre toute satisfaction dans les interactions et semble progressivement de plus en plus passif au cours des tétées. Le passage au biberon est insuffisant et la nourriture doit se faire à la cuiller ; le bébé, hypotonique, ne réagit à la contrainte que par quelques gémissements.

> « Les observateurs sont souvent frappés par le regard de ces nouveau-nés, regard inhabituel, étonnant, qui les plonge dans le malaise, comme transpercés. Une vigilance anormale au double point de vue de l'intensité et de sa prématurité, d'une pureté glaciale et déshabitée, empreinte d'une inquiétante étrangeté, celle de la vacuité dépressive. » [1985b, p. 2068].

La survie est assurée souvent au prix d'une hospitalisation et de mesures d'alimentation artificielle qui n'évitent pas l'apparition de vomissements et de mérycisme. M. Porte et J.-M. Porte (1982) ont décrit l'évolution vers la mort d'une fillette présentant une anorexie néo-natale.

▲ Pathogénie et psychopathologie

Ces formes d'anorexie, heureusement très rares, constituent des énigmes dans la mesure où il ne s'agit pas de carences graves de l'environnement.

Un phénomène psychosomatique entraîne la disparition de la faim ; il résulterait d'un « défaut d'investissement primaire des processus vitaux » (M. Porte, 1982, 416), d'une dépression primaire. Freud s'était préoccupé de la forme de liaison entre les exigences somatiques et le psychisme en définissant la pulsion comme le représentant psychique de ces exigences. Dans l'*Abrégé* (1940, p. 7) il évoque cette demande du corps faite au psychisme. Ces enfants font craindre qu'il n'y ait plus de demandes faisant naître le désir de vivre.

2.4. *Les vomissements psychogènes*

2.4.1. Description

Les vomissements surviennent souvent chez le bébé, et ils surprennent par l'aisance de leur accomplissement : le bébé semble remis aussitôt après.

Ils ne deviennent significatifs que par leur répétition. Ils peuvent faire suite à des circonstances qui bouleversent la relation du bébé avec sa famille : placement en nourrice ou en crèche, déménagement et reprise de travail de la mère. Ce sont des alertes qui s'apaisent rapidement.

D'autres formes de vomissements viennent s'ajouter à des anorexies ou y succèdent. Ils occupent alors une place qui dépend de la nature de cette anorexie. Dans le refus du second trimestre, ils constituent la forme de protestation la plus radicale.

Dans les anorexies graves, très rares, ils peuvent constituer des facteurs d'aggravation importants. Kreisler (1981) a décrit l'évolution mortelle, à deux ans d'intervalle, d'anorexies et vomissements ayant débuté chez deux sœurs à l'âge de 20 mois. Depuis cette observation et d'autres ultérieures, il n'est plus possible de dire que l'anorexie et les vomissements sont toujours bénins chez les nourrissons.

2.4.2. Pathogenèse et psychopathologie

Le vomissement est la manifestation primitive du refus et du rejet, la forme concrète de la projection. Les bébés « vomisseurs » sont souvent hypertoniques, hyperactifs, en alerte. Il est généralement possible de faire le lien entre l'apparition du symptôme et l'intrusion que constitue l'événement intolérable. Les troubles graves des relations familiales, les dysfonctionnements des interactions mère-bébé peuvent être à l'origine de vomissements qui ont le sens d'un refus.

Dans les formes graves, on retrouve le problème que posent les anorexies primitives ; l'absence d'investissement vital fait disparaître tout plaisir dans l'alimentation et les relations. Ce sont les mesures prises pour tenter de forcer l'alimentation qui provoquent les mécanismes psychosomatiques responsables du vomissement.

2.4.3. Traitement

Les entretiens mère-bébé sont habituellement suivis d'une atténuation rapide des troubles, mais il faut souligner l'importance d'une exploration médicale sérieuse, pour s'assurer qu'il s'agit bien de vomissements psychogènes.

On peut se trouver confronté à un diagnostic pédiatrique de reflux gastro-œsophagien qui se fonde sur des éléments médicaux incertains et qui peut représenter la traduction fonctionnelle d'un trouble psychogène. Le rôle du psychothérapeute, quand l'hypothèse d'une affection organique est écartée, est de contribuer à épargner au bébé des mesures thérapeutiques traumatisantes et peu efficaces.

2.5. *Le spasme du sanglot*

2.5.1. Description

Ce trouble peut apparaître chez des enfants à partir du deuxième semestre et jusqu'à la troisième année. Il s'agit d'une perte de connaissance qui survient au cours d'un sanglot.

Il existe deux formes différentes de spasme :

▲ Dans certains cas, à la suite d'une contrariété qui entraîne une réaction coléreuse, l'enfant bloque sa respiration dans une intense inspiration et perd connaissance dans un état de cyanose *(syncope bleue)*. L'enfant tombe souvent, il peut se produire une brève crise convulsive. Les enfants qui présentent ces crises sont généralement actifs, entreprenants, décidés.

▲ L'autre forme de crise survient souvent à la suite d'une intense émotion. L'enfant pâlit et tombe (*syncope blanche*). Cette forme entraîne fréquemment des convulsions, ce qui conduit souvent à un diagnostic erroné d'épilepsie. La crise survient généralement chez des enfants craintifs et timides.

La perte de connaissance est souvent une réaction à une situation élective alors que l'enfant est en relation avec une personne particulière. Ce trouble a des conséquences éducatives : en effet, l'entourage s'efforce souvent d'éviter toute contrariété au bébé qui devient de plus en plus intolérant.

2.5.2. Pathogenèse et psychopathologie

On a constaté que chez les enfants qui présentent des spasmes du sanglot, la crise peut être reproduite par la compression oculaire, ce qui montre qu'il existe chez eux une réaction vagotonique excessive. Mais cette constatation n'explique pas la labilité du symptôme en fonction du contexte relationnel. Le spasme résulte de l'intrication de phénomènes psychiques et physiologiques complexes.

Kreisler a fait l'hypothèse que dans une relation d'objet spécifique, le bébé découvre fortuitement la possibilité de bloquer ses affects et que cette rupture brusque de la tension est secondairement érotisée (Kreisler, Fain et Soulé, 1974, p. 294-313).

La réaction physiologique de l'enfant manifeste son incapacité de mentalisation des violents affects qui l'envahissent ; il s'agit d'un trouble psychosomatique. Pour Fain, l'incapacité de mentalisation résulterait d'une carence de la fonction de pare-excitation maternelle, carence qui expliquerait la fréquence des insomnies précoces dans les antécédents des enfants présentant des spasmes du sanglot.

2.5.3. Traitement

Les entretiens avec les parents et l'enfant, qui ont pour premier effet de réduire leur anxiété, font généralement apparaître la nature conflictuelle des relations parents-enfant. Des psychothérapies brèves suffisent dans la plupart des cas à modifier la qualité des relations qui suscitaient les spasmes, mais on signale la fréquence de troubles névrotiques ultérieurs.

2.6. *Les troubles du sommeil*

2.6.1. Description

Ce sont des troubles d'une extrême fréquence qui prennent une valeur pathologique du fait de leur intensité. L'insomnie grave révèle le déséquilibre psychosomatique du nourrisson et peut avoir des effets nuisibles sur la qualité des relations dans toute la famille. Les réactions des parents fatigués et désespérés retentissent sur le bébé et contribuent à la persistance des insomnies.

Les besoins du bébé en sommeil sont considérables — environ dix-huit heures par jour le premier mois. Ce n'est généralement qu'au troisième mois que le rythme de sommeil souhaité par les parents peut se stabiliser.

Les troubles du sommeil surviennent plus souvent au cours du premier trimestre, alors que le bébé doit adopter le rythme attendu. L'insomnie peut être banale : l'enfant s'endort, se réveille en pleurant, doit être consolé puis se rendort. Mais il s'agit parfois de grandes insomnies avec cris incessants : le bébé est inconsolable, il se rendort de brefs moments, tressaille et hurle avant même d'ouvrir les yeux. L'enfant est pris dans les bras, bercé, mais chaque fois qu'il semble calmé et qu'il est replacé dans le berceau, tout recommence. La colère et les cris des parents succèdent aux consolations. Comme dans les cas des coliques du troisième mois, les parents en viennent à tout essayer : bercements, musique, un tour en voiture dans la nuit… L'enfant est parfois placé à côté des parents, mais si la mesure est efficace, elle met en cause des principes et menace l'équilibre conjugal.

Un autre trouble du sommeil consiste en activités rythmiques du bébé qui se balance sur le côté, roule sa tête ou la frappe contre le berceau, souvent sans se réveiller. Cette motricité rythmique survient souvent à l'endormissement et n'est pas préoccupante. Mais elle peut aussi prendre une grande intensité et s'accompagner d'insomnies graves (Kreisler, Fain et Soulé, 1974, p. 72-104).

Une forme particulière d'insomnie s'observe parfois chez des garçons après l'âge de six mois. Il s'agit de petits dormeurs qui ont des réveils très fréquents et dont l'activité motrice dans la journée est particulièrement intense.

Les insomnies graves sont généralement associées à d'autres troubles : coliques, vomissements, anorexies. Une forme d'insomnie moins spectaculaire, qui n'attire pas l'attention des parents, est silencieuse. Le bébé reste tranquille, réveillé ; ce symptôme marque une perturbation importante qui peut faire craindre une évolution autistique.

Quand l'enfant commence à pouvoir sortir de son berceau, il se lève au cours des insomnies et vient se coucher à côté des parents. Contrairement à ce qui se passe au cours des premiers mois, cette proximité n'apaise pas toujours l'enfant qui s'agite et réveille ses parents. Au-delà d'un an, les insomnies sont souvent provoquées par des cauchemars ou par des terreurs nocturnes, ces dernières pouvant être très spectaculaires et éprouvantes pour les parents.

Les grandes insomnies ont un effet direct sur les relations entre les parents et l'enfant, mais aussi sur l'équilibre intrafamilial tout entier.

Des divergences surgissent sur la conduite à tenir, chacun accuse l'autre de ne pas avoir les réactions adéquates ou de ne pas apporter une aide suffisante. Le conflit se centre souvent sur le respect du principe qu'un bébé doit dormir seul. Parfois ce symptôme conduit à une configuration pathologique révélatrice de conflits du couple : l'enfant dort avec sa mère, le père dans un autre lit… pour un temps indéfini !

2.6.2. Pathogenèse et psychopathologie

Nous avons cité les travaux qui montrent l'importance du contact corporel entre mère et bébé dès la naissance (Klaus et Kennel, 1976). D'autres recherches ont montré que la qualité de l'attachement était plus grande quand l'enfant avait été porté contre la mère pendant ses premiers mois. McKenna suggère que le sommeil du nourrisson pendant les premiers mois serait assuré par la proximité immédiate de la mère et son contact, situation que notre culture a progressivement bannie (*cf.* Daws, 1989, p. 76-77).

On peut considérer que l'angoisse de séparation précède la représentation de l'objet, et qu'elle est l'origine principale des insomnies précoces. Daws montre que la qualité du sommeil d'enfants d'un an peut être prévue en fonction de leur capacité à s'éloigner de leur mère (p. 141-142).

Pendant les premiers mois, le sommeil et l'alimentation du bébé sont liés, le bébé s'endort après la tétée, avec ou sans un temps d'interactions avec la mère. Ce moment est particulièrement important pour le bébé du fait du confort qu'il ressent dans le contact avec sa mère (Bowlby, 1969). Le bébé porté éveillé dans son lit fait l'expérience du moment de séparation après avoir pris le sein ou le biberon, et après un contact sécurisant.

Les réveils nocturnes des premiers mois sont inévitables, toutes les mères sont donc confrontées aux choix qu'ils nécessitent. Pour la mère, le réveil du bébé suscite des préoccupations concernant la qualité de l'alimentation (« Mon lait est-il assez nourrissant ? ») ou d'éventuels troubles digestifs. La décision de réagir aux pleurs en venant auprès du bébé, de le prendre dans ses bras, de le nourrir, met en jeu les représentations et les angoisses de la mère. Ainsi, les fantasmes maternels, des préoccupations excessives, des craintes d'abandon peuvent avoir pour effet des interventions intempestives ou des modes de réaction qui génèrent l'angoisse. L'installation des insomnies des premiers mois reflète la perturbation des premières interactions et les difficultés qu'éprouvent la mère et le bébé à négocier ce temps premier de séparation qu'est le sommeil.

Tandis que les terreurs nocturnes ne semblent pas pouvoir être reliées à des événements psychiques, les cauchemars font généralement suite à des angoisses et des conflits diurnes et peuvent ainsi résulter de l'échec du travail réparateur du rêve.

Mais d'autres conflits interviennent : les conflits d'amour et de haine à l'égard de la mère et les répercussions de ces péripéties sur la relation au père constituent une triangulation préœdipienne qui dès la seconde année peut se manifester bruyamment par des rêves angoissants et des cauchemars. L'envie que suscite la relation entre les parents, le désir de les séparer devient une cause importante d'insomnies. De plus, les craintes de représailles, les angoisses nocturnes persécutrices contribuent à pousser les bébés à demander l'aide de leurs parents ou à les rejoindre dans leur lit.

2.6.3. Traitement

L'intervention thérapeutique est d'abord une évaluation de la qualité des relations intrafamiliales ; il est donc souhaitable de recevoir les deux parents avec leur bébé dans un premier temps.

C'est bien souvent l'angoisse de séparation chez la mère qui infiltre les inter-relations de la journée et renforce l'angoisse de l'enfant. Les entretiens font parfois apparaître la culpabilité qu'éprouve la mère à laisser le bébé seul, ou ses craintes phobiques. Daws (1989), en attirant l'attention des mères sur les négociations concernant l'éloignement et la séparation, a constaté des effets thérapeutiques, parfois obtenus simplement grâce à l'instauration de jeux de cache-cache entre la mère et le bébé.

Quand le bébé, particulièrement après un événement traumatique, se réveille avec des cauchemars, dans la mesure où il est dépourvu de paroles, ses terreurs sont véritablement sans nom. Mais il est utile de parler à l'enfant quand on connaît les causes probables du mauvais rêve, et dès que l'enfant parle, de le solliciter pour le raconter.

Quand le bébé a plus d'un an, la jalousie et l'envie à l'égard des parents réunis est souvent à l'origine de l'insomnie, et la psychothérapie brève du bébé en présence de la mère, avec commentaire sur les jeux de l'enfant, est la forme la plus efficace de traitement.

Dans certains cas, les troubles névrotiques des parents nécessitent de véritables psychothérapies conduites dans les conditions habituelles.

La question de l'utilisation de médicaments est soulevée quand l'insomnie se prolonge. Les pédiatres sont unanimes dans leurs réticences à utiliser un médicament pour traiter les troubles du sommeil des nourrissons.

2.7. *Les troubles cutanés*

2.7.1. Eczéma

▲ Description

Les manifestations eczémateuses apparaissent généralement après l'âge de 4 mois. On considère qu'environ 3 % des enfants sont atteints de cette affection qui disparaît généralement à la seconde année mais peut se poursuivre jusqu'à l'âge adulte.

Des lésions apparaissent sur la peau sous forme de papules rouges qui démangent. Par le grattage, elles deviennent suintantes avec des croûtes, et la démangeaison augmente. L'aspect des plaques d'eczéma est assez repoussant et les parents sont partagés entre le désir de prendre le bébé dans leurs bras pour le consoler et la répulsion qu'induisent ses lésions saignantes.

L'enfant ressent le malaise de ses parents. L'irritation permanente de sa peau envahit son attention, il est préoccupé exclusivement par son corps douloureux. Les relations entre parents et enfant sont profondément altérées par cette barrière qui s'interpose dans les contacts corporels. L'insomnie vient habituellement aggraver la fatigue de l'enfant et la tension familiale.

▲ Pathogénie et psychopathologie

L'eczéma est un exemple remarquable d'un trouble qui résulte d'une intrication de facteurs somatiques et relationnels. Les anomalies des taux d'immunoglobuline montrent qu'il existe une composante allergique certaine. On a aussi montré une instabilité de l'équilibre du système nerveux autonome.

Par ailleurs, on peut mettre en cause la qualité des interrelations avec un bébé habituellement intolérant et des parents anxieux, découragés et particulièrement sensibles à la vue de lésions corporelles. On a également constaté que des événements ayant une incidence émotionnelle provoquent des crises.

Spitz (1965) avait cru déceler chez les mères une hostilité déguisée en anxiété ainsi qu'une crainte des contacts physiques. Ces observations ont été critiquées dans la mesure où les lésions elles-mêmes sont à l'origine de réactions de fuite et d'agressivité. La qualité des interactions influence l'évolution des poussées d'eczéma mais le trouble ne peut être attribué d'une façon systématique à des particularités maternelles.

▲ Traitement

Même dans les cas où les facteurs allergisants ont été reconnus, les régimes et les mesures d'hygiène sont rarement suffisants. Pour modifier les relations avec l'enfant, il est parfois utile de montrer que les traitements médicaux, l'application d'une pommade, peuvent devenir des temps de présence affectueuse avec le bébé.

Le traitement des interrelations peut faire apparaître les réactions de crainte qu'éprouve la mère, souvent blessée narcissiquement, et comment son retrait contribue à laisser l'enfant confronté seul à ses démangeaisons incessantes.

2.7.2. Pelade

▲ Description

Il s'agit d'une dermatose qui se manifeste par la perte des cheveux, souvent rapide, sur des zones circulaires du cuir chevelu.

Cette manifestation impressionnante peut disparaître rapidement mais aussi persister et récidiver. Il est souvent possible d'établir un lien avec un événement familial, l'absence ou une maladie de la mère, un conflit entre les parents. Mais une situation de carence permanente avec déséquilibre psychosomatique grave peut être en cause. Kreisler a décrit une pelade survenue chez une enfant présentant un syndrome « d'inorganisation structurale » caractérisé par la pauvreté affective des échanges et des conduites répétitives, hyperactives et désordonnées.

▲ Psychopathologie

Il s'agit d'un trouble typiquement psychosomatique qui n'a pas de signification symbolique et peut être interprété comme lié à l'absence de représentation.

3. Les syndromes

3.1. *L'absence de relation : l'hospitalisme*

3.1.1. Description

Les institutions d'accueil des bébés, qui historiquement ont joué un rôle social important en réduisant les infanticides, ont malheureusement aussi constitué un terrain d'observations dramatiques des effets de l'absence de relations d'attachement comparables à celles de mères avec leur bébé.

La mortalité considérable des nourrissons confiés à des institutions avait été souvent signalée, mais on n'avait jamais réalisé d'étude sur ce sujet. En 1945, Spitz compare le développement de nourrissons placés dans des nurseries où ils étaient élevés par leurs mères délinquantes, avec celui de bébés placés en pouponnière et soignés par un personnel compétent.

Les résultats de l'étude rigoureuse de Spitz sont impressionnants. Alors que jusqu'à l'âge de trois mois les bébés confiés à la pouponnière ont des indices de développement plus favorables que les bébés confiés à leurs mères, leur développement à la fin de la première année est retardé de trois mois. Cette atteinte touche tous les domaines du développement physique et psychique, et la vie même de l'enfant est gravement menacée. Malgré une excellente hygiène, les enfants sont très souvent malades, une épidémie de rougeole atteint tous les enfants et entraîne une mortalité de 25 % (elle est de 0,5 % dans la population normale). Il y aura 37 % de mortalité en deux ans, alors qu'aucun des enfants soignés en institution par leur mère ne mourra. Spitz écrit :

> « Nous pensons qu'il est possible de considérer, compte tenu des dommages subis dans tous les secteurs de la personnalité des enfants pendant leur séjour dans l'institution, que leur vitalité (quel que soit le sens qu'on donne à ce terme), leur résistance à la maladie, était progressivement détruite. Dans le service pour enfants entre dix-huit mois et deux ans et demi, deux seulement des vingt-six survivants savaient prononcer un couple de mots. Les mêmes, seuls, sont capables de marcher. Un troisième enfant commence à marcher. Aucun d'entre eux, ou presque, n'est capable de manger seul. Les habitudes de propreté ne sont pas acquises, ils sont tous incontinents. » [*Hospitalism : An Inquiry into the Genesis of Psychiatric Conditions* in *Early Childhood,* Spitz, p. 59 (1945)]

Le contraste avec l'institution où les mères sont présentes est extrême :

> « Le problème ici n'est pas qu'un enfant marche ou parle à la fin de sa première année, le problème avec ces enfants de 10 mois, est de savoir comment contrôler la saine curiosité et l'esprit d'entreprise de ces petits trotteurs. Ils grimpent sur les barreaux de leur berceau comme les habitants des Iles du Sud grimpent aux palmiers… Ils vocalisent librement et quelques-uns prononcent un mot ou deux. Tous comprennent la signification des gestes simples. Sortis de leurs berceaux tous marchent avec aide et un grand nombre tout seuls. » [*Ibid.]*

Spitz observa aussi en pouponnière que les enfants ont souvent des comportements étranges, des stéréotypies et des phobies de certains objets. Certains se balancent sans arrêt, d'autres s'arrachent les cheveux ou se mordent. Leur développement en taille et en poids est considérablement retardé, leurs indices sont ceux d'enfants normaux ayant moitié de leur âge.

Il est intéressant de noter que ces travaux, qui dérangeaient beaucoup d'institutions, ont d'abord été vivement critiqués. Mais ils ont été maintes fois vérifiés par la suite. Bowlby (1951) a rédigé un important rapport pour l'OMS sur ce sujet, Aubry (1955) a étudié les effets des psychothérapies sur des enfants ayant subi les effets de l'hospitalisme, David et Appel (1962) ont procédé à une analyse précise des facteurs de carences dans une pouponnière.

Malgré la fréquence de l'hospitalisme dans le monde, les études sur le devenir des enfants ayant subi une période d'hospitalisme sont rares. Spitz considérait que les effets de l'hospitalisme sont irréversibles. On connaît l'atteinte sur le niveau intellectuel, l'appauvrissement des capacités relationnelles et de l'affectivité (Bowlby). On a indiqué aussi la fréquente incidence sur les conduites délinquantes et les pathologies limites de l'enfant et de l'adulte (Ajuriaguerra, 1970, p. 509-512).

Dans la pratique, l'anamnèse des enfants appartenant à des milieux défavorisés fait souvent apparaître des associations entre hospitalisme et carences partielles de soins.

3.1.2. Psychopathologie

Malgré les risques des comparaisons entre le monde animal et le milieu humain, il est habituel de citer, à propos de l'hospitalisme, les expériences de Harlow qui a étudié les effets, sur des primates nouveau-nés, de la carence de relations avec des congénères. Les troubles des relations sociales, des échanges avec les congénères et de la sexualité sont considérables. Les études ont permis également de déterminer les conditions nécessaires pour une réparation (cité par Bowlby, 1973).

L'hospitalisme démontre que les interactions mère-bébé sont une nécessité absolue pour le développement psychique du nourrisson, et plus précisément pour l'intégration du Moi. Le bébé souffre de privation d'une relation humaine avec toute la richesse des interactions décrites par Brazelton et Stern. La réduction des stimulations perceptives dans les milieux de pouponnières ne constitue pas une privation sensorielle ; c'est l'absence de relation qui fait disparaître l'intérêt de l'enfant pour tous les objets. La carence d'interactions semble même plus massive que dans les cas les plus graves des troubles du développement des enfants autistes. L'absence de holding et de la fonction de contenance qui l'accompagne, maintient l'enfant dans une situation d'indistinction des frontières corporelles du Soi, ce qui entraîne des angoisses de précipitation et de perte des limites. En l'absence de tout échange, la satisfaction des besoins et l'autostimulation sont les seules activités qui puissent être investies.

Les effets de la carence relationnelle sur le développement physique et sur les capacités de défenses immunitaires contre les infections montrent d'une façon dramatique l'importance des processus psychosomatiques chez le nourrisson.

3.2. *La dépression anaclitique et les dépressions précoces*

3.2.1. Dépression anaclitique

▲ Description

Tandis que dans l'hospitalisme il n'y a pas eu d'établissement de relation avec la mère, il s'agit maintenant de situations où le bébé subit une séparation durable de sa mère, après avoir eu des relations affectives avec elle pendant une période de plusieurs mois après sa naissance.

La première étude sur ce problème est celle d'Anna Freud et Burlingham qui ont décrit les réactions de jeunes enfants déplacés pendant le *Blitz* de Londres, et étudié les effets de la séparation de la mère et de la perte de leur infirmière préférée.

Plus tard, les réactions à la séparation ont été observées avec précision par Spitz dans une pouponnière (1946, 1965). Les nourrissons avaient de bonnes relations avec leur mère qui s'en occupait chaque jour et leur développement était satisfaisant. À l'occasion d'une absence prolongée de la mère, ces bébés devenaient pleurnicheurs d'abord puis se mettaient en retrait :

> « Ces enfants restaient couchés sur le ventre dans leur berceau, détournant la tête et refusant de prendre part à la vie de leur entourage. Lorsque nous nous en approchions, ils nous ignoraient le plus souvent bien que nous fussions suivis par le regard interrogateur de l'un ou l'autre. Lorsque nos avances devenaient insistantes, ils se mettaient à pleurer et parfois à hurler. » [1965, p. 207]

Ce comportement avec pleurs et retrait se poursuit, si l'absence se prolonge, pendant deux à trois mois avec une perte de poids et un déclin du quotient de développement. Dans cette période, il peut arriver parfois que l'enfant frappe sa tête contre son lit, se griffe ou se morde. Puis les pleurs cessent, les enfants se figent avec un visage sans expression :

> « Ces enfants restaient étendus ou assis, ouvrant grand dans un visage immobile et glacé des yeux perdus dans le vague et dépourvus d'expression, comme hébétés, et apparemment sans voir ce qui se passait autour d'eux. » [*Ibidem*, p. 208]

À cette période, le déclin du développement physique et psychique s'aggrave et les risques de mortalité par infection ou cachexie sont considérables. On se retrouve dans une situation comparable à celle de l'hospitalisme. Spitz propose de qualifier d'*anaclitique* (du grec « s'appuyer sur ») la phase de dépression, car elle montre la nécessité d'un appui maternel constant pendant les premiers mois de la vie.

Spitz note que si la relation avec la mère est rétablie, l'enfant se transforme et récupère au moins en partie son retard de développement. Passé le délai de trois mois, il pensait que le retard était irréversible. Mais il signale aussi que la dépression dans sa forme grave peut être évitée si on donne à l'enfant un substitut maternel avec lequel une relation affective peut être établie.

Bowlby (1960, 1973) fait remarquer qu'il est important d'étudier la période qui suit immédiatement le départ de la mère. Pour lui, c'est l'angoisse de séparation qui entraîne les réactions décrites par Spitz. Il distingue trois phases : un premier temps de pleurs et de plaintes — c'est la période de protestation —, une période de désespoir qui correspond à la dépression anaclitique, et une période de détachement. Il a également montré les effets à long terme de la séparation, les possibilités de réparation mais aussi les limites de la capacité d'instaurer de nouvelles relations d'attachement.

Les nombreuses difficultés que rencontrent les services d'Aide sociale à l'enfance entraînent parfois de multiples changements de placements, en familles ou en institutions. Les séparations répétées qui en résultent ont un effet cumulatif qui se rapproche de la dépression anaclitique. Le développement intellectuel et l'organisation de la personnalité sont perturbés et menacent l'avenir psychique des enfants. Ainsi, on a noté la fréquence d'apparition ultérieure de pathologies limites.

▲ Psychopathologie

La dépression apparaît ici comme un phénomène secondaire à la séparation. On est ainsi conduit à s'interroger sur les effets psychiques de cette dernière.

Freud avait signalé l'importance de l'angoisse de séparation, mais c'est en 1926 qu'il donne à l'angoisse la valeur d'un signal de danger menaçant le Moi, et qu'il indique l'importance du risque de séparation pour le nourrisson. Il considère que l'angoisse est secondaire à la perte de la satisfaction orale du bébé. Bowlby (1973) se sépare de Freud dans la mesure où il considère l'angoisse de séparation comme le résultat direct de la menace de rupture d'attachement.

Il est nécessaire d'interpréter la transformation de l'angoisse en dépression.

Spitz, comme Anna Freud, avait quelque difficulté à interpréter les processus psychiques qui produisent la phase de dépression anaclitique puisque les modèles de Freud sur le deuil (1917) s'appuient sur les relations intrapsychiques du Surmoi au Moi, instances qui selon Freud sont constituées tardivement, dans la période œdipienne. Dans son texte de 1965, Spitz fait l'hypothèse peu convaincante que l'absence de relations objectales entraîne une désintrication pulsionnelle et le retour sur le self de la pulsion de mort.

Plusieurs cliniciens ont fait des hypothèses sur une réaction dépressive de base. Widlöcher considère qu'il existe chez le nourrisson une réaction dépressive innée à la situation catastrophique (cité par Kreisler, 1989, p. 349).

Pour les auteurs kleiniens, le bébé introjecte en les clivant les expériences gratifiantes et frustrantes des relations avec sa mère. Au mauvais objet introjecté (la mère absente) correspond une partie mauvaise et dépréciée du Soi qui envahit le psychisme du bébé (Benedek, 1956).

Bien que Kohut n'ait jamais abordé le domaine de la psychopathologie du nourrisson, sa conception de l'organisation narcissique trouve ici une application simple (1971). Les noyaux narcissiques du self se constituent grâce à la relation avec les objets du Soi et la présence des objets réels est nécessaire pendant les premières années du nourrisson (Oppenheimer, 1996). La perte de ces objets crée un effondrement narcissique qui entraîne la dépression.

3.2.2. Dépressions précoces

▲ Description

Les dépressions précoces du nourrisson ne sont pas observées seulement en institutions, comme Spitz l'a rapidement constaté. Elles peuvent résulter de diverses circonstances qui impliquent la qualité des interrelations, du fait d'événements ou de la non-disponibilité psychique de la mère.

La dépression maternelle, les deuils non surmontés par la mère, sont l'une des causes les plus fréquentes de non-disponibilité et nous avons évoqué cette question à propos des interrelations.

On a également observé des dépressions chez les nourrissons qui souffrent de maladies physiques et de malnutrition. Mais l'éventualité de malnutrition est difficile à interpréter, dans la mesure où la dépression entraîne la diminution de l'appétit et souvent une réduction de la croissance pondérale. C'est une des causes possibles de la « *failure to thrive* » des Anglo-Saxons (Loewald, 1985).

Une des surprises des cliniciens de la petite enfance a été d'observer que les nourrissons d'un âge bien inférieur à six mois pouvaient présenter des manifestations dépressives : visage figé, disparition du sourire et des vocalisations, fréquence du détournement du regard et perte des réactions posturales anticipatrices de la saisie dans les bras.

À plus de six mois, l'indifférence du bébé, son regard d'une fixité étrange, faisant suite à des périodes de vacuité morne, découragent les parents dans leur relation avec l'enfant.

Ces bébés dépressifs sont dans un état de déséquilibre psychosomatique et menacés par des atteintes somatiques, par exemple des rhinopharyngites ou des troubles digestifs.

Quand l'état dépressif se poursuit, il peut aboutir à des états que les psychosomaticiens ont décrits comme *comportements vides* et *inorganisation structurale,* caractérisés par le vide de pensée, les conduites dépourvues d'affectivité, une hyperactivité sans motivation émotionnelle. Dans cet état, on ne peut plus retrouver l'affect dépressif probablement originel (Kreisler, 1987).

▲ Psychopathologie

Le défaut dans les relations semble avoir ici le même effet que l'absence, et la problématique est comparable à celle des dépressions anaclitiques.

L'hypothèse d'une réaction dépressive qui résulterait directement des pertes d'objet n'est pas incompatible avec les modèles qui décrivent les effets de l'internalisation des expériences menaçantes pour l'organisation du Soi.

Les conceptions psychosomatiques trouvent particulièrement leur illustration dans les dépressions du nourrisson. Le déséquilibre psycho-affectif, l'impossibilité de conceptualiser et la perte de la défense que représentent les interrelations, favorisent les manifestations somatiques qui sont des complications fréquentes des dépressions.

3.3. *Les prémices de l'autisme*

Le diagnostic d'autisme est malheureusement effectué souvent tard, au cours de la troisième année ou plus, et les troubles nécessitent des traitements et des mesures sociales qui se prolongent au cours de l'enfance et au-delà. C'est pourquoi l'autisme sera étudié dans le troisième chapitre, avec les psychoses de l'enfant.

Mais l'apparition des signes qui peuvent faire craindre une évolution vers l'autisme survient à la fin de la première année et la précocité des traitements est un facteur primordial de chances de succès.

Il m'a donc paru indispensable d'indiquer ici les éléments essentiels qui peuvent alerter sur les risques d'une évolution vers l'autisme.

Les manifestations inquiétantes sont le plus souvent discrètes, elles surviennent entre quatre mois et un an et ont été décelées parfois encore plus précocement. Le bébé paraît peu sensible à l'éloignement des parents, il ne manifeste pas, par l'agitation et le sourire, sa joie à leur approche et n'anticipe pas la prise dans les bras.

Toutes les interrelations sont vite abandonnées par le bébé qui se refuse aux jeux de regard et sourit rarement.

Les troubles du sommeil sont fréquents, les plus impressionnants sont les insomnies calmes : le bébé a les yeux ouverts et ne manifeste rien ; d'autres insomnies s'accompagnent de pleurs et de cris.

Enfin le bébé, le plus souvent hypotonique, tète difficilement et se nourrit mal au second semestre en refusant toute nourriture solide.

Malgré le caractère préoccupant de ces indices, ce ne sont pas des symptômes d'une maladie inéluctable, mais des signes d'une évolution préoccupante. Le pire serait d'adopter l'attitude d'attente qui faisait si souvent dire : « Il faut voir comment cela va évoluer… » De tels signes imposent, sans alarmer la famille, de mettre en place des consultations mère-bébé et, si les craintes se précisent, d'instaurer des visites thérapeutiques à domicile.

Chapitre 3

Les troubles psychiques de l'enfant

SOMMAIRE

OBJECTIFS DE CONNAISSANCE

▲ Expliquer l'importance des notions de stade et de régression dans l'étude de la pathologie de l'enfant ;

▲ Donner des exemples de pathologies qui résultent d'une convergence entre la vulnérabilité génétique et les troubles relationnels ;

▲ Expliquer les différences principales entre les processus psychopathologiques des névroses et des psychoses ;

▲ Connaître les éléments spécifiques de la psychopathologie psychanalytique de l'autisme.

1. Rappel du développement psychique de l'enfant

Le développement psychologique de l'enfant sera envisagé d'abord principalement sous l'aspect des structures psychiques et des processus (points de vue topique et dynamique, relations d'objet, pensée), puis sous l'aspect diachronique des stades (point de vue génétique).

1.1. *Point de vue structural*

L'option prise dans cet ouvrage, pour tenir compte des notions psychanalytiques actuelles sur le développement du nourrisson, a été d'admettre une organisation du Soi précoce. Freud considérait au contraire que cette organisation était tardive puisqu'il situait la structuration du psychisme à la période œdipienne (1923).

La seconde topique, dite *théorie structurale* par les auteurs anglo-saxons, n'a pas remplacé la première et les recherches psychosomatiques donnent une place importante au préconscient.

Je résumerai ici les éléments essentiels de la théorie structurale (seconde topique) :

▲ Le Moi gère les activités du sujet dans la recherche de l'équilibre des principes de plaisir et de réalité. Il lie les activités psychiques et met en jeu les défenses. Le Moi peut être assimilé à ce que Grinberg (1990) désigne comme noyau du Soi.

▲ Le Surmoi joue un rôle de censeur et propose des idéaux. Il résulte de l'internalisation de l'objet parental ; c'est donc un objet interne au sens kleinien.

▲ Le Ça est le réservoir de l'énergie pulsionnelle et le lieu du refoulé ; il communique avec le Moi (1923, p. 268).

Une partie des controverses entre Freud et Klein concernait la chronologie d'apparition de ces instances. Pour Freud, Moi et Surmoi apparaissent au cours de la crise œdipienne tandis que pour Klein (1928) ces deux instances, comme d'ailleurs l'œdipe précoce, sont présentes sous des formes primitives dès la naissance. Spitz, respectueux des idées de Freud, avait été amené à parler de « précurseurs » du Moi et du Surmoi (1965) et l'expression de « Surmoi archaïque » est souvent utilisée pour la période préœdipienne.

La conception kleinienne fait l'hypothèse, en s'appuyant sur l'expérience des psychothérapies de très jeunes enfants, que le Surmoi est un objet interne précocement constitué par l'introjection qui fait suite aux projections hostiles du bébé. Ce premier Surmoi est implacable et puissant et représente les représailles d'un parent courroucé. Dans cette perspective, le modèle freudien peut être utilisé pour étudier, non la formation du Surmoi, mais sa transformation au cours de la période œdipienne et de l'adolescence.

1.2. *Relations d'objet et positions*

1.2.1. Les relations d'objet

Les notions complémentaires d'*objet partiel* et de *pulsions partielles* avaient été utilisées par Freud, en particulier dans la série d'équivalences bien connue : sein, bébé, fèces, pénis (1905, p. 37 ; 1933, p. 136), où chaque objet partiel pourrait être attribué à un stade du développement.

Freud utilise la distinction objet / Moi, qui sera développée après lui dans les théories d'objet, pour construire le concept de narcissisme. Il existe une libido du Moi et une libido d'objet, car une partie de l'investissement porté à l'objet est retourné sur le Moi (1914). Il fonde ainsi la conception d'une *relation d'objet narcissique* (1917, p. 270) qui préfigure celle de l'identification projective, car l'objet est confondu avec une partie du Moi. On peut opposer cette anticipation féconde à sa dernière conception selon laquelle il y aurait, aux origines de la vie, une phase anobjectale de narcissisme primaire. Contestée dès sa formulation, en contradiction avec les expériences de la clinique et de l'observation, une telle conception, à la limite du pensable, paradoxale pour Freud lui-même, n'a pas été retenue.

Freud n'a pas appliqué les notions de clivage, de projection, d'introjection à l'étude des relations d'objet. Ce fut l'œuvre de Klein (1946) et de Fairbairn (1952), et Winnicott y apporta un élément original.

La théorie de la relation d'objet s'appuie sur les notions d'*internalisation* des objets et de *monde interne* dont Freud s'était approché plusieurs fois (Meltzer, 1978, p. 172, p. 181). La conception selon laquelle nos relations avec le monde extérieur — qui mobilisent nos investissements — ont pour contrepartie la création d'un objet interne ayant la potentialité d'influencer le fonctionnement psychique, permet une représentation claire des conflits intrapsychiques. L'autre notion importante, découverte par Freud mais non exploitée par lui, est celle du *clivage* qui dans les relations d'objet précède les projections.

Les relations d'objet les plus primitives, décrites depuis les études psychanalytiques de l'autisme, utilisent les propriétés de surface de l'objet, ne peuvent s'établir que dans la contiguïté et ne donnent lieu ni à des introjections ni à des projections. L'angoisse de séparation ne peut être surmontée que dans le contact avec l'objet. Cette relation narcissique dite adhésive permet d'interpréter certaines conduites de collage observées dans l'autisme, la contiguïté faisant disparaître la distinction entre soi et l'objet.

La seconde relation d'objet narcissique, connue depuis la description de Klein (1946), est dite d'*« identification projective »*. L'angoisse de séparation et les motions pulsionnelles de vie et de mort font de l'objet absent un objet mauvais et persécuteur et il lui correspond une partie clivée du Soi. Cette partie du Soi est projetée par le fantasme dans cet objet. L'identification projective peut être également utilisée pour confier des parties précieuses de soi à l'autre — comme c'est le cas dans la relation amoureuse. L'objet qui subit la projection est une extension de Soi, un objet narcissique.

La relation la plus élaborée est celle où l'objet est reconnu comme distinct avec sa spécificité ; l'angoisse de séparation n'est alors pas surmontée par la relation adhésive ou projective, mais par l'internalisation de l'objet aimé. La dépendance à l'égard de l'objet peut être reconnue en même temps que les besoins propres de celui-ci sont acceptés. Cette relation caractérise la position dépressive et la réparation (Klein, Rivière, 1937).

Winnicott (1971, p. 7-39) a décrit un mode de relation à un objet matériel « trouvé-créé » par le jeune enfant, dit *« objet transitionnel »*. Il s'agit d'une situation intermédiaire entre la période où l'objet maternel doit être disponible, à proximité immédiate, et celle où la relation à l'objet interne maternel est assurée. La matérialité de l'objet créé, possédé, contrôlé par l'enfant, assure une sécurité qui n'est pas encore obtenue dans le monde interne. Cette notion s'est montrée très féconde pour interpréter un grand nombre de faits psychiques et particulièrement celui de la créativité.

1.2.2. Les positions

La notion de position diffère de celle de stade dans la mesure où elle n'est pas liée à une chronologie. Il s'agit de modes de fonctionnement psychique qui se caractérisent à la fois par les formes de relations d'objet et par l'organisation du monde interne (Klein, 1940).

Dans la *position schizo-paranoïde*, sous l'influence de la pulsion de mort, les clivages des objets et du Soi suivis par les projections des parties mauvaises de Soi dans les objets, conduisent à une spirale d'accroissement de la haine et de l'angoisse de persécution du fait de la réintrojection des objets qui ont subi les projections. Klein (1932) avait observé ce processus au cours des psychothérapies d'enfants très perturbés ; les psychoses d'enfants en donnent de nombreux exemples. Winnicott (1962, p. 147) pensait que chez l'enfant bien portant, avec un maternage de bonne qualité, ces mécanismes pouvaient être relativement peu importants.

La *position dépressive* est celle dans laquelle, les clivages étant réduits, l'objet n'apparaît plus dédoublé (idéalisé ou mauvais) mais porteur à la fois de ce qui est aimé et de ce qui est rejeté. L'ambivalence fait suite au manichéisme, et l'objet, qui n'est plus soumis aux identifications projectives massives et destructrices, est reconnu comme séparé. Ce processus fait naître une capacité de préoccupation pour l'objet qui, pour Winnicott, est la caractéristique essentielle de la position dépressive (1962, p. 145).

1.3. *Organisation de la pensée*

La psychopathologie de l'enfant fait souvent apparaître des troubles de la pensée qui s'accompagnent de perturbations du langage, de la relation, et des capacités d'apprentissage. Par ailleurs, les conceptions psychanalytiques de la genèse de la pensée représentent depuis Bion des modes de compréhension importants des processus pathologiques, en particulier dans les psychoses de l'enfant.

1.3.1. Le développement des capacités cognitives

L'influence des travaux de Piaget sur l'étude du développement psychologique de l'enfant et sur la pédagogie est considérable. Il était tout à fait conscient de l'intrication entre les phénomènes cognitifs et les motivations affectives, mais dans sa démarche il mit habituellement entre parenthèses les aspects affectifs, qu'il réduisait à l'énergétique des conduites. Les cliniciens auraient avantage, par exemple pour les études des troubles des apprentissages chez l'enfant, à établir des liens entre les conceptions de la psychanalyse et les travaux de la psychologie cognitive. Les travaux de Gibello (1984) et de Berger (1996) ont utilisé l'approche piagétienne dans leur compréhension des difficultés d'apprentissage chez l'enfant et l'adolescent.

1.3.2. Les travaux de Bion

En construisant un modèle qui prolonge les idées énoncées par Freud (1911 a), Bion donne à la notion de *pensée* une place nouvelle en psychanalyse. Il part de l'idée centrale, freudienne, que la pensée fait face à la perturbation provoquée par les sensations et qu'elle consiste en un détour, une expérimentation, qui économise la dépense motrice engagée dans le processus « sensation-émotion/réaction motrice ».

L'expérience avec le milieu extérieur se traduit dans son modèle par l'irruption de précurseurs des sensations et des émotions : les éléments ß (bêta), qui sont transformés par l'appareil psychique « contenant » en éléments α (alpha). Ces éléments α sont les premières formes d'une pensée naissante que Piñol Douriez (1984) a décrites sous le terme de *protoreprésentations,* en précisant que celles-ci se définissent comme « coalescence organe sensible/phénomène éprouvé », « motion affect/forme ». Penser résulte du travail psychique qui se poursuit en établissant les liens entre les éléments α ; les organisations des éléments entre eux peuvent conduire à des formes de pensée de plus en plus abstraites.

Bion avait élaboré ce modèle avec la préoccupation de mieux comprendre les processus qui se déroulent au cours des séances. Il l'appliqua d'abord à l'interprétation de « l'apprentissage par l'expérience » (1962) au cours de la relation mère-bébé. Le bébé qui subit l'irruption de sensations ne dispose pas encore d'un appareil à penser (fonction α). Faute de pouvoir transformer les éléments ß que produisent ses premières expériences, il les projette dans l'objet maternel. La mère par son travail de rêverie (pensée partiellement consciente) transforme en pensées assimilables ces éléments ß — et le cycle projections-introjections se poursuit. Le bébé introjecte les pensées maternelles et le processus de transformation qu'elles impliquent. Ce faisant, il développe son propre appareil à penser.

Ce modèle éclaire le processus thérapeutique : les projections du patient sont utilisées dans le travail de pensée de l'analyste — mais la projection de la mère sur le bébé est remplacée par l'interprétation analytique !

La découverte la plus surprenante de Bion, appuyée par ses observations du patient et des ses propres pensées au cours d'une séance (1967, p. 76-77), est que le « fantasme » d'identification projective a des effets sur l'objet puisqu'il influence sa pensée. Ce fait étrange, à première vue irrationnel, peut être éclairé par les études sur l'interaction non verbale : accordages affectifs de Stern (1985, p. 185) et théorie de l'esprit.

1.4. *Les stades, l'Œdipe et la période de latence*

1.4.1. Les stades

Freud était très soucieux de tenir compte de la diachronie du développement pour étudier le psychisme de l'enfant. Dans sa première rédaction des *Essais,* en 1905, il décrivit deux périodes en opposant la sexualité polymorphe de l'enfance à la génitalité de l'adolescence. Les remaniements effectués en 1915 et 1924 montrent comment il élabora la notion de stades en faisant tardivement la distinction entre le stade phallique et le stade génital. Abraham (1924) compléta la description freudienne en distinguant au cours de la période anale les processus d'expulsion et de rétention (p. 175). De même il montra qu'une phase sadique-orale succède à la période de succion des premiers mois (p. 191). Erickson (1950) décrivit les modes d'action caractéristiques des stades (incorporer, prendre, éliminer, retenir, faire intrusion) en montrant qu'ils peuvent concerner les zones orale, anale et génitale. Cette réflexion fait apparaître que les modes d'expression spécifiques des stades peuvent être indépendants des zones. Ainsi, le jeune enfant peut utiliser sa bouche selon des modes de rétention et d'expulsion qui anticipent sur l'analité (p. 48-65).

Les descriptions d'Erickson montrent la richesse clinique d'une perspective qui décèle les modalités d'expression pulsionnelle des différents stades dans les relations de l'enfant avec son entourage. Le schéma est le suivant :

▲ Stade oral (la première année)
— Période de succion (0 à 6 mois).
Pour Erickson : *« incorporer-recevoir ».*
— Période sadique-orale, « ambivalente » (l'objet désiré est attaqué).
Pour Erickson : *« incorporer-prendre ».*

▲ Stade sadique-anal (de un an à deux ans et demi)
— Période d'expulsion : l'expulsion est érotisée, la destruction est sadique. Pour Erickson : *« laisser aller ou attaquer ».*
— Période de rétention : l'érotisme est dans la rétention et le sadisme dans le contrôle possessif.

L'ambivalence (conserver ou rejeter) est en jeu dans ce stade qui met par ailleurs à l'épreuve la qualité de la distinction Soi/non-Soi du fait de la perte de l'objet fécal.

▲ Stade phallique ou urétral (de deux ans et demi jusqu'à la latence). Ce stade est caractérisé par ce que Freud appelle « primat de la zone génitale » ; les pulsions partielles du plaisir polymorphe de l'enfance (Freud, 1905) concourent à la satisfaction spécifiquement sexuelle. Selon lui, seul le pénis est reconnu dans les deux sexes, ce qui crée le couple d'opposition phallique/châtré. C'est le temps des plaisirs urétraux et de la curiosité sexuelle. Pour Erickson la relation caractéristique de ce stade dans les deux sexes est l'*intrusion.*

▲ Stade génital : c'est celui de l'adolescence, caractérisé pour Freud par l'opposition masculin/féminin.

La notion de *fixation,* souvent utilisée par Freud, trouve ici une application génétique. Certaines étapes du développement prennent une importance spécifique pour l'enfant et impliquent une certaine fixation des éléments organisateurs de ce stade. Dans des circonstances ultérieures qui constituent des obstacles à l'évolution psychique, une *régression* aux points marqués par la fixation se produit. Bien que la régression soit souvent associée aux fonctionnements névrotiques, sa signification pathologique ne doit pas être surestimée. La régression est un phénomène psychique qui n'entraîne pas la destruction de certaines fonctions psychiques : « Le concept de régression n'implique pas la disparition des fonctionnements les plus évolués, mais la perte plus ou moins durable de leur suprématie dans l'ensemble du fonctionnement » (Diatkine, 1985 a, p. 1053). La régression représente pour Marty (1976) un mouvement psychique essentiel, riche d'un potentiel évolutif important.

1.4.2. La période œdipienne

J'ai signalé que l'identité sexuée est acquise très précocement du fait des projections parentales sur le bébé (Stoller, 1975 ; Chiland, 1985). L'observation des interrelations entre les parents et les nourrissons a montré la différenciation précoce des modes d'échanges selon le sexe des bébés et des parents. Cette identité sexuée a un effet sur le psychisme mais n'est pas la représentation psychique de l'identité sexuelle. C'est cette représentation psychique qui fit l'objet des recherches de Freud sur la bisexualité. Il considérait que le choix sexuel définitif est acquis à l'adolescence (1905) mais que des aspects psychiques appartenant à l'autre sexe persistent pendant la vie adulte sous diverses formes souvent refoulées. Cette préoccupation concernant l'identité sexuelle a ses premiers effets au cours de la seconde et de la troisième année ; les enfants manifestent alors de l'intérêt et de la curiosité concernant leur propre sexe, celui de leurs parents et des autres enfants. C'est l'âge de multiples découvertes, dont celle, en particulier, de la différence des sexes ; selon Freud, le garçon éprouverait de l'angoisse en constatant l'absence de pénis chez la fille. L'observation fait plutôt apparaître son grand intérêt et sa curiosité mais cette constatation démontre au garçon qu'il peut y avoir absence de pénis, ce qui va servir de support à ses fantasmes de castration. L'intérêt pour les sexes s'accompagne aussi de préoccupations concernant les activités nocturnes des parents. Meltzer (1978, p. 134) discute des modes de détection précoces de la scène primitive et montre qu'il existe probablement une préconception (Bion, 1962) de la relation sexuelle des parents, ce qui explique la capacité des enfants à utiliser les plus faibles indices pour construire des représentations. C'est en 1923 que Freud construit un modèle complet de la situation œdipienne. Le petit garçon éprouve du désir pour sa mère, de la jalousie à l'égard du père et le désir de l'évincer. Dans cet élan amoureux vers la mère, l'enfant s'identifie au père, qui est l'objet non seulement de sa jalousie, mais aussi de son admiration envieuse. Pour la fille, la mère, objet primordial des deux premières années, doit, dans un premier temps, être écartée au profit du père. Freud insistait sur les aspects négatifs de ce processus : la petite fille se détourne de sa mère parce qu'elle l'a déçue, ne lui a pas donné de pénis. Il apparaît plutôt que l'admiration pour la mère est la circonstance qui favorise le mieux ce mouvement pour le père et que l'identification à la mère enviée joue un rôle essentiel dans l'œdipe normal. Dans sa rivalité avec la mère, la fille souhaite un enfant du père et cherche une compensation à son manque de pénis.

Le conflit entre l'amour et la haine entraîne, on l'a vu, des mouvements contradictoires et des retours vers le parent rejeté. Pour l'enfant du stade phallique, *passif*, *castré* et *féminin* vont ensemble et s'opposent à ce qui est *actif*, *phallique* et *masculin*. Pour le garçon, le retour vers le père est une passivation et une féminisation. Pour la petite fille, l'Œdipe inversé représente en partie la relation antérieure, privilégiée, à la mère. Même si la distance prise par la petite fille à l'égard de la mère, à certaines périodes de la crise œdipienne, paraît grande (condescendance et froideur), le choix inverse n'est pas tout à fait écarté. La revendication de bisexualité par la fille à la puberté est une trace de cette particularité.

Selon Freud, la crise œdipienne se résout chez le garçon sous la pression de l'angoisse de castration, et le renoncement s'accompagne de l'internalisation de l'objet paternel interdicteur qui constitue le Surmoi. Chez la fille pour laquelle la constatation de l'absence de pénis serait le moteur du détournement de l'objet maternel, l'internalisation du Surmoi et des interdictions serait moins importante. Dans les deux sexes, la sublimation des sentiments amoureux et le refoulement conduisent à la période de latence.

J'ai indiqué à propos de la conception structurale du psychisme que, pour Klein, l'internalisation des objets parentaux ayant des fonctions de Surmoi est beaucoup plus précoce. Le père établit avec le bébé une relation différenciée et subit des projections d'amour ou de haine en fonction des avatars de la relation avec la mère. Il en résulte des conflits et une triangulation préœdipienne précoce.

Au cours de la période œdipienne, la sublimation des sentiments et les identifications au parent de même sexe contribuent à réduire la rigueur du Surmoi primitif. Pour Klein (1935, p. 332), le fantasme de scène primitive joue un rôle très important pour l'évolution libidinale de l'enfant. Les parents unis sont attaqués, séparés, remplacés, avant que l'enfant ne renonce à son entreprise, à la fois parce qu'il est confronté aux interdits, à la crainte de perdre un parent rival aimé, et à son immaturité. Mais la scène primitive est internalisée et la puberté la propulsera au-devant de la scène psychique.

1.4.3. La période de latence

Le deuil des illusions œdipiennes semble facilité par la multiplicité des expériences, des découvertes et des acquisitions que l'enfant de cinq ans fait chaque jour. Les pulsions sont évidemment toujours à l'œuvre, mais les représentations érotiques et agressives se détournent des parents. Le contrôle des impulsions et des pensées entraîne souvent des manifestations de régression au stade anal, particulièrement dans la relation avec l'adulte. La préoccupation de ne pas se laisser aller apparaît bien dans la rencontre en consultation de ces enfants qui parlent peu et font des dessins avec la règle et la gomme.

L'équilibre entre les motions pulsionnelles et les refoulements peut être rompu soit par des angoisses, soit dans l'excès de défenses par des périodes d'inhibition. L'emprise de la scolarité et les vicissitudes des relations avec les pairs représentent les préoccupations dominantes de l'enfant pendant cette période.

1.5. *Processus d'individuation-séparation*

L'observation des relations des enfants avec leur mère, de l'âge de trois mois à trois ans, a permis à Mahler (1975) de décrire le mouvement vers la séparation et les progrès de l'organisation psychique qui en dépendent. Ce travail (cité dans le précédent chapitre consacré au nourrisson) est important à plusieurs titres :

Malgré sa formation strictement freudienne, Mahler a contribué par ce travail à démontrer l'importance de la notion d'attachement (Bowlby, 1969) :

▲ Les observations démontrent que la présence permanente de la mère auprès de son bébé au cours des premiers mois est la condition optimale pour le processus de séparation.

▲ La qualité de ces recherches a conduit les auteurs de langue anglaise à les utiliser comme une sorte de référence pour l'étude des mécanismes psychopathologiques, chez l'enfant et l'adolescent.

Mais il faut noter qu'il ne s'agit pas, pour Mahler, de processus intrapsychiques mais de phénomènes observés.

2. Manifestations symptomatiques et fonctionnelles

Les troubles psychiques qui affectent l'enfant se manifestent par des formes particulières d'activités et d'expressions qu'il est possible d'observer mais aussi par des expériences subjectives dont nous avons connaissance indirectement.

Une part considérable des manifestations pathologiques concerne un seul domaine de la conduite, ou des phénomènes subjectifs dans des configurations extrêmement variées. Mais de telles manifestations reflètent une souffrance, une carence ou un excès qui concernent l'ensemble de la personnalité.

Pourtant, malgré la représentation morcelée du psychisme qu'elle risque de suggérer, la description symptomatique est nécessaire. Elle doit être abordée dans la perspective de recherche des processus psychiques fréquemment associés à chaque symptôme, en signalant les syndromes qu'ils peuvent révéler.

2.1. *Les troubles de la parole et du langage*

Le développement du langage et de la parole nécessite l'intégrité de l'audition, de la phonation et de plusieurs fonctions cérébrales, mais il est tributaire aussi des échanges avec la personne qui parle la langue maternelle.

On peut considérer :

▲ les troubles de la fonction phonatoire, qui modifient l'articulation des sons ;

▲ les troubles de la parole, qui atteignent l'organisation des mots ;

▲ le bégaiement, trouble de l'élocution ;

▲ les dysphasies ;

▲ les dyslexies et dysorthographies.

2.1.1. Les troubles de l'articulation

Les anomalies de la production des sons concernent particulièrement les consonnes qui exigent le plus de précision dans l'action motrice.

Le *sigmatisme* entraîne une déformation des consonnes dites constrictives (f, v, s, g) ; on parle de *zézaiement* ou de *schlintement,* selon la position de la langue.

L'enfant qui a ce défaut de langue n'en est généralement pas conscient ; il est souvent repris avec irritation dans sa famille et, à l'école, est l'objet des moqueries de ses camarades.

Ce trouble survient souvent chez des enfants qui éprouvent des regrets de perdre les relations privilégiées de la petite enfance et qui ont des conduites timorées et dépendantes. Les efforts de l'entourage pour corriger l'enfant peuvent conduire à des attitudes d'opposition qui renforcent le trouble. Le traitement orthophonique n'est pas conseillé avant l'âge de 5 ou 6 ans ; le trouble disparaît généralement en quelques mois.

2.1.2. Le retard de parole

Jusqu'à l'âge de 5 ans, les enfants parlent en faisant de nombreuses erreurs dans la place et les choix des phonèmes. L'apprentissage du langage aboutit, au-delà de cet âge, à plus de précision.

Le retard de langage se manifeste par des confusions entre phonèmes, particulièrement les consonnes (d → t, z → s), par l'omission des phonèmes qui terminent un mot ou leur interversion. Dans les formes simples de retard de la parole, il n'existe pas d'anomalies de l'organisation des phrases.

Le traitement orthophonique est nécessaire et efficace, mais il faut également rechercher l'appui de la famille afin qu'il n'y ait pas de reprise tatillonne des erreurs de l'enfant ni affectation d'indifférence au trouble.

2.1.3. **Le bégaiement**

▲ Description

Le bégaiement est un trouble du rythme et du débit de l'élocution qui apparaît avec une fréquence imprévisible quand l'enfant parle. Il se manifeste — beaucoup plus souvent chez les garçons (75 %) que chez les filles — à partir de quatre ans, mais à cet âge il peut y avoir, au cours d'un développement normal, quelques répétitions de syllabes qui peuvent être confondues avec un véritable bégaiement.

On observe deux formes de bégaiement :

▲ tonique : l'émission vocale est bloquée ; des manifestations émotionnelles et vasomotrices accompagnent cette interruption ;

▲ clonique : répétitions multiples, explosives d'une syllabe, souvent au début d'une phrase.

Ces deux formes peuvent être associées. Les enfants réagissent diversement : certains paraissent indifférents à leur trouble et parlent tout autant, d'autres semblent très affectés, font des efforts de contrôle et se réfugient dans le silence.

Le trouble peut s'installer progressivement sans cause apparente ou succéder à des événements traumatisants dans la vie de l'enfant.

L'évolution spontanée du bégaiement est très diverse. La fréquence de celui-ci est variable d'une semaine à l'autre, les périodes de tension l'aggravent. L'atténuation est généralement progressive avant l'adolescence mais le bégaiement persiste parfois à l'âge adulte et complique alors les relations sociales.

Les enfants qui bégaient sont souvent considérés comme impulsifs, anxieux et agressifs sans qu'il soit possible d'apprécier la part réactionnelle de ces particularités — d'ailleurs incertaines.

▲ Pathogénie et psychopathologie

Il existe incontestablement un élément de vulnérabilité génétique mais nous ne disposons pas d'étude rigoureuse qui permettrait des hypothèses précises. On note dans la moitié des cas que ces enfants ont parlé tard, et l'étude du langage fait apparaître des troubles de l'organisation de la pensée verbale (*cf.* Ajuriaguerra, 1970, p. 367). Il n'y a pas de perturbations motrices ; la constatation d'une plus grande fréquence de latéralisations non homogènes favorise des hypothèses concernant les troubles des relations interhémisphériques mais les travaux dans le domaine neurophysiologique n'ont apporté jusqu'ici aucun élément convaincant.

Le bégaiement est souvent attribué à des conflits névrotiques, mais les psychothérapies analytiques ont souvent peu d'effets sur le symptôme, sauf quand il apparaît réactionnel et que les réactions d'anxiété sont prépondérantes. Diatkine (1985b, p. 1620) considère que le bégaiement n'est pas un symptôme névrotique mais que l'inhibition en situation de parole peut avoir un sens conflictuel.

Le bégaiement apparaît comme une expression phonatoire pathologique des émotions ; il est probablement en rapport avec une particularité de l'organisation de la pensée verbale, mais sa psychopathologie est encore incertaine.

▲ Traitement

On considère qu'un traitement est d'autant plus efficace qu'il est précoce. On propose souvent conjointement l'orthophonie et la psychomotricité. Ces traitements doivent être instaurés peu de temps après l'apparition d'un bégaiement qui s'aggrave et utiliser plusieurs techniques (rythme, respiration, relaxation).

La psychothérapie est indiquée en fonction des traits névrotiques, et plus que jamais, sans avoir le désir exclusif de guérir le symptôme.

2.1.4. **Le retard simple de langage (dysphasies légères)**

Certains enfants qui parlent tardivement, après deux ans et demi, n'ont pas de troubles du langage. On peut penser que leur capacité verbale était normalement développée, mais que les conditions d'interrelations familiales ne leur imposaient pas l'utilisation du langage. Ces enfants font preuve, en effet, de capacités d'acquisition très rapide de la parole.

Les dysphasies légères se manifestent d'abord par un retard d'apparition des phrases et une prolongation du parler bébé après l'âge de quatre ans.

Les défauts d'organisation syntaxique vont de l'impropriété du temps des verbes à la juxtaposition de mots. Les écholalies sont fréquentes, les pronoms personnels ne sont pas utilisés.

Ajuriaguerra (1970), qui a fondé l'étude des dysphasies, a décrit deux attitudes de l'enfant :

> « Les économes mesurés se caractérisent par leurs phrases simples, leur récit plutôt énumératif et descriptif, l'homogénéité entre la compréhension et la réalisation, entre la construction des phrases et le récit, et le peu de variations dans leur rendement. Les prolixes [non contrôlés] par contre, font des phrases complexes, respectent peu l'ordre des mots, leur récit dépasse le cadre des énumérations, ils respectent moins bien la chronologie et la cohérence du discours est faible ; le décalage est assez grand entre compréhension et réalisation ; leur rendement est faible. » [1970, p. 358]

2.1.5. **Dysphasies graves : les audimutités**

▲ Description

Ce sont des troubles sévères et durables du langage, qui portent sur son expression et parfois sa compréhension, et qui perdurent après l'âge de la scolarité primaire.

Il peut y avoir des atteintes :

— de la perception : impossibilité de discriminer des sons proches (*pre* et *tre*), les séquences de syllabes et les rythmes ;

— de la production du langage oral au point de vue phonologique : simplifications extrêmes (*roulette* → *ou*), élision de parties de mots, substitutions (*train* → *crain*).

Les troubles syntaxiques se maintiennent longtemps au niveau du mot phrase ; le non-respect de l'ordre des mots, l'absence des articles et des pronoms rendent la compréhension très difficile.

Le langage écrit est toujours atteint mais d'une façon extrêmement variable, ce qui rend l'acquisition de la lecture et de l'orthographe très difficile.

On a décrit des formes où la difficulté de réception domine et d'autres où les troubles d'expression prédominent ; ces dernières sont les plus fréquentes.

L'enfant est généralement dépressif et anxieux, son comportement est souvent perturbé, soit dans le sens de l'hyperactivité, soit dans celui du retrait. On note souvent une grande maladresse dans la motricité fine. On a constaté aussi des troubles de la mémoire verbale.

L'évolution est extrêmement incertaine, très lente et souvent marquée par des pertes des acquisitions antérieures. Les adultes sont souvent difficilement intelligibles et socialement mal intégrés.

▲ Pathogénie

Plusieurs arguments plaident en faveur d'une vulnérabilité génétique mais on n'a pas de connaissance précise des modalités d'action. D'autres recherches font apparaître l'effet du milieu socio-économique, non sur l'incidence du trouble mais sur l'évolution vers une amélioration progressive.

▲ Traitement

La prise en soins est complexe et multiple ; elle doit se poursuivre tout au long de l'enfance.

Le traitement orthophonique est intensif, spécifique (méthode phonético-gestuelle). Il est souhaitable de le réévaluer en concertation avec les autres thérapeutes. Une pédagogie spécialisée est indispensable mais elle est complémentaire : l'enfant doit être intégré dans une classe ordinaire. Un traitement psychomoteur est généralement nécessaire, selon la maladresse de l'enfant.

Par ailleurs, du fait du retentissement des difficultés de relations dans sa famille et en société sur toute sa vie psychique, l'enfant doit avoir un appui auprès d'un psychothérapeute qui peut le suivre à la demande ou lui proposer une psychothérapie.

Si on ajoute l'aide — sous forme éducative — qui est apportée aux parents, on constate que peu de troubles, à l'exception des psychoses, nécessitent autant de traitements conjoints.

2.1.6. Dyslexies et dysorthographies

▲ Définition et description

On réserve le terme de *dyslexie* aux cas d'enfants qui ont un niveau mental normal et sont parvenus à suivre leur scolarité, mais qui ont de très mauvais résultats pour la lecture.

Les erreurs de lecture consistent en conversions, inversions, suppressions de phonèmes :

a → an s → ch or → ro pro → po.

Il y a aussi des erreurs de découpage de la phrase et des oublis de mots. La lecture est lente et saccadée, mais la compréhension est parfois moins altérée que l'audition de la lecture ne pourrait le faire craindre. La difficulté d'écrire et la dysorthographie accompagnent régulièrement la dyslexie.

Les erreurs observées sont courantes dans la période d'apprentissage de la lecture, elles ne sont pas spécifiques, c'est le décalage chronologique qui est significatif. Par ailleurs, dans la majorité des cas, la dyslexie est associée à d'importants troubles du langage. Ces faits conduisent plusieurs cliniciens à mettre en doute la spécificité du symptôme dyslexique.

Quelques troubles sont associés à la dyslexie dans des proportions variables : perturbation de l'organisation spatiale, échecs de la détection droite / gauche, troubles de la reconnaissance du rythme et légers troubles de la motricité.

On décrit souvent les enfants dyslexiques comme instables et manifestant une tendance aux passages à l'acte ou, à l'inverse, trop passifs. Ces éléments incertains font discuter du caractère réactionnel de ces particularités, en tenant compte des répercussions des échecs scolaires sur les relations de l'enfant dans sa famille.

Dans son étude sur le devenir des enfants entrant en classe préparatoire, Chiland (1971) a montré que le faible niveau de vie, l'organisation de la vie familiale et l'attitude des parents à l'égard de l'écrit ont une influence déterminante sur l'apparition de la dyslexie.

▲ Pathogénie et psychopathologie

De nombreuses études anatomiques, neurophysiologiques, cognitives et génétiques sont effectuées en partant de l'hypothèse qu'il existe un trouble spécifique de l'apprentissage de la lecture. L'existence d'une vulnérabilité génétique est établie, mais elle ne peut être distinguée d'une vulnérabilité qui concerne l'ensemble des troubles d'acquisition du langage.

L'incidence des dyslexies varie en fonction du niveau socio-économique. La forme de la pédagogie et la qualité de la relation de l'enfant avec ses enseignants jouent un rôle indiscutable mais difficile à évaluer quantitativement. Diatkine résume les observations en ces termes :

> « Ainsi en est-on arrivé à considérer les échecs d'apprentissage de la langue écrite non pas comme le signe d'une insuffisance individuelle de l'enfant, mais bien comme le résultat d'une rencontre malheureuse entre des adultes qui ne se reconnaissent que dans les élèves constituant le premier tiers de la classe, et des enfants qui n'ont pas eu la chance de vivre ailleurs des expériences qui leur auraient permis de vivre dans ce tiers. » [1985, p. 1627]

Diatkine envisage cependant la possibilité de troubles dyslexiques spécifiques qu'il attribue aux échecs des sublimations et à l'absence de plaisir de fonctionnement mental.

▲ Traitement

L'existence d'une dyslexie ne peut être envisagée qu'à partir de l'âge de 7 ans. En plus de l'évaluation orthophonique (test de l'alouette), il est souhaitable de connaître le profil psychométrique, des tests projectifs peuvent faire apparaître des angoisses névrotiques. Les premières rencontres avec les parents, en plus de l'observation des particularités relationnelles, auront pour objectif d'évaluer les péripéties pédagogiques.

Le traitement orthophonique est à organiser en association avec l'école, en recherchant des aménagements pédagogiques. L'intervention auprès de la famille sous forme d'entretiens réguliers peut contribuer à restaurer l'image de l'enfant pour lui-même et ses proches.

La psychothérapie ne peut être une indication systématique ; il importe de la situer comme expérience favorisant le développement global de l'enfant et non comme méthode de traitement du symptôme.

2.2. *Les troubles cognitifs*

Les atteintes cognitives qui seront étudiées ici sont celles qui ne paraissent pas résulter d'une pathologie spécifique. Sont donc exclus de la présente étude les troubles cognitifs qui peuvent être associés à diverses atteintes somatiques (anomalies géniques, encéphalitiques, traumatiques) ou à des névroses, psychoses et états limites.

2.2.1. L'évolution du concept de trouble cognitif

Notre culture accorde une grande importance aux aptitudes intellectuelles et à leurs conséquences sociales. En France, la création des classes de perfectionnement en 1905 peut être considérée comme la première tentative pour aider les enfants qui manifestaient des difficultés d'acquisition et qui étaient cependant considérés comme éducables. Ce souci de classification des enfants retardés a fait connaître les travaux de Binet, et l'on doit à cette circonstance la naissance de la psychométrie.

Dans cette période, il n'était pas possible d'envisager d'autre forme d'aide que celle de la pédagogie. La séparation entre les troubles de l'efficience intellectuelle et l'ensemble de la pathologie mentale de l'enfant était presque totale et correspondait au partage entre les soins et l'éducatif.

On peut attribuer à Mannoni (1964) le mérite d'avoir ébranlé cette mise à l'écart des pathologies cognitives par rapport à l'ensemble des pathologies de l'enfant et d'avoir montré que des psychothérapies pouvaient modifier les aptitudes intellectuelles des enfants.

Les affirmations de Mannoni n'étaient pas tout à fait crédibles car elle attribuait exclusivement les retards intellectuels à la forclusion, mais son travail a fait date pour modifier les conceptions concernant la psychopathologie du développement cognitif. Les études cliniques ultérieures ont permis de démanteler la nosographie des retards intellectuels en montrant qu'un grand nombre d'entre eux pouvaient être rattachés à des névroses, des psychoses et des états limites.

Mais les effets tardifs de cette évolution eurent aussi une part regrettable. Dans une sorte de « lutte contre le QI », les évaluations psychométriques furent présentées comme des techniques incompatibles avec une approche « psychanalytique » de la pathologie. L'utilisation des tests devint le signe d'appartenance à une conception périmée de la psychologie, et la clinique a été longtemps privée d'un mode d'évaluation précieux. Depuis quelques années, l'intérêt des démarches différenciées semble cependant mieux reconnu ; par exemple, Gibello (1984) et Berger (1996) ont montré la nécessité d'évaluations psychométriques pour une recherche psychanalytique dans le domaine des troubles cognitifs.

2.2.2. Les formes de troubles cognitifs et leurs manifestations

▲ Les catégories

L'appréciation du déficit des capacités cognitives, quelles que soient les critiques faites aux épreuves psychométriques, revient toujours à utiliser la notion de QI.

Le DSM-III-R retient cependant la coexistence de troubles de la conduite et propose deux critères :

▲ Un niveau de fonctionnement intellectuel réduit de façon significative : QI < 70 […] ;

▲ Une atteinte de la capacité d'adaptation fonctionnelle, c'est-à-dire de l'efficacité pour faire face aux normes d'aptitude attendues par le groupe culturel dans des domaines tels que les savoir-faire en société, les responsabilités, la communication, les actes de la vie courante, l'indépendance personnelle et l'autonomie.

▲ Début avant l'âge de 18 ans

La classification traditionnelle en France distingue l'arriération profonde (QI inférieur à 30) et l'ensemble des débilités : légères (70 à 80), moyennes (50 à 70) et profondes (30 à 50).

Plusieurs recherches, cliniques et statistiques, montrent que les arriérations profondes ont une origine organique ; elles sont souvent aggravées par des polyhandicaps. L'étude qui suit concernera spécifiquement les débilités.

▲ Incidence et milieu familial

L'incidence de la débilité mentale est globalement identique dans les pays postindustriels. La proportion de débilité moyenne et profonde est très diversement évaluée — de 1 % à 2 % — et serait trois fois plus importante pour les débiles légers.

Même en tenant compte du biais culturel introduit par l'évaluation psychométrique, biais qui justifie le complément à l'évaluation du QI proposé dans le DSM-III-R, il est indiscutable qu'il existe une corrélation entre le milieu de vie, particulièrement le statut socio-économique de la famille, et la fréquence des débilités. Les facteurs aggravants comme l'alcoolisme d'un parent, les foyers dissociés, les violences, favorisent la débilité, mais généralement le trouble cognitif fait alors partie d'une pathologie *borderline*.

▲ Description et examens

Le trouble se manifeste électivement à l'école par la lenteur ou l'échec des premiers apprentissages. Les éléments les plus souvent signalés sont les troubles de l'attention, le faible niveau verbal et les difficultés pour se repérer dans l'espace. Les enseignants peuvent observer qu'il est difficile pour l'enfant de passer d'un domaine à l'autre et qu'il y a une sorte de persévération dans ses activités. En dehors de l'école, c'est un enfant lent et maladroit, assez dépendant de ses parents. Il n'est pas beaucoup apprécié par ses camarades pour les jeux parce qu'il fait perdre son camp.

Son caractère est parfois difficile : exagérément précautionneux, irritable, opposant, instable. Ces troubles peuvent être attribués au découragement, à la tristesse et à la colère qu'éprouve l'enfant confronté à des échecs continuels.

Les examens psychométriques, avec des tests comme le WISC, font apparaître plusieurs formes de profils de résultats. Une baisse plus importante en niveau verbal qu'en performance est le cas le plus courant. Le degré d'hétérogénéité dans l'ensemble des épreuves permet de différencier les débilités harmoniques et dysharmoniques. Les débilités harmoniques correspondent au tableau le plus complet de la débilité : absence de plasticité et stéréotypies de la conduite, absence de curiosité, pensée concrète sans nuance et sans imagination, grande maladresse motrice. Le langage est défectueux sur le plan lexical et syntaxique ; en classe, toutes les capacités de symbolisation sont réduites.

La dysharmonie comporte des atteintes partielles qui retentissent cependant sur l'aptitude à faire face aux situations courantes. On décrit par exemple des atteintes dyspraxiques, qui atteignent la motricité, l'image du corps, les représentations de l'espace, ou dysphasiques, avec diverses formes d'atteintes du langage.

À l'extrême de l'hétérogénéité, on peut rencontrer des enfants qui ont de graves échecs scolaires, mais dont les résultats aux tests ordinaires sont normaux ou même supérieurs à la moyenne. Gibello a proposé pour décrire ces cas le terme de « dysharmonies cognitives ». L'Échelle de pensée logique de Longeot montre de grandes dispersions des résultats qui se traduisent par un indice d'homogénéité du raisonnement diminué.

2.2.3. Pathogénie et psychopathologie des troubles cognitifs

L'étude des troubles intellectuels illustre la nécessité d'une conception dialectique et développementale des troubles psychiques. De grandes controverses ont eu lieu entre les théoriciens partisans d'une influence prépondérance de l'hérédité sur les capacités intellectuelles, et les environnementalistes pour qui tous les facteurs du milieu, et particulièrement la qualité des premières relations familiales, sont les seuls éléments déterminants. Curieusement, les travaux semblent converger pour accorder une part égale à chacun (King, Noshpitz, 1991, p. 44-47), mais l'intrication des facteurs héréditaires et relationnels est telle que la recherche de leur participation dans chaque cas particulier est illusoire.

Les apprentissages permettent de répondre à la nécessité de besoins immédiats mais, dès les premières interrelations, ils apparaissent dépendants d'un plaisir que Freud fait dériver de la curiosité sexuelle (1905) et que Melanie Klein attribue à la pulsion « épistémophilique » ou désir de connaître (1928, p. 231). Meltzer (1978, p. 218-220) montre la distinction entre la curiosité, qui pousse à faire intrusion dans l'objet pour en posséder les contenus — la forme sadique de la pulsion épistémophilique — et l'intérêt pour l'objet dans la position dépressive, qui est la forme créative du savoir. Il reprend aussi le modèle de Bion (1962) sur le travail de la fonction de pensée : l'acquisition du savoir est la construction d'un appareil à penser qui se réalise grâce à la relation avec un objet.

La démarche de Berger apparaît dérivée de cette conception théorique. Son travail s'appuie sur la psychothérapie des enfants qui présentent des dysharmonies cognitives pathologiques. Il décrit des contenants de pensée (1996, p. 76) qui résultent de la constitution de la peau psychique et de l'organisation du self par internalisation des expériences archaïques.

▲ La capacité de penser nécessite l'acquisition d'une représentation de soi et de l'unité corporelle. L'incohérence des références au corps entraîne des confusions dans l'espace, et l'incertitude des représentations de soi a pour conséquence l'impossibilité de concevoir les échanges entre le dedans et le dehors.

▲ Le processus de construction des catégories crée des séparations.

Les troubles de pensées peuvent résulter de l'incapacité qu'éprouve l'enfant d'abandonner une idée au profit d'une autre. L'angoisse de séparation qu'entraîne cette démarche est intense parce que l'enfant n'est pas assuré de la notion de permanence de l'objet en son absence. Dans cette situation, les capacités d'utiliser les formes diverses de symbolisation sont altérées.

▲ La distinction entre fond et forme, fondement de certains apprentissages, s'appuie sur la représentation corporelle. Les troubles de l'image du corps entraînent des défauts d'évaluation des rapports de grandeur, des représentations ayant une base topologique (les caractéristiques invariantes d'une surface ou d'un volume), des articulations et des relations des parties au tout.

▲ La fonction réflexive, séparation entre « Soi » et « Je », qui fonde la subjectivité, joue également un rôle important pour les opérations de la pensée. L'enfant qui ne dispose pas de cette capacité ne peut faire d'hypothèse et ne peut apprendre, par exemple, la règle de trois.

Les perturbations de fonctions cognitives peuvent être aggravées par le jeu pulsionnel, comme le montre Berger (p. 25). L'avidité, la haine, le désir peuvent interférer avec le processus et accroître les fragilités de la pensée logique de l'enfant. On peut constater chez les enfants en échec cognitif deux modes de gestion de la pulsion épistémophilique :

▲ Une réaction maniaque et une conviction mégalomaniaque : le savoir est accessible magiquement, sans passer par les efforts de la pensée. Mais le savoir est un objet convoité que l'enfant voudrait voler, obtenir par ruse.

▲ Le savoir est inaccessible. L'enfant renonce et fait preuve de manque de curiosité et d'initiative par réaction à l'échec qui entraîne une inhibition des motions épistémophiliques.

2.2.4. Traitement

▲ L'évaluation précise

L'évaluation prépare le traitement et détermine les mesures à proposer aux parents et à l'enfant. Les premiers entretiens font connaître l'anamnèse, les retentissements des difficultés de l'enfant sur sa vie à l'école et dans la famille. Bien que tout clinicien s'attribue la compétence de faire un diagnostic de débilité mentale après un entretien et quelques épreuves simples, plusieurs examens complémentaires sont nécessaires :

— la psychométrie : WISC, épreuves piagétiennes, tests projectifs ;
— le bilan psychomoteur ;
— le bilan orthophonique.

Certains résultats peuvent montrer la nécessité d'un examen neurologique (dyspraxies, dysphasies, instabilité) ou sensoriel (ORL, ophtalmologie).

▲ La gestion familiale, sociale et pédagogique du trouble

L'annonce de la débilité mentale d'un enfant est très blessante pour les parents. Le soutien qui peut leur être apporté réside dans la qualité des explications qui leur sont données. Les multiples examens constituent une source d'informations importantes pour le traitement ; par ailleurs, ils sont pour les parents une manifestation concrète d'une véritable préoccupation pour leur enfant.

L'aide apportée est intrafamiliale, sociale, pédagogique et si possible psychothérapique.

La famille est un lieu de risques : l'enfant débile peut être livré à lui-même dans le renoncement à tout progrès, ou au contraire soumis à des forçages pédagogiques et éducatifs qui tournent au dressage. Pourtant, la famille peut prendre un rôle important pour le traitement : c'est auprès d'un des parents, soutenu et guidé, que l'enfant peut trouver une aide par l'intervention directe ou par la simple présence pendant des activités.

La vie sociale de l'enfant se passe à l'école, et le principe qui pourrait servir de guide serait de rechercher pour l'enfant la fréquentation de la classe normale pour son âge en lui offrant une aide particulière pendant le cours. La technique pédagogique doit être réfléchie et adaptée, et la tâche de l'enfant choisie dans le souci qu'elle soit similaire mais réalisable. Cette formule, utilisée dans les pays scandinaves, est malheureusement rarement applicable en France. Du fait des principes d'homogénéisation et de classification de l'Éducation nationale, il est difficile d'éviter l'orientation de l'enfant dans des classes dites de CLIS où tous les enfants en difficulté sont réunis.

Le groupe scolaire représente la part la plus importante de l'apprentissage mais un travail particulier peut être réalisé avec un pédagogue spécialisé dans un centre de soins. Soit par sa formation personnelle, soit grâce à l'aide d'un thérapeute qui connaît l'enfant, ce pédagogue établit un plan d'expériences pédagogiques en tenant compte de l'intrication des processus cognitifs et affectifs qui sont en jeu dans le temps où se situent les séances. Cette forme très efficace de travail est rarement réalisée dans les conditions nécessaires.

▲ Psychomotricité et orthophonie

Ces traitements représentent des indications particulières, le plus souvent pour des formes dites dysharmoniques des débilités mentales.

▲ La psychothérapie

Cette forme d'aide pourrait être utile à tous les enfants qui présentent des difficultés d'apprentissage. Cependant, l'indication est assez rare pour plusieurs raisons. Les parents, soutenus par l'opinion des médias, donnent la primauté aux mesures pédagogiques ; la rencontre des psychologues ajoute la crainte de la folie à l'humiliation de la débilité.

Mais il faut ajouter que les thérapeutes sont peu intéressés par les psychothérapies d'enfants présentant des troubles cognitifs, et que de telles psychothérapies ne peuvent être entreprises sans l'expérience d'enfants ayant des troubles primitifs du développement.

2.3. *Les troubles de la psychomotricité*

Les rapports étroits du développement psychique avec celui de la motricité sont connus par les expériences psychophysiologiques et par la clinique. Le schéma corporel et l'image du corps, l'orientation dans l'espace, le sens de la distance et de la durée sont tributaires de nos expériences motrices.

Les troubles psychomoteurs sont ceux qui peuvent être associés à la vie mentale sans qu'on puisse, pour autant, établir un rapport de causalité entre les pathologies. Ces troubles concernent les mouvements et la tonicité et peuvent être considérés dans leurs rapports avec la conscience et les conduites.

Ajuriaguerra, pour définir les caractères généraux des désordres psychomoteurs, citait les aspects suivants : ils ne correspondent pas à une lésion neurologique et sont en rapport variable avec la motivation et les automatismes. Ils sont « liés aux affects mais attachés au soma », persistants, mais variables dans leur forme, « ils ont souvent un caractère expressionnel caricatural et gardent des caractères primitifs » (1970, p. 274).

2.3.1. L'instabilité

C'est un motif de consultation très fréquent que celui de l'activité excessive et désordonnée d'un enfant. Les Anglo-Saxons ont nommé ce trouble « syndrome hyperkinétique avec déficit de l'attention » (ADHD).

Dans la mesure où l'enfant de deux à quatre ans est « normalement » hyperactif, c'est un diagnostic qui n'est généralement porté qu'à partir de l'âge de 5 ans et qui doit être pondéré en tenant compte du contexte, par exemple des attentes d'un milieu très restrictif.

▲ Description

L'enfant hyperactif remue continuellement, ses actions sont impulsives et il prête peu d'attention à ce qu'on lui dit et aux événements qui surviennent autour de lui. Il entreprend tout et abandonne ses projets, il s'assied, se relève, revient, demande à sortir et se ravise. Assis, il se balance sur sa chaise et tombe… Le trouble de l'attention, moins apparent, est aussi constant que l'instabilité.

L'enfant se montre peu préoccupé par les activités de ses camarades, ses activités brouillonnes le rendent peu fiable pour les jeux. En classe, son travail écrit est sale, incomplet, ses résultats inégaux. Il développe souvent des réactions d'opposition ; l'enfant peut prendre le rôle du cancre à l'école, du méchant à la maison.

On peut souligner quatre traits principaux :

▲ la recherche de satisfaction immédiate ;

▲ l'incapacité de soutenir son attention pour réaliser une tâche, même très investie ;

▲ l'incapacité d'inhiber des réponses impulsives à des stimulations ;

▲ une aptitude réduite à moduler sa vigilance.

L'exploration des premiers mois de vie fait apparaître une grande fréquence de coliques du troisième mois, d'insomnies, de troubles de l'alimentation. Ces enfants escaladaient leur parc, se mettaient souvent en danger et cassaient tous leurs jouets.

L'évolution ne fait pas apparaître d'amélioration spontanée. Les troubles de la motricité s'atténuent souvent à l'adolescence mais l'instabilité et l'inattention demeurent. À long terme, l'échec scolaire se conjugue à l'échec social avec de fréquentes conduites antisociales.

▲ Pathogenèse et psychopathologie

L'origine de ce trouble a été il y a quelques années l'objet d'une controverse entre les auteurs français et anglo-saxons. Une suite de travaux en Grande-Bretagne et aux États-Unis sur les séquelles d'encéphalites et de traumatismes de guerre avait montré la fréquente apparition d'instabilité motrice. On en conclut d'une façon un peu simpliste que le syndrome hyperkinétique résultait d'une atteinte cérébrale – malgré le fait que ces enfants n'ont habituellement aucune anomalie cérébrale. Et pour tenir compte de l'impossibilité de déceler une atteinte cérébrale, on la qualifia de minimale (King et Noshpitz, p. 320).

Après les critiques, qui se manifestèrent aussi aux États-Unis, il subsiste seulement la notion que l'instabilité *peut être* en relation avec une atteinte cérébrale et que des examens sont nécessaires pour écarter cette rare éventualité.

En France, on fait habituellement l'hypothèse que l'enfant a traversé des périodes génératrices d'angoisse du fait de conflits intrafamiliaux ou de séparations. Dans d'autres cas, on note l'existence d'une dépression, et on considère que l'agitation motrice est utilisée comme une défense.

Cependant, ces circonstances ne peuvent rendre compte de l'ensemble des cas rencontrés et il faut admettre l'existence d'une modalité particulière de conduite dont l'origine est discutée.

Certaines recherches, étudiées par King et Noshpitz (1991, p. 336-338), montrent l'existence d'un facteur héréditaire et aussi les effets de l'alcoolisme maternel. Depuis l'abandon presque complet de la théorie de l'atteinte cérébrale minimale, l'hypothèse psychopathologique la plus probable semble bien être l'effet des premières relations sur un enfant ayant une particularité constitutionnelle spécifique.

▲Traitement

L'évaluation de l'importance du trouble ne peut être faite en tenant compte seulement d'un premier examen, car l'enfant est parfois passagèrement calme en présence d'un étranger. L'information sur la conduite à l'école est généralement utile et fiable.

Une étude médicale complète est souhaitable ; on sait, par exemple, que certaines formes d'épilepsie peuvent entraîner des conduites similaires.

Les examens psychométriques permettront d'apprécier le décalage entre les potentialités de l'enfant et ses résultats scolaires. Les tests projectifs facilitent la mise en évidence des réactions dépressives et d'autodépréciation qui accompagnent presque toujours ce trouble.

Le traitement est en partie éducatif, dans la famille. Les parents, mieux informés des difficultés importantes que l'enfant éprouve à fixer son attention, sont encouragés à lui proposer des tâches simples avec diverses formes de rappels sous une forme ludique. En montrant la part des réactions de découragement, on encourage les parents à utiliser des récompenses à effets non différés. Certains concepts des thérapies comportementales peuvent trouver là des applications intéressantes.

La pédagogie. Elle doit être adaptée à l'enfant en associant la fermeté et la compréhension de ses difficultés spécifiques. Des thérapies dites cognitives, consistant en l'explicitation par l'enseignant, sous forme de commentaires et non d'ordres, des stratégies nécessaires pour effectuer une tâche ou résoudre un problème, se sont révélées efficaces.

La psychothérapie. La psychothérapie pourra être proposée particulièrement dans les cas où l'instabilité peut constituer une défense contre des conflits ou des situations angoissantes. Les réactions dépressives secondaires au trouble et les auto-accusations avec conduites punitives en sont aussi des indications.

La médication. Les médicaments stimulants, dérivés de l'amphétamine, réduisent considérablement l'instabilité et le défaut d'attention chez 75 % des enfants hyperkinétiques. Depuis 1975, ce traitement a été très largement utilisé aux États-Unis pour des enfants de l'âge de latence et des adolescents. À long terme, le résultat le plus positif est la meilleure adaptation sociale à l'âge adulte.

Ces médications n'ont pas été utilisées en France du fait d'une tradition sage de ne pas administrer de psychotropes aux enfants. Cette réticence s'est montrée jusqu'ici souvent justifiée. Ainsi, les effets secondaires des dérivés amphétaminiques sont préoccupants : insomnie, perte d'appétit et surtout réduction du développement de la taille et du poids.

Depuis peu, on utilise plusieurs antidépresseurs qui sont également très efficaces. Les médecins français, qui ont déjà utilisé ces médicaments dans des cas d'énurésie, semblent avoir moins de réticence à l'égard de ce traitement qu'à l'égard des amphétamines.

2.3.2. La maladresse

Ce terme imprécis recouvre plusieurs formes de troubles moteurs qui atteignent le mouvement et le tonus.

Cette pathologie ne semble pas directement liée à des processus psychiques, bien qu'elle soit influencée par eux dans ses manifestations. Ce sont les conséquences secondaires sur le développement psychologique de l'enfant qui sont importantes.

▲ La débilité motrice

Décrite par Dupré en 1911, elle se manifeste par une maladresse des mouvements volontaires avec trois signes qui apparaissent à l'examen : la *paratonie,* qui est l'incapacité de relâcher les muscles et se décèle en recherchant le balancement, le ballant, des bras ; les *syncinésies,* qui sont des mouvements involontaires accompagnant un geste, et les *catalepsies,* qui consistent en l'aptitude anormale à conserver des attitudes — ce syndrome serait le signe d'une immaturité du système psychomoteur.

Ajuriaguerra a étudié l'évolution du tonus et des syncinésies normales chez le très jeune enfant pour préciser les limites de la notion de débilité motrice. Il a montré l'existence de syncinésies durables, toniques et axiales, différentes des syncinésies dites d'imitation qui s'atténuent vers l'âge de 7 ou 8 ans. Il décrit ainsi l'effort imposé à l'enfant :

> « Ce corps fermé dans ses limites d'action est en outre troublé dans sa quiétude par des mouvements syncinétiques qui dérangent l'action ordonnée. Le paratonique syncinétique paraît lutter sur deux fronts : besoin jusqu'à un certain point du dépassement de sa masse à mouvoir et recherche d'un frein pour ses mouvements involontaires. » [Ajuriaguerra, 1970, p. 275]

L'enfant se trouve confronté, du fait de sa maladresse et de sa lenteur, à de nombreux échecs tant à l'école que dans sa famille, et ses réactions caractérielles et dépressives sont fréquentes. Généralement, les troubles s'atténuent avant la dixième année, mais certains troubles du tonus peuvent persister jusqu'à l'adolescence et au-delà.

▲ Les dyspraxies

Description. Ce sont des troubles de la réalisation motrice qui interviennent soit au niveau de la préfiguration de l'action soit au niveau de l'exécution.

▲ L'enfant sait ce qu'il veut faire mais ne peut le réaliser faute de pouvoir en quelque sorte programmer son geste.

▲ L'enfant est incapable d'exécuter ce qu'il a conçu correctement.

Cette incapacité s'accompagne de désorganisation des repères qu'offrent les rapports du corps avec l'espace qui l'entoure. Elle a des effets sur tous les actes de la vie courante et spécifiquement dans les jeux et les activités sportives.

Ces enfants sont souvent très émotifs, angoissés et instables, assez dépendants de leurs parents. Parfois leur conduite paraît bizarre, ils sont inquiets et solitaires.

Les performances scolaires sont inégales, ils n'ont généralement pas de difficultés en lecture et en orthographe, mais les résultats en calcul sont mauvais.

Quelques épreuves sont révélatrices :

▲ l'imitation de gestes, la station debout, sur un pied, la marche sur une ligne… ;

▲ les dessins, particulièrement la construction du bonhomme ;

▲ les tests psychométriques qui montrent une extrême dysharmonie.

Évolution. Les troubles s'atténuent généralement vers l'âge de dix ans, mais plusieurs éventualités sont possibles et on retrouve parfois ces dyspraxies après l'adolescence.

▲ Les dysgraphies

Est dysgraphique l'enfant dont l'écriture est illisible ou très lente.

L'écriture est tributaire de la motricité et de la maîtrise du langage ; ses troubles peuvent avoir des origines multiples. La dysgraphie est associée tantôt à des troubles de la motricité et de l'organisation spatiale, tantôt à des perturbations du langage et particulièrement de la lecture. Mais l'état émotionnel retentit également sur la précision des gestes, et les troubles affectifs et névrotiques entraînent des troubles de l'écriture. L'association de difficultés névrotiques et de pathologie motrice peut conduire à des « crampes infantiles » qui consistent en crispations douloureuses du bras pendant l'écriture. Ces crampes surviennent chez des enfants qui présentent quelques signes de paratonie, des difficultés d'acquisition de la lecture et des angoisses névrotiques.

▲ Le traitement des « maladresses »

La rééducation psychomotrice constitue l'essentiel du traitement ; la relaxation et les exercices dirigés en sont la base. Ajuriaguerra insiste sur l'importance des activités qui se réfèrent au schéma corporel et sur celle des échanges qui favorisent l'évocation de l'image du corps.

Les troubles affectifs souvent associés peuvent justifier une psychothérapie de l'enfant, qui est indispensable pour les formes névrotiques des dysgraphies.

Les rencontres avec les parents sont importantes, à condition de ne pas les utiliser comme des psychothérapies de famille mais comme des occasions de mieux comprendre les difficultés des enfants et pour réfléchir aux attitudes éducatives appropriées. Parfois, avec l'accord des parents, des rencontres avec les enseignants permettent d'éviter les erreurs d'appréciation concernant les aptitudes d'enfants qui sont lents et maladroits.

2.3.3. Les tics transitoires et chroniques

Les tics consistent en l'exécution soudaine, involontaire et parfois répétée de mouvements. Ces mouvements peuvent être simples, ou organisés comme s'il s'agissait d'une action faite dans un but déterminé.

Leur caractère brusque et saccadé, leur incongruité par rapport au contexte, les ont fait qualifier de caricatures de mouvements normaux.

Les tics peuvent se manifester par toutes les formes d'activités : en plus de la face, de la tête, du tronc et des membres, il existe des tics respiratoires, phonatoires, digestifs et verbaux (émission de syllabes, de mots et même de phrases). Les tics peuvent être stables ou prendre diverses formes avec le temps. L'enfant sait décrire ce qu'il éprouve : un besoin impérieux d'effectuer le tic, du plaisir dans le geste, puis un soulagement souvent mêlé de honte.

Les tics dans l'enfance peuvent se manifester passagèrement ou devenir chroniques sans que l'origine puisse en être déterminée. Ils sont parfois l'un des symptômes de la maladie de Gilles de la Tourette, considérée comme rare autrefois parce qu'on n'en connaissait pas les formes atténuées.

▲ Description

Les tics transitoires sont considérés comme tels s'ils ne se prolongent pas au-delà d'une année. Ils se manifestent rarement avant l'âge de six ans, ce sont souvent des clignements des yeux, des toux, des reniflements. Ils surviennent dans des périodes d'insécurité, de tensions, de crises familiales.

Parfois on assiste à une extension et les tics persistent jusqu'à l'adolescence avec des aggravations pendant des périodes de stress. Dans des cas assez rares, les tics se manifestent encore à l'âge adulte.

On décrit deux catégories d'enfants parmi ceux qui présentent ces tics. Certains sont instables, turbulents et contrôlent mal leur agressivité ; ils évoquent les enfants hyperactifs. D'autres sont sages et bien adaptés, mais paraissent sensibles et facilement angoissés.

▲ Psychopathologie

L'hypothèse la plus habituelle considère le tic comme une décharge de la tension pulsionnelle, dans des circonstances où l'enfant ne peut faire face à des conflits qui sont généralement œdipiens, mais qui peuvent aussi mettre en jeu les contradictions entre l'angoisse de séparation et la recherche d'autonomie. Le caractère symbolique de certains tics les fait comparer à des conversions hystériques.

Les résultats des recherches sur la maladie de Gilles de la Tourette montrent cependant l'importance, même dans le cas de tics transitoires, d'un facteur de vulnérabilité génétique.

▲ Traitement

Le traitement comporte, après évaluation :

▲ un soutien de la famille pour éviter les attitudes punitives ou culpabilisantes ;

▲ un traitement psychomoteur qui peut utiliser la relaxation, la gymnastique en miroir avec répétition volontaire du mouvement (Ajuriaguerra, 1970, p. 265) ;

▲ une psychothérapie, comparable à celle qui est indiquée pour des enfants présentant des traits névrotiques.

2.3.4. La maladie de Gilles de la Tourette

▲ Sémiologie et évolution

Décrite en France à la fin du XIXe siècle, cette affection a vu son importance progressivement reconnue à la suite de nombreux travaux anglo-saxons.

L'âge moyen d'apparition est de 7 ans. Les premiers tics atteignent le visage et la tête. Ensuite, l'apparition de quelques émissions vocales peut faire précocement déceler la maladie.

Les signes caractéristiques sont :

▲ les tics, comportant des gestes complexes étranges (flairer, projeter des objets) et des émissions vocales, parfois de mots obscènes (coprolalie) ;

▲ la répétition involontaire de mots (écholalie) ;

▲ dans plus de 70 % des cas, des troubles obsessionnels avec envahissement de pensées récurrentes et de compulsions.

Les enfants peuvent passagèrement contrôler l'irruption des tics, des gestes inconvenants et des mots incongrus, mais au prix d'un effort considérable et, pour finir, d'une bouffée libératrice de nombreux tics. Les émotions, les conflits, les situations de stress augmentent notablement la fréquence des tics. Il y a des périodes de rémission relative, souvent après la puberté, mais les reprises sont la règle et le trouble persiste à un âge avancé. On constate, dans près de la moitié des cas, que ces enfants manifestent des signes d'hyperkinésie et des troubles de l'attention qui aggravent leurs difficultés de relation et d'apprentissage.

Souvent en bute aux railleries de leurs camarades, réprimandés ou punis en classe, objets de réprobations en société, ces enfant se sentent victimes d'une partie d'eux-mêmes qu'ils ne peuvent espérer toujours contrôler. Il n'est pas surprenant que, malgré des aptitudes intellectuelles souvent bonnes, ces enfants aient souvent des résultats scolaires médiocres.

▲ Psychopathologie

La violence des paroles proférées, les significations agressives et sexuelles des tics, enfin la fréquence des troubles obsessionnels semblent offrir des indices indiscutables de l'origine névrotique du trouble. Malgré cette apparence, l'ensemble des recherches depuis dix ans a démontré la nature indiscutablement génétique de celui-ci. On se trouve dans une situation exemplaire qui montre que des troubles obsessionnels peuvent résulter d'une particularité génétique, mais inversement, que la manifestation clinique des troubles génétiques peut être influencée par des circonstances relationnelles, et la maladie par une psychothérapie.

▲ Études génétiques

Les familles de patients qui présentent le syndrome de Gilles de la Tourette transmettent une vulnérabilité qui peut se manifester soit comme un trouble du type obsession-compulsion, soit par des tics de gravité variable, allant des manifestations transitoires au syndrome G-T complet. La pénétrance du gène est presque de 100 % pour les hommes et de 70 % pour les femmes, et il existe un dimorphisme sexuel, c'est-à-dire que la manifestation du gène est souvent caractérisée par des traits obsessionnels compulsifs sans tics pour les femmes et par un G-T pour les hommes. Les recherches n'ont pas permis d'établir le lien de ce gène, encore non spécifié, avec les troubles hyperkinétiques souvent associés au G-T. (Cohen, 1992).

Un aspect important de ces études est la diversité des formes de manifestation des tics, qui semblent varier en fonction des conditions périnatales.

▲ Traitement

La gravité du retentissement de ce syndrome sur le développement de l'enfant et les menaces pour son avenir justifient un ensemble de mesures qui évoluent avec l'âge.

Le soutien des parents, les concertations avec les enseignants peuvent contribuer à réduire les épreuves que l'enfant affronte dans toutes ses relations.

Les traitements psychomoteurs doivent être poursuivis en adaptant les techniques à la personnalité de l'enfant.

La psychothérapie est indiquée, particulièrement dans la période où le syndrome s'installe, mais aussi pour réduire les clivages de l'affectivité qu'entraînent les défenses obsessionnelles. Le fait qu'une vulnérabilité génétique ait contribué à l'apparition d'un état névrotique ne disqualifie pas la psychothérapie analytique.

Un problème particulièrement difficile à gérer est l'utilisation de médicaments. L'Halopéridol (Haldol) réduit les tics mais a des effets secondaires sur la vigilance. D'autres formes de traitement semblent mieux tolérées mais sont en cours d'étude. Les formes graves de troubles obsessionnels peuvent conduire à l'usage prudent et passager des antidépresseurs.

2.3.5. La trichotillomanie

▲ Description

La trichotillomanie est une conduite d'arrachage des cheveux qui apparaît à partir de 3 ans, particulièrement chez les filles. Ce geste, rapide, souvent effectué quand l'enfant est seul, conduit à l'apparition de zones clairsemées sur le cuir chevelu qui alerte les parents. Assez souvent, l'enfant avale les cheveux et cela peut produire un corps étranger dans l'estomac et des troubles gastriques (trichobézoard).

Cette conduite survient souvent à l'occasion d'un événement qui menace la sécurité de l'enfant : nouvelle naissance, séparation, conflits entre les parents. On a noté la fréquente relation entre ce trouble et l'apparition ultérieure de traits obsessionnels.

▲ La psychopathologie

L'apparition de ce tic paraît en relation directe avec la névrose infantile. Les cheveux représentent une partie du corps maternel associée à une partie du corps propre. Le processus le plus fréquemment invoqué est celui du fétichisme : l'objet (sein, pénis maternel et paternel) est avalé pour se l'approprier. Mais le symptôme peut avoir d'autres significations symboliques selon les expériences de l'enfant dans la découverte de la sexualité des parents.

▲ Traitement

Ces conduites peuvent être passagères et disparaissent parfois après quelques rencontres mère-enfant qui permettent, s'il y a lieu, à la mère de répondre aux questions de l'enfant. La psychothérapie individuelle de l'enfant est pourtant nécessaire parfois ; le contenu des séances fait apparaître l'effet des premières angoisses œdipiennes et l'utilisation de l'objet transitionnel de Winnicott (1958b, p. 109-125) comme objet fétiche.

2.3.6. L'onychophagie

▲ Description

De nombreux enfants passent par des périodes où ils se rongent les ongles, mais chez certains, il s'agit véritablement d'une conduite irrépressible qui se prolonge jusqu'à l'adolescence et qui entraîne de véritables lésions à l'extrémité du doigt utilisé. Les enfants onychophages sont souvent décrits comme instables, vifs et irritables.

▲ Psychopathologie

Ce geste est dérivé du plaisir de sucer que Freud (1905) avait décrit, mais sa signification est bien différente — le fait que le pouce est très rarement utilisé en est un indice. L'onychophagie a un caractère agressif et compulsif qui la fait considérer comme un acte autopunitif, une masturbation accompagnée de fantasmes violents avec des représentations sadomasochistes de la sexualité parentale. Les représentations de soi sont souvent dévalorisées et la vivacité est une défense contre la dépression.

▲ Traitement

Malgré l'apparence bénigne du symptôme, il peut apparaître que l'enfant lutte contre des angoisses névrotiques importantes. Les premiers entretiens devront rechercher s'il y a indication d'une psychothérapie individuelle ou d'une thérapie brève mère-enfant.

2.4. *Les troubles sphinctériens*

Le moment où l'enfant devient propre est une étape importante de son évolution. Il quitte le monde des bébés et en éprouve une grande fierté, mais il peut craindre les séparations qu'entraîne ce progrès.

Le contrôle sphinctérien nécessite un certain degré de maturation et de croissance psychique ; il est aussi l'aboutissement de cette part des transactions mère-enfant qui, depuis la première année, concernent les fonctions d'élimination.

2.4.1. Énurésie

▲ Description

Le contrôle de la miction s'établit entre un an et trois ans et demi, successivement de jour puis de nuit. C'est un processus complexe ; il implique la maturation vésicale et urétrale, la capacité d'interpréter la sensation de réplétion et la décision de tenir compte des circonstances en renonçant au plaisir d'agir librement.

L'énurésie est un trouble qui demeure relativement mystérieux ; ses origines sont multiples. Plusieurs cas apparaissent liés à des conditions affectives et émotionnelles, mais des facteurs physiologiques et constitutionnels sont incontestablement en jeu.

L'énurésie, qui atteint près de 10 % des enfants, est deux fois plus fréquente chez les garçons que chez les filles. Quand l'enfant n'a jamais été propre pendant une période de quelques mois, on parle d'*énurésie primaire,* c'est la plus fréquente ; si l'énurésie survient après une période prolongée de contrôle, c'est une énurésie *secondaire*. On peut distinguer les formes avec énurésie diurne, qui s'accompagnent de mictions fréquentes (pollakiurie), et les formes exclusivement nocturnes. Dans les premières, on met en évidence un trouble fonctionnel vésical et parfois, dans les secondes, une inversion du cycle circadien des hormones antidiurétiques.

L'énurésie est plus fréquente dans les familles désorganisées et de niveau socio-économique défavorisé. Les séparations, les conflits, les longues hospitalisations, les placements en institution sont des antécédents qui favorisent son apparition. Mais elle apparaît dans tous les milieux et les familles « normales ».

Des études statistiques n'ont pas révélé de corrélation entre la fréquence de l'énurésie et les méthodes employées pour obtenir la propreté de l'enfant, mais certains cas montrent que les réactions des parents pourraient contribuer à renforcer les angoisses de l'enfant et le symptôme.

L'énurésie nocturne survient le plus souvent entre minuit et trois heures du matin. Contrairement à l'impression qu'ont souvent les parents, le sommeil de l'enfant énurétique n'est pas particulièrement profond.

Pour l'enfant, ce symptôme est source de honte et d'humiliation. Quand il ne dort pas chez lui, il craint d'être découvert et humilié. Il refuse souvent de dormir chez des camarades, d'aller en vacances en groupe. Pourtant, quelques enfants paraissent indifférents à leur trouble, ce qui décourage les projets de traitement !

Une nouvelle naissance ou des mésententes entre les parents, l'accroissement des conflits œdipiens interrompent parfois les premiers efforts de propreté. La jalousie est presque consciente et la miction dans le lit des parents est un acte parfois quasi délibéré.

Plusieurs descriptions des particularités psychologiques des enfants font apparaître soit de l'instabilité et de l'impulsivité, soit des tendances dépressives chez des enfants dépendants et immatures.

▲ Pathogénie et psychopathologie

On a constaté, même dans des conditions où les enfants ne vivent pas avec leurs parents, que dans 75 % des cas l'énurésie est un trouble familial. D'autres recherches ont confirmé qu'il existe une prédisposition génétique, mais les facteurs d'environnement déterminent probablement dans une grande mesure l'apparition du symptôme.

Le retentissement des émotions sur le fonctionnement vésical est un fait bien établi, et l'on constate que des conflits psychiques peuvent déclencher des accidents nocturnes chez un enfant qui était devenu propre. L'apprentissage du contrôle sphinctérien survient au début de la phase phallique urétrale, et pour Freud il ne faisait aucun doute que la miction était l'équivalent symbolique de l'éjaculation (1905). Les jeux des enfants, leurs récits et, si l'âge le permet, leurs dessins et leurs rêves montrent que le pipi peut attaquer, inonder, éteindre des incendies ou des volcans. L'énurésie peut donc accompagner la névrose infantile et se prolonger si le système familial et les bénéfices secondaires favorisent le symptôme.

Mais le symptôme peut répondre à un besoin de régression. Les attentes des parents et l'observation des autres enfants situent la propreté comme une étape dans le processus d'individuation-séparation. L'insécurité, les rivalités avec un puîné et les particularités familiales peuvent susciter la persistance de l'énurésie.

Ainsi, dans une perspective systémiste, l'observation de la famille peut montrer que les interrelations familiales assignent à l'enfant une dépendance qui est une entrave à son évolution. L'équilibre qui était obtenu par la présence d'un bébé est assuré par l'énurésie de l'enfant qui occupe symboliquement la place du bébé.

Les études physiologiques ont montré la fréquence de dysfonctionnalités vésicales ou l'inversion nycthémérale du rythme de la diurèse. Ces signes constituent probablement les modes d'expression de vulnérabilités constitutionnelles et peuvent orienter les décisions thérapeutiques.

▲ Le traitement

Plusieurs abords du traitement sont possibles, et il est conseillé de procéder par étapes successives.

Le premier temps est celui de l'évaluation des réactions de l'enfant à son trouble, de son développement psychique et des relations familiales. Il arrive parfois que l'attention portée à l'enfant par sa famille et par un adulte étranger ait un effet thérapeutique inespéré.

Des mesures éducatives simples et les changements d'attitude souhaitables sont discutés avec les parents et l'enfant. Le réveil nocturne après minuit, la réduction des liquides à partir de 16 heures, sont parfois utiles ; les conditions d'endormissement sont étudiées pour s'assurer du calme et du sentiment de sécurité de l'enfant. Il importe que celui-ci se sente responsable d'une partie de son traitement et, quand son âge le permet, on lui propose de noter quotidiennement ses échecs et les réussites.

Cette période permet d'observer les relations familiales et d'éventuelles manifestations névrotiques de l'enfant. On peut envisager une psychothérapie, particulièrement dans les cas où l'enfant se trouve en difficulté du fait de troubles associés à l'énurésie, mais les effets sur le symptôme sont tout à fait incertains.

En cas d'échec de ces mesures, on peut envisager certains médicaments : antidépresseurs (Anafranil), anticholinergiques (Ditropan), antidiurétiques (Minirin). Ces traitements sont choisis en tenant compte des caractéristiques de l'énurésie et ne peuvent être utilisés pendant de longues périodes.

2.4.2. L'encoprésie

▲ Définition et description

L'encoprésie est définie comme l'émission de selles répétée, volontaire ou involontaire, dans des conditions inappropriées, qui se prolonge au-delà de l'âge de trois ans. Il existe une grande prédominance masculine (4 pour 1) — en moyenne un enfant sur cent présente ce trouble. Les formes d'encoprésie sont nombreuses : primaires ou secondaires, avec constipation et distension du colon ou sans constipation, enfin selon la consistance des selles.

On peut considérer qu'il y a toujours un certain degré de rétention ; la séquence la plus fréquente est caractérisée par un temps de constipation — l'enfant se salit par des émissions partielles — puis après quelques jours survient une débâcle douloureuse de selles dures.

Certains enfants défèquent régulièrement dans des endroits souvent bizarres, et cette conduite peut faire craindre une évolution psychotique.

Le début coïncide parfois avec un stress : hospitalisation, séparation, naissance dans la famille. Mais dans le cas où il semble avoir été ainsi provoqué, le trouble peut régresser rapidement.

L'enfant est habituellement honteux, il tente de dissimuler ses slips salis, subit les sarcasmes de ses camarades et les punitions de ses parents. Son odeur entraîne de la répulsion ; humilié, malheureux, il est généralement irritable et déprimé.

▲ Examens médicaux

Quand la constipation-rétention est importante, les examens font apparaître un côlon distendu. Tandis que certains pédiatres considèrent ce trouble comme l'origine de l'encoprésie, on s'accorde plutôt à considérer qu'il s'agit d'un mégacôlon psychogène, résultat de la rétention volontaire. Des examens physiologiques font également apparaître des dysfonctionnements des sphincters anaux, secondaires aux distensions rectales parfois considérables.

▲ Psychopathologie

Pour que l'enfant trouve plaisir et avantage à se retenir et à choisir les moments et les lieux adéquats, il est nécessaire qu'il dispose de l'aptitude physiologique nécessaire et d'une bonne organisation du Soi. Entre un et deux ans, la nouvelle maîtrise de la motricité du sphincter anal fait découvrir à l'enfant le pouvoir de créer un objet produit par son corps. La perte de cet objet, précieux parce qu'il fait partie du corps, est source d'angoisses de séparation et de castration. Cette expérience confronte à la nécessité d'opérer un clivage entre les parties bonnes de soi et les parties à rejeter. L'accès à la position dépressive et de réparation fait découvrir le plaisir de satisfaire à la demande de la mère, en renonçant à l'objet fécal.

Ainsi l'encoprésie peut marquer :

▲ un défaut de l'organisation du Soi et de l'équilibre de l'enveloppe psychique ;

▲ une difficulté à opérer les clivages qui permettent de trier les productions du corps à éliminer ;

▲ des angoisses de séparation et de castration intenses : l'objet anal ne peut être abandonné ;

▲ une prédominance des angoisses schizo-paranoïdes qui ne permet pas de faire de cadeau ; l'angoisse dépressive ne peut être affrontée.

Cette forme d'encoprésie peut marquer un retard dans le processus d'individuation-séparation ; parfois, d'autres troubles de la conduite montrent qu'il s'agit de pathologie limite ou de psychose.

Par ailleurs, la conscience plus précise des liens entre les sensations rectales et les décisions motrices a fait découvrir, depuis le début du stade anal, un autoérotisme nouveau qui peut être amplifié en résistant à l'exonération des selles. Quand les relations avec les parents offrent de nombreuses sources de satisfaction, le plaisir de la réparation et la relation d'objet l'emportent sur l'autoérotisme.

Le choix de l'encoprésie est celui de l'autosatisfaction et de la fuite de la souffrance que provoquent les angoisses de perte de l'objet. Le plaisir recherché est celui d'une masturbation anale qui utilise le fécalome et s'accompagne de fantasmes de participation à une scène primitive sadique anale (Meltzer, 1972, p. 152-153). Cette emprise sur l'objet fécal permet d'éviter l'humiliation œdipienne ; elle peut conduire à des formations caractérielles et à des modes pervers de satisfaction sexuelle, mais elle peut aussi accompagner un début d'évolution psychotique.

▲ Traitement

L'évaluation comporte une part médicale pour déceler l'existence d'un mégacôlon et s'assurer qu'il n'existe pas de lésions de la muqueuse anale qui pourraient être à l'origine du symptôme.

Le traitement médical concerne les mesures à prendre contre la constipation — en préférant, dans la mesure du possible, la médication par voie orale aux lavements. Il consiste aussi en mesures d'hygiène et conseils éducatifs donnés aux parents en présence de l'enfant.

Les entretiens portent sur les premières années de la vie de l'enfant, la qualité des relations et l'approche qui a été faite de l'apprentissage de la propreté.

Dans le cas où le symptôme paraît réactionnel et constitue une régression faisant suite à des événements angoissants, la prise en soin pédiatrique et la préoccupation des parents pour l'enfant permettent généralement une reprise du développement sans autre intervention.

Une psychothérapie est indiquée quand prédominent les angoisses de l'enfant concernant la perte et la séparation, qui vont souvent de pair avec une problématique maternelle ou familiale. Une psychothérapie brève mère-enfant peut alors être suffisante.

Dans le cas où prédomine la recherche autoérotique anale, les risques d'une évolution vers des troubles de la personnalité sont grands. La psychothérapie de l'enfant doit être accompagnée d'un soutien approprié de la famille.

2.5. *Fonctions digestives : troubles de l'alimentation*

Après l'anorexie du deuxième semestre, et avant l'adolescence, les troubles de l'alimentation sont rares. Cependant on peut voir apparaître des refus partiels d'alimentation chez des enfants de trois ou quatre ans. L'anorexie porte souvent sur certains aliments, souvent la viande. Elle est parfois concomitante de troubles du sommeil et de réactions d'angoisse.

La boulimie prend rarement une forme préoccupante chez l'enfant, mais elle peut accompagner des angoisses névrotiques, l'alimentation jouant le rôle d'un sédatif.

Ces troubles peuvent être mis en relation avec des éléments phobiques, des attributions de valeurs symboliques particulières à la nourriture, ou simplement avec la prise de conscience que le bifteck était partie d'un animal vivant. On peut les considérer comme des manifestations de conflits œdipiens qui s'accompagnent parfois de fixations orales ou anales.

Des troubles plus diffus de l'alimentation avec perte de l'appétit peuvent accompagner des états dépressifs.

Ces troubles, lorsqu'ils apparaissent isolément, sont des indications de thérapies courtes et de consultations « à la demande ».

2.6. *Fonctions respiratoires : l'asthme*

Accès de suffocation qui survient chez l'enfant souvent entre un an et trois ans, l'asthme est l'une des causes les plus importantes de consultation en pédiatrie ; il atteint environ 5 % des enfants et semble devenir actuellement plus fréquent.

L'asthme est produit par le spasme des muscles bronchiques qui présentent une réactivité extrême à toutes les stimulations, y compris les émotions. Cette affection est un exemple remarquable d'intrication de facteurs multiples, et les soins nécessitent habituellement la collaboration entre psychothérapeutes et pédiatres.

2.6.1. Description

La crise est souvent nocturne, elle réveille l'enfant qui éprouve une gêne respiratoire. C'est le temps expiratoire qui est atteint et, pour lutter contre l'obstruction, l'effort imposé aux muscles respiratoires est considérable. L'angoisse provoquée par la suffocation est intense et l'enfant ne peut communiquer avec l'entourage, tous ses efforts étant concentrés sur la respiration. Souvent, le moment du sommeil est redouté dans la perspective des crises. L'asthme grave pèse sur la vie de l'enfant et de toute sa famille.

Les crises survenues dans les premières années disparaissent souvent au milieu de l'enfance et le plus habituellement s'arrêtent à l'adolescence.

2.6.2. Pathogenèse et psychopathologie

La plupart des études font apparaître l'importance égale de facteurs biologiques (allergènes et infections, surtout virales) et de facteurs émotionnels.

On attribue souvent à l'enfant asthmatique certains traits : anxieux, craignant l'abandon, dépendant, passif, exprimant difficilement ses émotions, et particulièrement l'agressivité. Ces particularités ne sont pas confirmées par des statistiques concernant l'ensemble des enfants asthmatiques. Cependant l'étude des enfants dont l'asthme n'est pas d'origine allergique fait apparaître un profil psychologique particulier (Block, 1968).

On peut considérer que les particularités psychiques ne peuvent à elles seules entraîner l'asthme, mais que certaines réactions affectives aux états émotionnels, chez des sujets dont les bronches sont sensibles, peuvent produire des crises.

Un aspect psychopathologique important concerne l'ensemble de l'organisation de la vie familiale. L'interdépendance créée par l'angoisse que suscitent les crises semble jouer un rôle d'amplification des tensions. L'effet favorable des séparations démontre que le système familial entretient les crises.

2.6.3. Traitement

Le traitement médical doit être soigneusement équilibré afin de soulager l'enfant le plus rapidement possible. On constate très souvent que les crises disparaissent ou s'atténuent quand on sépare, dans de bonnes conditions affectives, l'enfant de sa famille, ce qui a justifié des thérapies familiales systémiques.

La psychothérapie de l'enfant n'est indiquée qu'en fonction des traits névrotiques associés.

2.7. *Retard de croissance par souffrance psychologique : Le nanisme psychogène*

2.7.1. Description

Il s'agit d'enfants qui présentent un arrêt de croissance réversible (Kreisler (1981, p. 177-189). Ce trouble avait d'abord été décrit chez des enfants âgés de trois à dix ans, mais il peut apparaître chez les nourrissons.

Il démontre d'une façon remarquable l'influence des facteurs psychiques sur la physiologie du développement de l'enfant.

▲ Le milieu familial

Il est toujours pathologique, sans qu'on puisse établir de catégorisation simple. Certains parents présentent une pathologie psychiatrique manifeste : débilité, psychoses par exemple. Dans certaines formes épisodiques du trouble, il s'agit d'une dépression grave de la mère, et souvent de conditions de vie éprouvantes (facteurs socio-économiques, deuil, solitude).

Enfin, dans le plus grand nombre de cas, la personnalité de la mère est tout à fait caractéristique : intolérante à l'égard de l'enfant, inaffective, incapable de préoccupation et d'intérêt.

Selon les observations, on note tantôt que l'élément dominant est la carence, tantôt le rejet agressif, irréductible et conscient. Ce rejet peut aller jusqu'à de véritables sévices physiques qui sont parfois constatés à l'occasion des hospitalisations.

Les pères sont décrits comme impuissants à réagir face à la carence ou l'agressivité de leur épouse ; ils sont parfois eux-mêmes violents.

▲ Les symptômes

La réduction de croissance est considérable et s'accompagne d'anomalies morphologiques, signes d'immaturité : racine du nez aplatie, petit menton, peau fine et adiposité du tronc. Une caractéristique remarquable de ce trouble est sa disparition quand l'enfant est séparé de sa famille : la croissance reprend immédiatement après l'hospitalisation ou le placement — elle s'interrompt quand l'enfant revient dans sa famille. On a pu montrer chez l'enfant dans sa famille une insuffisance de sécrétion de l'hormone hypophysaire de croissance *(somatormone)* et une anomalie électroencéphalographique du sommeil caractérisée par la réduction du sommeil lent, stade qui est accompagné de production de la somatormone. Ce phénomène disparaît en quelques heures quand l'enfant est séparé des siens.

Il n'y a généralement pas de privation d'alimentation pouvant expliquer le trouble, mais on observe souvent de l'anorexie ou, à l'opposé, une sorte de frénésie à absorber n'importe quelle nourriture. Les enfants sont aussi avides de boissons et absorbent des litres de liquide.

Les troubles du sommeil sont habituels, avec de l'agitation et des réveils fréquents.

Le mode de relation est caractérisé par une avidité à établir un contact, tout en manifestant une sorte d'indifférence affective. Ce sont des enfants pour la plupart très instables, angoissés, généralement passifs. Ils se montrent peu sociables, souvent incapables de jouer avec leurs camarades.

Leur langage est généralement peu développé, l'échec scolaire est important et le WISC montre une baisse importante des performances verbales. Le test de Rorschach fait apparaître tantôt un blocage des associations, tantôt une intense agressivité.

2.7.2. Pathogenèse et psychopathologie

La genèse du trouble fondamental est psychophysiologique : il y a blocage physiologique de la sécrétion de l'hormone de croissance. La carence affective entraîne la réduction du stade de sommeil lent au-dessous de la durée nécessaire à la sécrétion hormonale.

Le trouble psychique n'appartient ni à la catégorie des névroses ni à celui des psychoses ; Kreisler le décrit comme névrose de comportement (p. 188), caractérisée par l'échec des processus de symbolisation, le passage à l'acte oral ou anal se substituant à la pensée. L'absence de relation affective va de pair avec un défaut d'organisation du Soi, et la levée du symptôme physique ne représente qu'un retour très partiel à la normalité.

2.7.3. Traitement

La séparation du milieu familial est la première mesure thérapeutique.

La psychothérapie de l'enfant est souhaitable mais particulièrement difficile, comparable à celle que nécessitent des formes graves d'états limites. Quand les particularités de la famille le permettent, dans l'éventualité, par exemple, où la dépression maternelle est à l'origine de l'absence de relation avec l'enfant, le milieu familial peut évoluer de façon à autoriser le retour de l'enfant.

2.8. *Enfants maltraités*

2.8.1. Description

L'importance de cette pathologie est reconnue depuis la publication, par un radiologue des États-Unis, d'un article montrant les caractéristiques des fractures chez de jeunes enfants ayant subi des sévices (Silverman, 1953). Mais la fréquence et l'ampleur de la maltraitance des enfants est restée longtemps sous-estimée.

De nombreuses études ont montré la plus grande fréquence de la maltraitance dans les milieux défavorisés, mais on peut la rencontrer dans tous les milieux sociaux.

Les deux parents sont généralement impliqués dans les sévices, l'un étant complice consentant ou indifférent. Ils ont une attitude de dénégation absolue et savent parfois convaincre les intervenants de leur bonne foi et de leurs qualités éducatives.

L'enfant occupe souvent une place particulière dans sa famille : prématurité, handicap physique ou psychomoteur, maladies précoces ayant nécessité l'hospitalisation.

Le jeune enfant victime de mauvais traitements est très sensible à l'élévation de la voix de l'adulte, réagit le plus souvent en s'immobilisant, le regard vide, comme sidéré. Son attention est fixée sur le parent, il ne semble pas pouvoir le quitter du regard. On constate souvent : un retard staturo-pondéral, un langage peu développé, de l'énurésie et de l'encoprésie.

À l'âge de latence, un tableau fréquent est celui d'un enfant doux et poli, qui salue l'adulte, selon son âge, sollicite un baiser, sourit largement, le regard direct. Mais au cours de l'échange avec l'enfant, il apparaît que le contact émotionnel est inexistant, que les échanges sont stéréotypés. Ces attitudes ont été inculquées par le parent et tout manquement peut mettre l'enfant en danger, mais rien dans son attitude ne doit évoquer la crainte du châtiment. On constate que pour de tels enfants, l'adulte est tout-puissant et potentiellement dangereux.

Certains enfants paraissent vifs et intelligents. La violence dans laquelle ils vivent les mène à développer un grand sens de l'observation dans le but d'enregistrer l'état émotionnel des parents et d'adapter leur attitude. Mais le retard intellectuel est fréquent, leur vie émotionnelle est pauvre, leur mode de relation conventionnel témoigne de la prévalence d'un « faux self » (Winnicott, 1960).

Ces enfants manifestent une loyauté indéfectible envers ce parent et le lien affectif est intense. Très souvent, l'enfant se considère comme coupable, méritant la violence qu'il subit, et cela peut même le conduire à rechercher la punition qu'il redoute.

2.8.2. Évolution

Quand une mesure de placement est nécessaire, la famille d'accueil est souvent confrontée à un enfant provocateur, instable, agressif, coléreux. Les troubles du sommeil et de l'alimentation, la réapparition d'énurésie sont fréquents. La famille est ainsi mise à l'épreuve pendant de longs mois. À plus long terme, le tableau clinique est souvent celui des états limites avec une atteinte importante des capacités cognitives.

2.8.3. Psychopathologie

▲ Chez l'enfant

L'enfant fait alliance avec le parent pour s'accuser lui-même ; c'est un exemple remarquable de l'identification à l'agresseur décrite par Anna Freud (1936, p. 97-108). Le conflit psychique qui résulte des contradictions entraîne des troubles de l'image de soi et du corps, avec un défaut narcissique et souvent la dépression décrite par Kreisler (1987, p. 109-115).

Un autre processus peut menacer le développement psychique de l'enfant : une érotisation secondaire sauvegarde la relation pulsionnelle avec le parent et s'organise en lien sado-masochiste qui compromet gravement l'organisation psychique ultérieure.

▲ Chez le parent

Une organisation perverse, sado-masochique, d'un parent peut être à l'origine de ses violences. Le plus souvent, il s'agit d'une conduite pathologique spécifiquement suscitée par la parentalité et les particularités de l'enfant (dit « enfant cible »). Le parent projette sur l'enfant les parties de lui-même avec lesquelles il est en conflit et ce sont souvent les parties identifiées à un parent dont il a eu à subir les sévices qu'il projette. Dans ce processus trans-générationnel de projections et d'introjections, le parent maltraitant a été un enfant maltraité. « L'adulte qui fait mal fut jadis un enfant blessé » (Currie, 1970). Le conflit est d'autant plus intense que le futur parent a souvent construit un projet de réparation narcissique en mettant en scène un enfant imaginaire idéalisé. C'est pourquoi l'enfant cible est souvent celui qui présente quelque défaut dès la naissance ; cette blessure narcissique est une atteinte insupportable et marque l'enfant réel comme un mauvais objet qu'il faut punir.

2.8.4. Traitement

En contradiction avec le principe habituel de séparer le moins possible les enfants des parents, il apparaît nécessaire, pour le traitement de ces enfants et de leur famille, qu'il y ait une mesure de protection assortie le plus souvent d'un retrait de la famille (Berger, 1992). Le placement familial, plus difficile à réaliser du fait des rivalités qu'il suscite et des attaques que ces enfants font subir à leur « assistante maternelle » offre les plus grandes chances d'évolution à l'enfant.

Le projet thérapeutique a plusieurs objectifs : le soutien de la famille d'accueil, la psychothérapie de l'enfant, une relation d'aide et (si possible) thérapeutique pour les parents, l'aménagement des relations entre l'enfant et ses parents.

2.9. *Abus sexuels et incestes*

Ces formes de violence sont souvent plus menaçantes pour le devenir psychique des enfants que les mauvais traitements.

On trouve ici encore la complicité parfois active d'un des parents. La famille est souvent décrite comme repliée sur elle-même, évitant les relations avec l'extérieur.

Le parent séducteur est immature, souvent névrotique avec des traits de perversion. L'alcoolisme est fréquent.

L'enfant tente de sauvegarder une image idéalisée du parent en s'attribuant une responsabilité incompréhensible. La violence des conflits intrapsychiques et l'irruption pulsionnelle produite par l'expérience sexuelle conduisent à un état de clivage et de confusion souvent utilisé par le parent pour entretenir la culpabilisation de l'enfant. Le développement de traits de perversion sado-masochiste est une éventualité fréquente.

L'un des effets les plus apparents est l'inhibition psychique due au poids du secret, à l'obligation de ne pas comprendre et à la confusion. La dépression est profonde, les rares suicides d'enfants résultent parfois de ces situations.

La psychothérapie de ces enfants est toujours nécessaire mais son instauration est parfois difficile. Alvarez (1992), à propos du traitement des enfants victimes d'abus sexuels, montre la complexité du processus de remémoration des traumatismes (p. 174-185).

3. Les grands syndromes

On regroupe sous ce terme des ensembles symptomatiques qui sont caractérisés par leur évolution et, dans une certaine mesure, par les hypothèses psychopathologiques qui peuvent rendre compte des troubles constatés.

Je décrirai :

▲ les dépressions ;

▲ les manifestations névrotiques ;

▲ l'autisme infantile ;

▲ la psychose précoce « symbiotique » ;

▲ les psychoses tardives de l'enfance ;

▲ les états limites de l'enfant.

3.1. *Les dépressions de l'enfant*

La fréquence des dépressions de l'enfant est très diversement évaluée du fait de l'absence de spécificité des symptômes qui permettent d'envisager ce diagnostic. L'évaluation moyenne est de 3 % pour des enfants de quatre à onze ans (Marcelli, 1985, p. 1442).

3.1.1. La famille

On note la fréquence des deuils d'un parent ou d'une personne proche dans les premières années de vie de l'enfant. La dépression des parents, et particulièrement de la mère, est souvent signalée. On a aussi décrit des parents très déterminés dans l'évaluation des qualités que devrait posséder leur enfant et qui manifestent leur désappointement quand l'enfant déçoit leurs ambitions.

3.1.2. Sémiologie

Les symptômes fondamentaux, la tristesse et l'humeur dysphorique, sont subjectifs, ainsi que l'autodévaluation, la culpabilité et les angoisses. L'enfant ne s'exprime pas aisément et, souvent, n'a pas conscience de sa propre tristesse. Ce sont des conduites inhabituelles, signes secondaires parfois réactionnels, qui peuvent alerter les parents et orienter le diagnostic.

La liste qui suit est non spécifique et sans limites précises — un trouble peut se révéler lié d'une façon inattendue à l'état dépressif :

▲ *retrait :* refus des jeux, isolement, perte des liens avec des camarades ;

▲ *modification du dynamisme habituel :* difficultés scolaires, fatigue matinale, perte de la vivacité et de la spontanéité des échanges ;

▲ *troubles fonctionnels :* difficultés à s'endormir, plaintes hypocondriaques (maux de ventre, maux de tête), énurésie passagère, perte de l'appétit ;

▲ *troubles réactionnels :* comportements agressifs, colères et instabilité motrice ;

▲ *recherche des risques :* on constate souvent que ces enfants ont un grand nombre d'accidents qui peuvent être imputés à des défauts d'attention mais aussi à des tendances auto-punitives en partie inconscientes ;

▲ *troubles subjectifs* (qui sont rarement exprimés directement par l'enfant) : sentiment de vide et d'ennui, tristesse, préoccupations, découragement et sentiment d'impuissance, autodépréciation, culpabilité.

3.1.3. Évolution

Les dépressions de l'enfant s'atténuent peu spontanément malgré des rémissions. Elles conduisent rarement au suicide ; les rares suicides d'enfants prépubertaires sont, en effet, plutôt en rapport avec des pathologies « états limites » qu'avec la dépression. Le comportement agressif peut devenir un mode habituel de défense de l'enfant, une forme de caractère masquant la dépression.

Une constatation préoccupante qui résulte des études anamnestiques des dépressions chez l'adulte et des recherches longitudinales de l'enfant montre que la dépression se prolonge très souvent du jeune âge à l'adolescence et chez l'adulte ; la dépression maternelle grave est souvent en cause dans de tels cas.

3.1.4. Psychopathologie

La description chez le nourrisson de la dépression anaclitique par Spitz (1946) et des effets des séparations par Bowlby (1973) avait constitué une surprise pour les psychanalystes qui se référaient à *Deuil et mélancolie* (Freud, 1917) pour étudier la dépression et considéraient que la réaction mélancolique ne pouvait apparaître que tardivement, à la période œdipienne, l'internalisation de l'objet perdu entraînant les attaques du Moi par le Surmoi.

▲ L'hypothèse d'une réaction dépressive innée à la souffrance répond à cette difficulté ; elle est proche de la conception de Bowlby (1980), pour qui la dépression succède à l'angoisse de séparation.

Cette notion d'une réaction dépressive immédiate est souvent invoquée, même pour l'enfant de la période œdipienne : elle a le mérite de la simplicité.

▲ Cependant, la construction freudienne est nécessaire pour rendre compte de la complexité des réactions de l'enfant dépressif, et particulièrement du fait qu'en cas de perte d'un parent, il s'en attribue le plus souvent la responsabilité.

▲ La référence à la position dépressive kleinienne est souvent invoquée pour la dépression de l'enfant, mais elle semble en contradiction avec le fait, signalé par Winnicott (1962), qu'il y a peu de dépression dans cette position, qu'il aurait préféré nommer « de préoccupation » ou « de compassion ». Cependant, dans son texte fondateur de 1935, Klein décrit la violence de certaines réactions dépressives ; on peut considérer que certaines circonstances — la violence des angoisses persécutives, ou la perte réelle de l'objet — donnent à la culpabilité une intensité particulière.

▲ Certaines formes de dépression de l'enfant, caractérisées par l'inhibition, l'ennui, l'impression de vide, semblent résulter des processus d'identification précoce à la mère déprimée dont Green (1980) a étudié les effets après coup chez l'adulte mais dont Stern (1995) démontre les effets immédiats chez le jeune enfant. Les études longitudinales montrent que la dépression présente dès le jeune âge se poursuit, et que la notion de l'après-coup n'est pas nécessaire pour rendre compte de la dépression, même si tous les processus psychiques sont constamment remaniés à tous les âges. Pour Kreisler (1987, p. 55), ce « syndrome de comportement vide » s'accompagne d'un grave déséquilibre psychosomatique et rend l'enfant vulnérable aux atteintes somatiques.

3.1.5. Traitement

La difficulté la plus grande au cours de la rencontre de tels enfants est de déceler la dépression en présence de troubles comme l'instabilité ou l'insomnie. L'expression spontanée est restreinte, l'enfant d'âge de latence joue peu, dessine souvent d'une façon conformiste, les indices sont rares. Les tests projectifs peuvent apporter une aide importante au diagnostic.

L'évaluation de la situation familiale est très importante pour la conduite du traitement. La dépression d'un des parents, des clivages qui donnent à l'enfant une place de mauvais objet et des conflits peuvent contribuer à entretenir sa dépression.

La psychothérapie de l'enfant est indiquée, mais il est souvent nécessaire de prévoir des rencontres séparées avec les parents. Ces entretiens au sujet de l'évolution de l'enfant peuvent conduire à d'autres suivis thérapeutiques dans la famille.

Les médications sont très rarement utilisées et doivent être réservées à des formes très graves, pour de brèves périodes.

3.2. *Les manifestations névrotiques*

Le développement psychique de l'enfant le confronte dès les premiers mois de son existence à des angoisses et des conflits. La période de trois ans à six ans est souvent décrite comme celle de la névrose infantile normale, qui résulte des conflits qu'entraînent les choix d'objets parentaux et les identifications secondaires qui caractérisent la période œdipienne. On peut donc rattacher l'apparition de troubles qui rappellent les névroses de l'adulte à l'intensité particulière des conflits œdipiens, s'il s'agit d'un jeune enfant, ou à la persistance du « complexe » s'il s'agit d'un enfant en période de latence.

G. Diatkine (1985) fait état de la grande rareté des organisations névrotiques au cours de l'enfance ; le caractère fugace et variable des symptômes fait préférer le terme de *traits névrotiques* à celui de *névrose* qui est réservé aux manifestations qui apparaissent à partir de l'adolescence.

3.2.1. Les phobies

▲ Description

Le symptôme principal de la névrose phobique est la peur intense éprouvée à l'égard d'objets ou de situations qui ne présentent aucun danger réel. Cette peur entraîne des conduites d'évitement de la situation qui la suscite. La présence de certaines personnes ou certaines actions peuvent représenter une protection contre la phobie.

La crainte de l'étranger semble être un précurseur des phobies. D'autres craintes subites et transitoires peuvent apparaître chez le nourrisson — le sein ou le biberon trop tardif sont parfois repoussés avec une vive angoisse. La crainte du noir peut également se manifester très précocement et précéder le conflit œdipien.

La phobie survient le plus souvent chez un enfant de quatre ou cinq ans, elle peut prendre des formes très diverses, par exemple :

– des animaux : chiens, insectes, limaces, souris ;
– des objets : voitures, aspirateurs, valises ;
– des situations : le noir, les couloirs, les escaliers, les grands espaces ;
– des éléments naturels : la lune, la pluie, l'orage ;
– des personnes : militaires, barbus, infirmes.

L'attention des parents est alertée par la crise d'angoisse ou par les conduites d'évitement, le refus d'accompagner les parents ou d'aller dans une pièce. Il n'est pas toujours possible d'obtenir des explications sur la nature du danger que fait courir l'objet : il peut prendre la forme de morsure, de dévoration, d'explosion…

Dans certains cas, la présence d'un parent à ses côtés permet à l'enfant de surmonter sa peur, un objet transitionnel peut également avoir un effet protecteur.

▲ Évolution

La phobie, qui marque un temps d'angoisses plus intenses liées à la névrose infantile, est souvent un symptôme éphémère dans la mesure où les parents ont une attitude compréhensive sans excès de complaisance ; elle peut cependant persister un an ou deux et disparaître progressivement. Certaines phobies qui se prolongent semblent entretenues par la conduite névrotique d'un des parents.

Les phobies sont préoccupantes quand elles s'accompagnent d'autres troubles (changement d'humeur, régression) qui peuvent faire craindre une évolution psychotique.

▲ Psychopathologie

La phobie chez l'enfant a suscité deux études psychanalytiques particulièrement claires et attrayantes : le cas du petit Hans (Freud, 1909 a) et Piggle (Winnicott, 1969 b).

Le cas de Piggle permet d'observer les effets des processus primitifs qui sont à l'œuvre dans la phobie. La petite fille de deux ans et trois mois a peur du noir et peur d'un être imaginaire, Babacar, qui hante ses fantasmes et ses rêves. Winnicott fait apparaître les liens entre ces objets noirs et les parties clivées de la petite sœur de Piggle, de la maman et de Piggle elle-même. Il s'agit, comme l'avait décrit Klein, des objets maternels clivés dont les parties mauvaises sont ici projetées dans l'espace de la nuit.

Pour Freud, le symptôme phobique est le résultat d'un refoulement des représentations incestueuses. Le retour du refoulé s'accompagne d'un déplacement : l'objet phobogène prend la place du parent rival ; la crainte du père, qui pourrait infliger à l'enfant une sanction en punition de ses désirs, est remplacée par la crainte du chien ou du cheval. Le cas du petit Hans montre la surdétermination du symptôme : la phobie du cheval correspond à l'Œdipe « normal », mais l'intérêt qu'éprouve Hans pour le cheval blanc reflète les sentiments tendres de l'Œdipe inversé. De plus, le « charivari » du cheval tombé (1909 a, p. 126) représente probablement une scène primitive dont la vision angoisse Hans.

▲ Traitement

Les phobies de l'enfant ne nécessitent pas toujours la mise en place d'un traitement. Si le symptôme persiste pendant plus d'un mois, une psychothérapie brève ou des consultations à la demande peuvent être proposées.

Les méthodes comportementales font état de bons résultats pour les phobies de l'adulte, mais cette technique est peu connue en France et on dispose de très peu d'expériences de son application à l'enfant.

3.2.2. La phobie scolaire

▲ Description

La phobie scolaire est bien différente des angoisses de séparation qu'éprouvent les jeunes enfants à l'occasion de leurs premières fréquentations de l'école. Elle consiste en une crainte spécifique de la situation scolaire alors que, par ailleurs, l'enfant montre sa capacité de supporter des séparations.

Le plus souvent, l'enfant manifeste ses craintes particulièrement lorsqu'il se trouve entouré d'autres enfants, dans la cour de récréation par exemple. Il n'établit aucun contact avec ses camarades et se plaint injustement d'agressions.

Parfois, c'est la classe elle-même qui suscite les craintes phobiques, et il est possible dans certains cas de déceler que c'est la relation avec le maître, ou une forme particulière d'apprentissage qui est en cause.

Pour certains enfants, on constate qu'il s'agit de craintes qui s'accompagnent d'un sentiment d'incapacité et d'échec : du fait d'une inhibition de causes diverses, l'enfant ne peut être attentif et ne « comprend » pas ce qui lui est demandé. Il craint, parfois à juste titre, les reproches et les punitions.

▲ Psychopathologie

La situation scolaire confronte l'enfant à une situation analogue à celle d'une famille monoparentale avec d'intenses rivalités de fratrie. Le transfert est parfois très intense, mais le plus souvent, les aspects positifs des relations de fratrie et la création de petits sous-groupes de camarades permet de surmonter l'hostilité et les craintes de représailles. Certaines conditions familiales, par exemple la naissance d'un petit rival avant la rentrée, transforment la rencontre avec les autres enfants en épreuve dangereuse et insupportable. Parfois, le transfert négatif se porte sur le maître qui devient l'objet phobogène du fait de la névrose infantile.

Le refus d'aller à l'école peut s'accompagner d'un changement global de mode de relations dans la famille ; on doit parfois craindre un état dépressif ou une évolution psychotique.

Le cas de l'inhibition nécessite une recherche appropriée des difficultés qu'éprouve l'enfant. Une situation fréquente est celle de l'enfant qui vit dans une famille très perturbée par des conflits ou un deuil. L'enfant, placé dans un rôle de soutien et de réparation par rapport à sa mère, par exemple, est envahi par cette préoccupation, et se trouve psychiquement absent de l'école.

▲ Le traitement

Les phobies qui résultent des conflits de rivalités de fratrie ou des transferts œdipiens peuvent s'atténuer spontanément ou céder grâce à une thérapie brève. Pourtant, on constate qu'un certain nombre de ces enfants seront suivis ultérieurement pour d'autres manifestations névrotiques.

L'utilisation d'évaluations psychométriques et de tests projectifs paraît nécessaire pour rechercher l'origine des inhibitions scolaires de l'enfant.

En présence d'une dissociation familiale ou de conflits, les perspectives de traitement sont parfois tributaires de mesures sociales.

3.2.3. Les traits hystériques

On pourrait rapprocher l'aptitude de certains enfants à exprimer avec excès leurs émotions, à « jouer » leurs sentiments, à adopter les traits de leur entourage, des particularités de la personnalité hystérique adulte et attribuer ainsi à l'enfance certains traits de l'hystérie. Mais ces modalités d'action et d'expression sont des styles que tout enfant peut adopter sans aucune signification pathologique.

▲ Sémiologie

Les manifestations hystériques apparaissent le plus souvent au cours de la période de latence, mais elles peuvent être beaucoup plus précoces.

Dans une conception extensive de la notion d'hystérie, on a parfois considéré que les « crises de nerf » des petits enfants étaient de nature hystérique, parce qu'elles échappent à leur contrôle. Mais il s'agit plutôt de décharges motrices avec suspension de la capacité de penser que d'actions symboliques.

Les symptômes caractéristiques sont dits « de conversion » parce qu'il s'agit de conflits psychiques qui se manifestent par le corps. Ce sont le plus souvent des paralysies des membres. Anna Freud (1926) a décrit une paralysie d'un bras survenant brusquement chez un enfant de deux ans et trois mois après qu'il ait assisté à la chute d'un objet dans un puits qu'il lui était interdit d'approcher.

On rencontre aussi des troubles de la phonation allant jusqu'au mutisme (mutisme dit psychogène). Plus rares sont les anesthésies et les troubles de la vue. Des symptômes plus difficiles à interpréter consistent en douleurs : céphalées, douleurs abdominales parfois accompagnées de vomissements.

Ces troubles apparaissent brusquement, et peuvent souvent être rattachés à des événements pénibles survenus peu de temps auparavant : frustrations importantes, peurs, observation d'accident, maladie.

Les symptômes ont la particularité commune de ne pas correspondre aux lois de la physiologie. Cette caractéristique est importante pour le diagnostic, qui prend dans ce domaine une importance vitale. En effet, il s'agit de déterminer si on se trouve en présence d'un trouble psychique bénin ou d'une maladie physique à ses débuts, dont on peut craindre l'évolution. La difficulté du diagnostic est grande, du fait que les maladies physiques, les accidents, favorisent les manifestations hystériques.

▲ Psychopathologie

Dans son bref commentaire au sujet du symptôme hystérique présenté par un enfant de deux ans et trois mois, Anna Freud donne deux interprétations : la paralysie est une punition de ses habitudes de masturbation ; de plus, elle est une réalisation d'une menace de castration. Malgré le jeune âge de l'enfant, il y avait déjà eu antérieurement remaniement psychique et refoulement des représentations interdites. Le traumatisme du puits vient après coup déclencher un symptôme qui représente une punition symbolique.

L'expression symbolique d'un fantasme refoulé est souvent complexe ; le symptôme peut représenter à la fois une réalisation de désir et sa punition.

▲ Traitement

La consultation, les entretiens conjoints parents-enfant ont souvent un effet thérapeutique rapide. Il est important d'apprécier s'il s'agit d'un incident passager ou si les difficultés de l'enfant justifient d'entreprendre une psychothérapie. Il faut aussi savoir que les bénéfices secondaires qui apparaissent quand le trouble se prolonge, représentent un danger important dans des familles pathologiques.

3.2.4. Les traits obsessionnels (troubles obsessionnels compulsifs, TOC)

La fréquence de traits obsessionnels chez l'enfant a été estimée à 1 % ; ce sont des troubles relativement rares chez les jeunes enfants qui se rencontrent plutôt dans la période de latence et à l'adolescence.

▲ Description

La description sémiologique emprunte sa terminologie à la névrose constituée de l'adulte. Un aspect essentiel de ce trouble est subjectif : le patient ressent la nécessité de contrôler ses pensées et ses actes.

On distingue les symptômes et les particularités du caractère.

Les symptômes. Il peut exister des obsessions sans compulsions. La pensée est envahie par des sentiments, des préoccupations, des idées dites obsédantes qui « assiègent » la conscience du sujet. Ce sont des irruptions de représentations apparemment neutres, images, chiffres, qui entraînent généralement un malaise par le fait qu'elles paraissent étrangères. Parfois le contenu des pensées, violent, sexuel, incongru ou scatologique suscite des sentiments de honte et de culpabilité. Pour lutter contre ces pensées obsédantes, le patient recherche des méthodes propres à en détourner son attention : récitations intérieures, énumérations, calculs. Les pensées nouvelles ont un contenu dépourvu de sens, mais elles ont le même caractère obsédant. Tout se passe comme si on allumait un contre-feu qui deviendrait lui-même le fléau à combattre : de nouvelles préoccupations obsédantes prennent la relève des premières.

Les angoisses sont fréquentes ; elles peuvent être dépourvues de contenu ou produites par des craintes d'oubli et des pensées insupportables.

Très souvent, les obsessions sont accompagnées de compulsions à agir, soit pour obéir aux préoccupations obsédantes, soit d'une façon inadaptée, violente, destructrice ou autodestructrice.

L'enfant ressent le besoin de vérification : a-t-il laissé une porte ouverte, mis un objet dans son cartable ? La compulsion concerne souvent une suite de gestes qui deviennent des rites auxquels les parents doivent se plier. Les préoccupations concernant la propreté, la crainte de la contagion, s'accompagnent de multiples obligations et envahissent une grande partie des activités de l'enfant. Malgré l'intensité des conflits, l'aptitude intellectuelle n'est pas diminuée, mais l'envahissement par les obsessions et la nécessité des rituels réduisent la disponibilité pour des activités normales.

Les particularités du caractère. Elles font partie du tableau clinique décrit chez l'adulte : on cite la parcimonie, la tendance au doute allant jusqu'à l'indécision, la méticulosité, le respect scrupuleux de l'ordre et des règles, l'entêtement, le perfectionnisme, le contrôle émotionnel excessif. Ce tableau n'est pas constant, même chez l'adulte ; il peut comporter des domaines d'activité où le désordre et l'opposition aux règles font contraste avec la recherche de contrôle. Chez l'enfant, ces traits de caractère sont souvent absents et certains sont instables et impulsifs. Le plus fréquemment pourtant, l'enfant obsessionnel est sérieux et préoccupé, son existence est envahie par des luttes permanentes ; il se présente souvent assez malheureux et sans grand espoir aux consultations.

▲ Génétique

La vulnérabilité génétique est bien démontrée sans qu'on ait aucune connaissance précise sur les mécanismes et les gènes en cause. L'apparition de tics peut faire craindre l'évolution d'un syndrome de Gilles de la Tourette, mais il peut s'agir aussi d'une forme atténuée de ce trouble.

▲ Psychopathologie

L'obsession est apparue dans l'œuvre de Freud avec l'analyse de l'homme aux rats (1909b). Dans sa reconstruction, Freud attribue la névrose obsessionnelle à un défaut de « résolution » du complexe d'Œdipe et à une fixation au stade anal. Le refoulement porte sur des représentations sadiques de la scène primitive et sur des fantasmes de contrôle omnipotent des parents. Le retour du refoulé se fait sous forme d'irruption dans la conscience de représentations symboliques des attaques contre les parents unis qui doivent être maintenus séparés. Le sujet organise des barrières par la pensée pour se protéger de la cruauté des représentations de scènes sexuelles sadiques. Le contrôle qui s'exerçait d'abord sur la représentation des parents combinés, s'exerce ensuite sur la pensée.

Bien qu'il ne soit pas toujours possible de retrouver cette évolution, les premières pensées obsédantes ont souvent un contenu symbolique assez clair, elles ont un sens. Cette proximité du sens est une menace pour l'organisation surmoïque puissante du patient obsessionnel. Pour chasser ces premières représentations, des pensées plus « neutres » sont utilisées comme protection. Mais leur utilisation est nécessaire pour faire barrage à l'anxiété… Le processus n'a pas de fin.

Le contrôle est le modèle le plus significatif du sadisme anal qui caractérise la névrose obsessionnelle. Il va de pair avec la toute-puissance de la pensée qui explique les conduites d'annulation : la pensée a le pouvoir de faire disparaître ce qui a été.

La nécessité d'exercer, sur soi et sur l'entourage, un contrôle omnipotent, entraîne progressivement une organisation des relations sur un mode anal qui représente un compromis entre les interdictions et les satisfactions pulsionnelles. Cette organisation caractérielle ne se manifeste pas nettement chez l'enfant, chez qui ce sont les autres aspects du fonctionnement anal qui surgissent : les libérations des contraintes. L'analité en tant qu'utilisation de la fonction expulsive explique le désordre dans certains domaines, l'impulsivité et la violence de certains enfants.

3. Les mains sales

André, âgé de huit ans, vient en consultation accompagné par sa mère car, depuis quelques mois, il vit dans la crainte de la saleté et se lave sans arrêt.

Il est fils unique, son enfance s'est déroulée sans incident ni événement particulier. C'était un enfant facile jusqu'à un an ; par la suite, il est devenu très instable et bruyant. Actuellement, son opposition se manifeste d'une façon surtout passive : il traîne pour aller à l'école, pour faire ce qu'on lui demande, mais il réagit par des colères aux frustrations.

À l'école, il fait de bonnes acquisitions mais il est très souvent puni à cause de son instabilité. Il est en rivalité et souvent en conflit avec les autres enfants.

Il a été envahi progressivement par une préoccupation constante concernant l'état de ses mains, qu'il trouve toujours sales, et il passe un temps considérable, dans tous les lieux où il se trouve, à se les laver. Au moment du coucher, pour faire sa toilette, il reste très longtemps sous la douche et utilise une grande quantité de savon. Il exprime une crainte des microbes et redoute le contact de certaines personnes.

Par ailleurs, des rituels s'installent progressivement : le matin, avant de partir, il doit placer certains objets dans sa chambre d'une façon particulière, il doit suivre certains trajets avant de franchir la porte ainsi que sur le chemin de l'école.

Le soir, ses parents doivent lui dire plusieurs fois bonsoir, toujours dans les mêmes termes. Il est, d'une manière excessive, préoccupé du rangement de ses affaires, mais ses parents signalent qu'il est parfois extrêmement désordonné.

André exprime ses craintes de ne jamais guérir. Il est très malheureux d'avoir ces « manies ». Il redoute que son entourage s'en rende compte et qu'il devienne l'objet de moqueries ; il vient volontiers en consultation.

Il dessine plus facilement qu'il ne parle. Ses dessins sont tour à tour contrôlés et conventionnels, ou imaginatifs avec de multiples figurations d'attaques et de pièges. Il utilise aussi des figurines pour représenter des scènes de bagarres. Quand la violence est très grande, il tente d'en annuler les conséquences en déclarant que la victime est saine et sauve.

Il semble vivre dans un monde menaçant, d'une part à cause des contaminations par les microbes qui le préoccupent sans cesse, et d'autre part du fait des pulsions agressives qui l'envahissent quand il éprouve de la jalousie, de l'envie ou des frustrations. Cette agressivité entraîne des craintes de représailles et conduit à l'accroissement de ses compulsions et à de multiples rituels.

Au cours des séances, l'élaboration progressive de ses fantasmes agressifs, avec l'aide de son thérapeute, amène une réduction de cette tension permanente et une atténuation des symptômes.

▲ Traitement

Les troubles obsessionnels chez l'enfant sont une indication de psychothérapie analytique avec la préoccupation d'éviter l'organisation d'une névrose à l'âge adulte. Une longue période de traitement est parfois nécessaire et, après une première amélioration, on peut voir resurgir des troubles quelques mois plus tard.

Les thérapies comportementales, souvent utilisées pour la névrose obsessionnelle de l'adulte, ont été appliquées à l'enfant : elles comportent une phase de recueil d'informations sur les obsessions et les rituels, puis une phase où l'on place l'enfant en présence du thérapeute dans les situations où il se trouve habituellement contraint d'effectuer certains gestes. On demande à l'enfant d'exprimer les pensées qui sont suscitées par ces circonstances. Cette technique, très peu utilisée en France, n'est pas applicable en cas d'obsessions sans compulsions.

Médications. Les antidépresseurs se sont montrés efficaces sur les obsessions-compulsions sans qu'aucune dépression soit en cause. Cette efficacité vient corroborer les recherches qui ont montré l'existence d'un trouble du métabolisme de la sérotonine dans la névrose obsessionnelle.

3.2.5. **Troubles névrotiques et apprentissages**

Les manifestations cliniques de névrose renforcent les angoisses suscitées par les fantasmes qui accompagnent la période œdipienne. Elles ont des retentissements sur les capacités d'acquisitions scolaires des enfants et sur leur développement cognitif global. L'intensité des refoulements peut entraîner un appauvrissement de la pensée et des fonctions créatives, l'inhibition intellectuelle qui en résulte est parfois l'unique manifestation névrotique.

Certains troubles de la mémoire peuvent résulter de la conjonction des fantasmes de roman familial décrits par Freud (1909c) et de la mythologie propre à la famille. Lorsqu'un secret sur les origines circule dans une famille, la culpabilité concernant l'acquisition d'un savoir peut bloquer l'enfant ; l'exemple extrême de cette forme d'inhibition se rencontre chez les enfants maltraités et victimes d'abus sexuels.

Klein (1923) a longuement décrit les difficultés scolaires de Fritz en montrant la valeur symbolique des lettres et des nombres et les associations avec les fantasmes de scène primitive.

À ces éléments, il faut ajouter les effets des transferts sur les enseignants. Ils peuvent être négatifs, résultant des projections des mauvais aspects parentaux ou culpabilisés par conflit de loyauté quand le maître est admiré.

3.3. *L'autisme*

L'étude de l'autisme a permis un progrès important dans la compréhension des premiers développements psychologiques de l'enfant. Les notions acquises à partir de l'observation de ce syndrome et des troubles apparentés sont utilisées pour l'interprétation de plusieurs domaines de la psychologie normale et pathologique.

3.3.1. Premières descriptions

La description par Kanner en 1943 (*cf.* Berguez, 1983) de onze cas d'enfants qui présentaient une symptomatologie et une évolution commune a fait date, car elle marquait la spécificité de la clinique psychiatrique de l'enfant. Cette description est si remarquable que peu d'éléments ont été ajoutés depuis.

Pour Kanner, le signe le plus apparent et fondamental est *« l'inaptitude à établir des relations avec les personnes »* (cité par Berquez, 1983). Il considère comme « primaires » deux autres symptômes : l'autisme et l'immutabilité.

▲ *L'autisme* désigne ce qu'il considère comme « prédominance de la vie intérieure ». Kanner emprunte le terme à Bleuler, en précisant qu'il ne s'agit pas d'un trouble identique à celui de la schizophrénie adulte.

▲ *L'immutabilité* (traduction de l'anglais *sameness*) est le besoin de l'enfant de maintenir à l'identique son environnement et de respecter rituellement les procédures de ses activités.

Asperger a décrit, indépendamment de Kanner mais la même année, des enfants présentant le même syndrome qu'il a désignés comme « psychopathes autistiques ». Leurs troubles étaient moins profonds et, de ce fait, son nom est associé aux formes les moins graves de l'autisme (Asperger, 1944).

3.3.2. Description clinique

▲ Les prémices

L'anamnèse des cas d'autisme montre généralement l'apparition de symptômes au cours de la première année de l'enfant, mais les manifestations ne sont ni bruyantes ni caractéristiques. On peut considérer, compte tenu de la psychopathologie de l'autisme, que l'installation du syndrome autistique pendant cette période n'est pas inéluctable et qu'elle est en partie fonction des réactions des parents à un bébé très déroutant.

Le bébé est souvent décrit comme particulièrement sage, mais cette sagesse est plutôt indifférence ; il ne pleure pas quand on le quitte, ne s'agite pas quand on s'approche de lui, n'a pas de réaction mimique à la présence et souvent détourne les yeux. On a noté la rareté des mouvements d'anticipation pour être saisi dans le berceau. C'est un bébé généralement hypotonique qui n'adopte pas une posture adéquate quand on le prend dans ses bras.

Le plus notable est la rareté des échanges, les échecs des interactions avec la mère et des jeux de regard. Le sourire social est tardif ; il n'y a pas d'apparition, au huitième mois, de la crainte de l'étranger.

Tustin (1990, p. 78) signale qu'elle a toujours noté l'existence de troubles précoces de l'alimentation chez les enfants autistes qu'elle a suivis : la bouche est dépourvue de tonus, le lait s'écoule de la tétine. On se heurte parfois à des réactions phobiques à l'égard de certains aliments.

Les particularités du sommeil sont aussi signalées, soit que le bébé se réveille avec des pleurs et des cris, soit que s'installent des insomnies calmes : le bébé silencieux a les yeux ouverts dans la nuit.

Ces symptômes ne sont pas spécifiques, ils peuvent ne pas apparaître au cours du premier semestre et se manifester au deuxième semestre.

▲ La période autistique

Troubles des relations. C'est à la fin de la première année que les signes se précisent. Le signe fondamental de Kanner, l'incapacité à établir des relations, est le plus évident. Le contraste avec la vivacité des relations qui s'établissent habituellement avec un enfant de un à deux ans est considérable. L'enfant autiste fuit l'échange direct de regard et ne regarde, s'il ne se sent pas observé, que d'une façon fugitive. Même s'il est capable de prononcer quelques mots, il les utilise rarement pour communiquer ; il ne pointe pas les objets, mais il tire l'adulte pour obtenir ce qu'il désire en utilisant la main comme un outil.

Si on tente de forcer la relation, l'enfant fuit, manifeste de l'agitation et crie. Solitaire, il semble indifférent, tendu, insatisfait. Il ne quête pas une consolation auprès de ses parents quand il se fait mal, mais on a souvent l'impression qu'il est indifférent à la douleur.

Ce manque de relations affectives avec ses parents contraste avec l'intérêt qu'éprouve l'enfant pour des contemplations d'objets ou des sensations.

Relations aux objets inanimés et recherche de sensations. Si l'enfant est seul, on constate qu'il observe ses mains ou un objet qu'il manipule longuement. Très souvent, il suit du regard la rotation des objets : toupie, pièce de monnaie, roue, et il détourne l'utilisation des jouets dans ce but. Parfois, l'enfant tient un petit objet serré dans sa main. Il s'agit souvent d'un jouet métallique qu'il n'utilise pas pour jouer mais auquel il semble accroché. Tustin a décrit ces objets autistiques comme des prolongements solides du corps.

Les parents signalent que l'enfant semble indifférent à la séparation, n'a pas peur du noir, mais manifeste des craintes phobiques de certains objets (très souvent l'aspirateur en action entraîne une panique).

L'enfant autiste a la capacité impressionnante de s'absorber dans des perceptions ou sensations. Il passe sa main sur un objet dont la surface est ondulée, il écoute le bruit de l'eau dans un tuyau ou, plus souvent, il est fasciné par l'éclat d'un rayon de soleil. Tustin a observé que les enfants autistes s'absorbaient dans les sensations produites par le fonctionnement de leur corps ; elle fait l'hypothèse qu'ils créent des sortes de « formes » de sensations.

Motricité. Les particularités de la démarche sont inconstantes. Kanner signalait la lourdeur de ces enfants ; plus souvent, ils marchent sur la pointe des pieds et donnent l'impression d'effleurer le sol.

L'enfant autiste a souvent des conduites stéréotypées, particulièrement quand il est contrarié. On observe des balancements, des tournoiements, l'agitation des bras, des mouvements des mains, souvent à proximité du visage, pour obtenir des effets visuels. Il peut y avoir des actes plus inquiétants, comme se frapper contre une paroi, se griffer ou se mordre.

Immutabilité (ou immuabilité). Une préoccupation importante de l'enfant est d'éviter tous les changements d'agencement des objets mobiliers, toute modification des habitudes familiales. La ritualisation qui s'observe parfois d'une façon ludique chez l'enfant prend une importance dramatique pour l'enfant autiste que les imprévus mettent en panique. Les trajets doivent être identiques, les activités exécutées dans le même ordre. La visite d'un étranger peut déclencher sa panique par tous les changements qu'elle entraîne. Cette recherche d'immuabilité était l'un des signes primaires décrits par Kanner.

Langage. L'absence de langage est fréquente, mais souvent l'enfant mutique surprend en prononçant clairement un mot, exploit qu'il ne renouvelle plus dans les mois qui suivent. L'apparition du langage est souvent précédée par de longues périodes d'écholalie, Kanner a décrit les écholalies différées ; cette répétition tardive est assez caractéristique de l'autisme. Quand l'enfant parle, ce qu'il prononce semble dépourvu de valeur pragmatique, non destiné à la communication et comparable à une sorte de manipulation d'objets. L'énoncé est souvent agrammatical, télégraphique ou étrange par ses métaphores ou ses néologismes.

Parfois, le langage est utilisé d'une façon satisfaisante du point de vue syntaxique et lexical, mais il présente des particularités prosodiques donnant à l'énonciation une tonalité mécanique, dévitalisée ou étrange. Le caractère quelquefois surprenant de la communication elle-même est à rattacher aux troubles de la pensée et de l'affectivité.

Troubles de l'intelligence. L'absence de communication, la limitation des expériences concrètes, la pauvreté du langage entraînent chez l'autiste un inévitable retard du développement intellectuel, et lorsque Kanner écrivit qu'il s'agissait d'enfants intelligents, on peut penser qu'il faisait allusion à leur potentialité, qu'il appréciait d'une façon subjective. Cependant, les enfants autistes sont souvent décrits comme « intelligents », sans doute du fait que, parfois, des aptitudes spécifiques et surprenantes se manifestent au cours d'une séance pour disparaître ensuite.

Il est généralement énoncé que les enfants autistes ne peuvent être testés. Dans les conditions de refus de communication que nous avons décrites, on peut reconnaître la difficulté de l'entreprise.

Toutefois, des évaluations ont pu être effectuées avec des techniques adaptées… et aussi beaucoup de patience et d'ingéniosité ! Houzel (1985 b, p. 1228-1229), qui analyse les résultats, retient que la majorité des enfants autistes (75 %) ont des scores qui leur feraient attribuer un QI inférieur à 52. Les résultats sont toujours moins bons aux épreuves verbales qu'aux épreuves de performance. La mémoire semble non déficiente, avec une supériorité pour retenir des suites dépourvues de sens.

L'inégalité des profils de performance des enfants autistes, leur aptitude particulière aux cubes de Kohs, sont assez spécifiques. Elles donnent quelque crédit à la conviction qu'ils sont intelligents (Frith, 1989, p. 137-169).

Les capacités de symbolisation ont été étudiées par le jeu et semblent altérées d'une façon spécifique. Cela a conduit à énoncer que des enfants de plus de vingt mois d'âge mental qui n'utilisent pas de jeu symbolique ont des traits autistiques.

▲ L'état post-autistique

Après trois ou quatre ans, le tableau clinique se modifie progressivement. L'isolement de l'enfant est moins absolu et son retrait fait place à des moments où il sollicite et agrippe ses parents, moments suivis de brusques rejets agressifs. Il existe quelques signes d'angoisse de séparation sans manifestations émotionnelles appropriées.

Les stéréotypies se multiplient, l'enfant peut fébrilement actionner les interrupteurs, ouvrir et fermer des robinets ; il cherche souvent à jouer avec l'eau. Il devient actif, entreprenant, instable, et peut partir brusquement en courant sans souci du danger. L'écholalie prend une forme lancinante ; parfois l'enfant utilise quelques mots et interjections et cherche à communiquer. On peut voir s'installer des intérêts passionnés pour certaines situations ou objets, mais aussi des phobies intenses.

L'enfant peut acquérir par sa propre initiative certaines connaissances inattendues, faisant preuve de dons qui nécessitent une mémoire exceptionnelle. Souvent, la connaissance acquise est surprenante — il peut apprendre, par exemple, tous les noms d'un annuaire. Ces enfants devenus adultes sont dits « idiots savants ».

Dans cette période, l'enfant est opposant, désordonné, tout en gardant plusieurs traits caractéristiques de l'autisme. Son maintien dans la famille est souvent plus difficile à supporter, et la recherche d'institutions pouvant l'accueillir au moins dans la journée devient la préoccupation anxieuse des parents.

3.3.3. Étude psychopathologique

▲ Études cognitives

Les études ont porté sur les troubles perceptifs, l'utilisation des gestes (absence du pointage), la symbolisation, l'acquisition du langage.

Frith (1989) utilise le concept de cohérence centrale : « Lorsque ce besoin de cohérence centrale opère normalement, il nous oblige… à chercher avant tout ce que les choses veulent dire » (p. 167). Ses recherches la conduisent à faire l'hypothèse d'une absence de cette cohérence dans l'autisme : « …les enfants autistiques s'acquittent très bien de toutes les tâches où les stimulus doivent être isolés — ce qui favorise le détachement — et échouent dans celles où les stimulus sont reliés — ce qui favorise la cohérence » (p. 168).

Des résultats concordants (Hobson, 1989) font apparaître que les enfants autistes ont de grandes difficultés à lire la mimique des visages et à déceler l'état émotionnel de ceux qui les entourent. Frith (1989) considère qu'ils sont dépourvus de la capacité de mentaliser les pensées d'autrui, de se constituer une « théorie de l'esprit ». L'enfant autiste ne pourrait ressentir par empathie les sentiments des autres, mais il pourrait établir des liens affectifs malgré ce défaut.

Ces études ont en commun l'hypothèse qu'il existe un déficit de base, mais on peut aussi faire l'hypothèse qu'il s'agit d'une déviation fonctionnelle avec un équipement normal.

▲ Études biologiques et neurophysiologiques

Les biochimistes ont constaté des augmentations des dérivés de la sérotonine et des anomalies de la fonction dopaminergique, mais les interprétations physiologiques sont très incertaines. D'autres recherches concernent les peptides opioïdes et les endorphines (Leboyer, 1990) ; elles ont l'intérêt de conduire à des essais thérapeutiques.

L'électrophysiologie a montré que les éléments sensoriels et perceptifs envahissent le fonctionnement cérébral comme s'il y avait un filtrage insuffisant du bruit de fond.

L'interprétation de ces faits est très difficile, dans la mesure où il n'est pas possible de déterminer si une particularité biochimique ou physiologique témoigne d'un trouble de l'organisation psychique qui résulte de l'environnement, ou si elle contribue au trouble.

▲ Études génétiques

Les recherches dans le domaine de la génétique de l'autisme sont très nombreuses. On peut résumer les résultats des études des fratries et des jumeaux en disant qu'il existe un ou plusieurs facteurs héréditaires qui prédisposent à l'autisme, mais qu'il ne s'agit pas de transmission héréditaire simple. Le syndrome de l'X fragile est l'un des facteurs favorisant l'apparition de l'autisme.

Les études montrent que le jumeau monozygote d'un enfant autiste présente avec une très grande fréquence, soit de l'autisme, soit des troubles graves des capacités d'acquisition. Cette constatation renforce l'hypothèse cognitiviste sur l'existence d'un déficit de certaines capacités d'attention.

▲ Étude psychanalytique

Tustin a fait l'hypothèse que ces enfants avaient subi une séparation trop précoce de l'objet maternel, un arrachement entraînant la perte de la représentation de la bouche.

Tant que l'organisation de son moi ne lui assure pas une relation à des objets internes protecteurs, le bébé connaît l'illusion d'une unité avec la mère, il n'a pas de représentation d'une séparation totale.

Au contraire, le futur autiste subirait prématurément l'expérience de la séparation, et l'arrachement créé par celle-ci entraînerait chez lui ce que Tustin a nommé *dépression psychotique* (1972, p. 14-39). Elle emprunte ce terme à Winnicott, qui avait constaté les effets de la privation trop précoce :

> « La perte peut concerner certains aspects de la bouche qui, du point de vue du nourrisson, disparaissent en même temps que la mère et le sein quand la séparation a lieu avant que le nourrisson n'ait atteint un stade de développement émotionnel qui lui permette de supporter cette perte. La même perte de la mère quelques mois plus tard serait une perte d'objet sans perte d'une partie du sujet. » [*De la Pédiatrie à la psychanalyse*, Winnicott, (1958)]

Les enfants autistes se protègent des effets de cet arrachement en se réfugiant dans la sensualité, dans ce que Tustin appelle des activités « autosensuelles », qui sont destinées à conserver l'illusion de fusion avec la mère.

Cette utilisation de la sensation nécessite selon Meltzer une aptitude particulière pour fuir la souffrance psychique. Il a qualifié de *démantèlement* ce processus :

> « Nous suggérons donc l'existence de quelque capacité de suspendre l'attention qui permet aux sens d'errer chacun vers son objet le plus attractif de l'instant. Cette dispersion semble produire le démantèlement du self en tant qu'appareil mental mais d'une manière très passive, comme s'il tombait en morceaux. » [1975, p. 20-21]

Nous observons ce démantèlement quand l'enfant fixe une lumière, un objet qui tourne, ou qu'il agite la main devant ses yeux. Ce moment parfois fugitif, parfois insistant, représente le noyau significatif de l'autisme. Mais il existe des manifestations plus diffuses : l'enfant autiste se concentre parfois sur des parties de son fonctionnement corporel digestif, ce qui peut conduire au mérycisme ou à la rétention des selles. Tustin, on l'a dit, a parlé à ce sujet de la recherche de « formes » de sensations, par exemple la forme des sensations procurées par la partie de notre corps qui supporte notre poids dans la position assise. Cette recherche de sensations a pour effet de suspendre la capacité de penser, et entraîne la disparition de toute souffrance. Elle a aussi pour effet la suspension des interactions maternelles, qui sont les conditions nécessaires d'une croissance psychique.

En l'absence des expériences de *holding,* dont le prototype est la relation maternelle, mamelon en bouche et tenue dans les bras (Bick, 1968), l'enfant autiste ne peut opérer la différenciation de la limite du Soi qu'Anzieu a qualifiée de Moi-Peau. Il n'y a pas de contenance possible, les relations s'établissent de surface à surface, le monde est bidimensionnel. Les relations avec l'objet sont caractérisées par la recherche d'expériences sensorielles sans qu'il y ait représentation de l'objet au sens où nous l'entendons.

L'absence de Moi-Peau entraîne des angoisses spécifiques ; l'enfant se sent menacé de chute ou en risque de vidage, d'écoulement comme une flaque d'eau. Pour lutter contre ces angoisses catastrophiques, il cherche une protection par une « seconde peau » (Bick, 1968) et se constitue une carapace musculaire, ou utilise à cette fin des vêtements qu'il ne peut enlever. La prédominance de la relation de surface aux objets entraîne une recherche de collage qui se manifeste parfois par l'appui que prend l'enfant autiste sur un objet ou une personne. On a pu constater que les enfants autistes s'apaisent par l'appui du dos, ce qui confirme l'hypothèse de Grotstein (1981) concernant le rôle d'un « objet d'arrière-plan » dans la construction de la peau psychique. On note aussi leur attrait pour les ribambelles d'objets mis en contiguïté les uns avec les autres, leur fascination pour les frises des plafonds. Cette relation est dite adhésive ; elle prédomine chez l'enfant autiste, mais elle fait partie du développement normal, et peut se manifester dans d'autres formes de pathologie.

▲ Le traitement

Les principes de traitement sont différents selon les conceptions sur la pathogénie de l'autisme.

Les conceptions psychanalytiques sont souvent discréditées par les familles des enfants autistes, blessées par les attitudes culpabilisantes des psychiatres. Ces attitudes ont encouragé les associations de parents d'enfants autistes à se tourner principalement vers des techniques comportementalistes, ou éducatives et pédagogiques.

Les méthodes de thérapies comportementales. Elles s'inspirent de théories sur l'apprentissage par le conditionnement opérant et se proposent d'inhiber des comportements pathologiques et de développer le langage. Cette démarche n'est pas scientifiquement fondée car il paraît improbable que le conditionnement joue un rôle important dans l'apprentissage humain. Certains résultats positifs auraient cependant été obtenus, mais les acquisitions s'estompent quand les séances sont interrompues. Quelques techniques abandonnent l'usage du renforcement et se rapprochent de ce fait des méthodes éducatives.

Méthodes éducatives et pédagogiques. Schopler et Reichler ont proposé en 1971 une action thérapeutique basée sur l'éducation et la pédagogie ; en même temps, ces auteurs ont fondé un projet légal d'éducation individualisée de l'autisme en Caroline du Nord, connu sous le nom de TEACCH (Traitement et éducation des autistes et des enfants handicapés par des communications retardées).

Il s'agit d'un projet qui associe un enseignement spécialisé dans des classes réservées aux enfants autistes, et un travail à domicile effectué par les parents avec leurs enfants. Bien que Schopler n'ait pas tout à fait abandonné la référence à des théories de conditionnement, pour l'essentiel sa méthode se démarque de toute technique de dressage et apparaît comme un système pédagogique élaboré (*in* Rutter et Schopler, p. 542-571).

Le projet est élaboré et réalisé en partenariat avec la famille :

▲ évaluation du développement par un bilan codifié pour établir un « profil psycho-éducatif » ;

▲ élaboration d'un programme éducatif avec des objectifs déterminés avec les parents.

4. Le cas de Christian

Christian, âgé de trois ans, est reçu dans un centre médico-psychologique de province où il a été adressé par un centre de consultation parisien. L'enfant avait été suivi trois mois et le diagnostic d'autisme est proposé dans la correspondance.

Le père, fonctionnaire, 27 ans, paraît catégorique et peu confiant. La mère, 25 ans, ne travaille pas depuis la naissance de Christian qui est leur seul enfant. Elle paraît en retrait, peu confiante en elle et déprimée.

Les parents disent qu'ils ne se sont pas rendu compte au début des anomalies de Christian ; c'est la garderie qui les a alertés parce que l'enfant restait dans une pièce sans regarder et sans jouer, en se masturbant parfois. Le père dit qu'il avait remarqué le regard du bébé dès la naissance. De fait, Christian présente un strabisme divergent et devrait porter des lunettes mais il les jette souvent.

Il dormait sans pleurer, restait parfois éveillé, tranquille. « On croyait que c'était son caractère. »

Il a toujours été difficile de le nourrir, les tétées étaient interminables, il n'avait aucune énergie pour boire. Il n'est pas propre, même de jour, et on lui met des couches. Les parents ont remarqué qu'il avait une phobie des escaliers sans qu'il y ait eu de chute antérieure. Il ne suce pas les objets mais il les lèche, il aime particulièrement prendre une ficelle et la passer sur ses lèvres.

Dans les entretiens ultérieurs, la mère fait état de ses préoccupations avant la naissance : elle croyait qu'elle ne pourrait pas avoir d'enfant, puis, étant enceinte, elle se sentait coupable de ne pas penser assez au bébé. Le père redit son impression sur quelque chose d'étrange chez le bébé dès les premières semaines : « Je m'attendais à un autre visage ». Il parle du caractère inquiet et dépressif de sa femme : « Dans sa famille, tout le monde est inquiet et coupable ». Les parents ont fait eux-mêmes le diagnostic d'autisme, par leurs lectures après les premières consultations.

Christian est un enfant frêle au visage fin et agréable. Il se tient complètement à l'écart, le visage détourné, et reste assis dans un coin de la pièce pendant les entretiens, sans regarder les jouets qui sont près de lui. Pourtant, on surprend un bref regard vers le consultant quand il entre dans la pièce. À la fin d'une séance, inopinément, il s'empare d'un stylo rouge et oppose une grande résistance pour le rendre.

Une psychothérapie est décidée avec les parents, au rythme de deux séances par semaine, mais il y aura beaucoup d'irrégularités qui montrent le scepticisme du père concernant l'utilité des séances. Une aide est décidée pour accompagner l'enfant en garderie quelques demi-journées par semaine.

Extraits de notes d'une séance

Je dis aux parents que je vais voir Christian seul. À ma grande surprise, il me regarde un instant et quand je lui dis « Viens, Christian », il me précède en courant. Dans la salle, j'ouvre la valise de jouets devant lui et je nomme quelques objets en les soulevant. Il voit une locomotive qui est attachée à une ficelle et la prend par le fil. Je tire sur l'autre extrémité et il se prête à un jeu de traction alternée que je commente : « Christian vient, Christian part. » Il rit un instant, puis se détourne avec la locomotive en main et met la ficelle à la bouche, comme les parents l'ont décrit : en faisant glisser la ficelle sur la lèvre inférieure. Il regarde encore, puis se détourne. Il va vers une petite table sur laquelle il monte. Je parle du « Grand Christian », et quand il se prépare à sauter, je commente en demandant si je saurai le protéger de tomber. Il rit quand je le retiens dans sa chute.

Il prend une boîte de feutres avec laquelle il avait déjà joué et qu'il aurait voulu garder après la dernière séance. Il ne l'ouvre pas, mais caresse la partie visible des crayons avec ravissement. Dans l'espoir de l'arracher à cette extase, je lui dis : « C'est ondulé comme ton dos » et j'imite son geste en glissant un doigt sur ses vertèbres. Il rit, et change de posture. Il va vers la valise et je lui donne l'orange. Il va dans un coin de la pièce et lance l'orange que je parviens par chance à lui retourner. Il garde l'objet contre sa bouche et chantonne en tapant sur ses lèvres. J'essaie d'accompagner en frappant sur une table, mais cela a peu d'écho. Je constate qu'il est plus sensible à l'accompagnement vocal. Il prend un cube et le porte à sa bouche, mais sans le sucer, il garde la bouche entrouverte pour effleurer les lèvres. Je note que lorsqu'il explore un objet, il utilise le bout des doigts sur la face externe avec beaucoup de précision. Je note au cours de cette séance la fréquence de ses rires assez vifs et de ses regards « sur le côté », en penchant la tête, ce qui fait penser à la pose d'un oiseau.

À l'age de 4 ans, il a été possible de faire admettre Christian dans une maternelle grâce à la présence d'une accompagnatrice. Il a pu entrer en relation avec les autres enfants et effectuer quelques activités prescrites en classe.

Il y a une hiérarchie des buts, avec progression par étapes, puis des grilles d'évaluation établies en collaboration avec la famille.

Cette méthode présente au moins l'avantage d'augmenter considérablement le temps consacré par les parents à leur enfant. Les parents peuvent souvent constater alors quelques progrès et reprennent espoir.

Malgré les craintes légitimes qu'inspirent les références au conditionnement, une attitude ouverte des thérapeutes à l'égard de ces méthodes a montré la possibilité d'associer un projet thérapeutique se référant à la psychanalyse à des activités éducatives de la méthode TEACCH.

Traitements médicaux. On a constaté l'inutilité des tranquillisants et des neuroleptiques, cependant on préconise encore aux États-Unis l'utilisation prudente d'Halopéridol. Le principe absolu, qui prédomine en France, d'abstinence de médication psychotrope pour les enfants, a cependant des limites quand l'enfant post-autiste passe par des périodes dramatiques d'agitation, d'automutilation et d'insomnies. Mais aucune médication n'est thérapeutique, elle ne peut être utilisée que passagèrement pour atténuer les souffrances de la famille et de l'enfant.

Traitement psychiatrique. En utilisant le terme de « psychiatrique », nous souhaitons souligner le fait que le traitement de l'enfant autiste comporte, en plus de la psychothérapie, un traitement ambulatoire qui associe l'aide aux familles, l'organisation d'activités collectives d'enfants et des apprentissages (voir chapitre 6, section 2.3.2. : *Le traitement des troubles graves du développement*).

La psychothérapie représente la partie la plus importante et sans doute la plus difficile de l'ensemble des actions thérapeutiques que l'enfant autiste mobilise. L'enfant est suivi seul aussitôt que possible, l'une des grandes difficultés étant de délimiter le cadre des séances. La technique est celle que Klein, Tustin, Meltzer ont préconisée et qui est exposée par Haag (1988b). Tous les thérapeutes insistent sur l'importance d'une qualité de présence « bien vivante » (Alvarez, 1992), soutenue par la connaissance des processus dont ils observent les effets.

3.4. *La psychose symbiotique*

Dès le début des années 1940, Mahler avait observé des enfants qui lui paraissaient psychotiques et ses premières descriptions font état de similitudes avec la schizophrénie. C'est seulement en 1968 que parut son livre consacré à la psychose symbiotique, et malgré les critiques qui peuvent être faites concernant le terme de *symbiose,* c'est généralement sous le nom de *symbiotiques* que sont décrites les psychoses précoces de l'enfant. Tustin utilise le terme d'*« autisme secondaire régressif ».*

3.4.1. Description

C'est la forme la plus fréquente de la psychose de l'enfant. Les premiers signes manifestes apparaissent généralement entre un an et demi et trois ans. C'est souvent, selon les parents, à la suite d'un incident — une chute alors que la marche n'était pas encore très assurée, une absence d'un parent, une séparation à la suite d'une hospitalisation, un changement de domicile… — que l'enfant change assez rapidement d'humeur et semble régresser. Il parle moins, devient inquiet, irritable, avec de brusques crises de colère ou des angoisses sans causes apparentes.

Progressivement, le langage régresse, devient peu cohérent, la parole est souvent maniérée ou dépourvue de tonalité.

L'instabilité est extrême et l'enfant n'a plus aucune activité organisée. Il ne semble plus capable de s'occuper avec ses jouets favoris et les jette loin de lui.

Sa relation avec ses proches est très surprenante. Très souvent, il rejette un parent et semble s'attacher constamment à l'autre, le plus souvent la mère. Mais si, par ses pleurs et ses cris, il réclame vivement d'être pris dans les bras, aussitôt pris il réagit négativement, parfois griffe et mord et s'écarte comme si sa mère était devenue dangereuse.

L'insomnie est fréquente, avec des crises d'angoisse nocturnes. Souvent, l'enfant manifeste des phobies étranges : à l'égard d'objets inanimés, des serrures, des aspirateurs, un escalier.

Si l'on interroge les parents sur les premiers mois de la vie, on apprend souvent que c'était un bébé difficile à consoler, avec des insomnies, des difficultés d'alimentation, et qui manifestait déjà des moments de rejet quand il était pris dans les bras pour le consoler.

3.4.2. Évolution

Il peut y avoir des moments d'accalmies, des périodes au cours desquelles l'enfant paraît abattu ou pleure sans pouvoir communiquer. L'enfant est généralement incapable de suivre une scolarité, même aménagée, et épuise et décourage sa famille par ses changements d'humeur, ses cris, son agitation permanente.

Mahler a signalé que l'enfant psychotique pouvait présenter, à certaines périodes de son évolution, des replis de type autistique et, de fait, quelques enfants manifestent des signes de démantèlement et des recherches de sensations. Si on tient compte du fait que l'évolution des enfants post-autistes les conduit aux mêmes alternances de rapprochements et de rejets agressifs que les enfants en psychose symbiotique, on peut comprendre qu'il soit difficile, après quelques années, de faire la différence entre les deux catégories d'enfants. À long terme, l'enfant peut évoluer vers une sorte de régression progressive, le langage est très limité, le désintérêt, l'apathie et les conduites répétitives constituent un tableau déficitaire. Cette évolution est incontestablement facilitée par les longs placements en institution (Misès, 1975).

3.4.3. Génétique

La fréquente constatation que, dans les premiers mois, le bébé futur psychotique est particulièrement intolérant aux frustrations, a fait souvent évoquer une particularité constitutionnelle. Les recherches ont confirmé qu'il existait une vulnérabilité génétique qui a pu être différenciée de celle de l'autisme.

3.4.4. Psychopathologie de la psychose symbiotique

Mahler décrit l'échec de l'enfant dans son mouvement d'autonomie, du fait de l'angoisse de séparation excessive et de son incapacité à maintenir une image intérieure permanente de l'objet. Elle attribue cet effondrement au défaut d'appui sur la relation maternelle en se référant à Winnicott : « la mère transmet — de multiples façons — une sorte de cadre de référence en miroir auquel s'ajuste automatiquement le self primitif de l'enfant » (1968, p. 29). Si la mère est incapable d'assurer cette fonction, l'organisation primitive du self de l'enfant est menacée.

Le *holding* maternel, malgré ses carences, peut expliquer l'absence de grandes perturbations au cours des premiers mois. C'est à partir de la deuxième année que la perte de la protection maternelle permanente, les confrontations aux rivalités mettent à l'épreuve la capacité d'établir des relations d'objet dans la position dépressive.

À défaut d'une organisation narcissique du Soi suffisante, l'objet absent devient persécuteur et l'angoisse s'accroît du fait des projections et introjections. L'enfant se trouve dans une position schizo-paranoïde massive qui conduit à des clivages multiples et à des états de confusion. L'angoisse de séparation n'est pas le seul élément qui entraîne la psychose. En effet, l'enfant est soumis à la violence des motions pulsionnelles de la période œdipienne et les représentations sadiques de la scène primitive suscitent des angoisses qui se mêlent aux craintes de morcellement.

Certains moments défensifs de régression le conduisent à rechercher le contact de l'objet, sur le mode adhésif, mais se rapprocher réactive des craintes de représailles, ce qui explique l'alternance si souvent observée de proximité et de rejet.

J'ai signalé plus haut que l'évolution de cette psychose la rapproche de l'état post-autiste, au cours de la période œdipienne.

3.4.5. Traitement de la psychose symbiotique

Il nécessite la mise en œuvre de toutes les mesures que j'ai décrites à propos de l'autisme.

La difficulté d'établir un contact avec l'enfant en psychothérapie est particulièrement grande, comme à la période des réactions violentes de l'enfant post-autiste. Son agressivité, ses brusques crises d'angoisse, son instabilité motrice transforment les séances en épreuves épuisantes.

Mais le plus difficile est l'organisation globale du traitement avec l'objectif d'éviter le plus possible toute ségrégation de l'enfant.

3.5. *La psychose tardive de l'enfant*

3.5.1. Description

Elle survient chez des enfants qui n'avaient pas présenté de troubles importants jusqu'à l'âge de six ou sept ans. C'est une forme rare, particulièrement impressionnante, car on assiste à l'effondrement progressif de la vie psychique d'un enfant.

Le début est souvent marqué par le repli. L'enfant devient moins communicatif, paraît triste et inquiet, pleure sans raison et refuse de s'expliquer.

Parfois, le premier signe est une conduite inhabituelle et soudaine : une agitation avec état de panique provoqué par un incident mineur, une réaction violente contre un camarade ou un enseignant en prétendant avoir été attaqué, une fugue, une tentative de suicide.

Des manifestations névrotiques sont fréquentes : phobies étranges et surtout conduites obsessionnelles avec des rites et des préoccupations concernant la contamination.

Des craintes hypocondriaques sont fréquentes et le médecin consultant peut être alerté par les plaintes étranges de l'enfant.

Celui-ci est souvent distant et comme indifférent avec ses proches, avec de brefs moments de manifestations affectives qui deviennent de plus en plus rares. Ses nuits sont agitées, il a de longues insomnies ou des réveils avec des cauchemars.

Ses relations avec ses camarades se rompent, sous divers prétextes ; l'enfant fuit l'école et finit par rester à la maison, de plus en plus isolé.

Les troubles du langage augmentent et peuvent prendre deux formes contrastées : le mutisme presque total ou un bavardage incessant pseudo-rationnel, érudit, qui devient progressivement incohérent ; dans certains cas, on assiste à une véritable régression avec perte de la syntaxe et inversion pronominale.

Souvent, des préoccupations délirantes occupent l'esprit de l'enfant, mais il les communique rarement à sa famille et c'est le thérapeute qui découvre sa conviction qu'une guerre souterraine fait rage sous ses pieds ou que des êtres maléfiques ont envahi le grenier de sa maison. La persécution, les menaces paranoïdes sont prédominantes et expliquent les méfiances de l'enfant à l'égard de son entourage.

Ses idées délirantes sont accompagnées d'expériences d'hallucinations, le plus souvent auditives, qui sont rarement reconnues par l'entourage.

3.5.2. Évolution

L'aggravation est le plus souvent rapide et peut conduire à un repli profond ou à des manifestations agressives peu supportables en famille. À l'adolescence, le tableau clinique se rapproche de la schizophrénie. Dans les cas d'évolution relativement favorable, à l'âge adulte les symptômes sont ceux d'une névrose obsessionnelle grave ou d'une personnalité schizoïde.

3.5.3. Psychopathologie

L'apparition tardive d'un mode de fonctionnement schizo-paranoïde massif qui entraîne secondairement des rationalisations délirantes est surprenante. En effet, un tel enfant dont l'organisation du Soi présente des carences d'identifications narcissiques importantes a surmonté la période des séparations, celle des poussées pulsionnelles et des conflits œdipiens. La même question se pose au sujet des épisodes psychotiques à l'adolescence et conduit à postuler l'existence d'un clivage maintenu pendant plusieurs années entre une partie saine de la personnalité et une partie psychotique. Dans le cas donné en exemple (voir encadré 5, ci-dessous) on peut aussi invoquer l'effet d'une détérioration progressive des relations intrafamiliales.

3.5.4. Traitement

Il nécessite, comme pour l'autisme ou la psychose symbiotique, un projet thérapeutique tenant compte de la famille, de la relation thérapeutique avec l'enfant, du maintien de relations avec ses pairs et de la pédagogie. Malgré les réticences des psychiatres français, il est probablement justifié d'envisager l'utilisation de psychotropes à certains moments de l'évolution.

5. Psychose prépubertaire

Alexis, âgé de 11 ans, avait été conduit en consultation par sa mère et son grand frère parce que, depuis trois mois, il n'allait plus à l'école et restait généralement confiné à la maison.

La famille est originaire du Liban, réfugiée depuis dix ans à la suite de la disparition du père pendant la guerre, dans des circonstances dramatiques. Alexis est né en France, deux mois après la mort du père.

La famille a connu de très grandes difficultés matérielles et vit encore dans des conditions précaires. La mère lutte contre l'angoisse et la dépression qui l'ont envahie depuis la mort de son mari ; elle est la seule à soutenir financièrement la famille en faisant un travail pénible. Le fils aîné, âgé de 23 ans, est inactif ; quand il accompagne son frère, on est frappé par son attitude méfiante et fuyante.

Alexis a toujours été un enfant sage, sa scolarité s'était déroulée sans incident mais depuis deux ans il avait de mauvais résultats scolaires et avait été suivi en orthophonie. Au cours de cette année scolaire, il s'était d'abord plaint d'être l'objet des moqueries de ses camarades et de la malveillance d'un professeur. Son caractère a changé, il est devenu irritable et silencieux. Durant cette période, il a présenté une brusque crise d'angoisse alors qu'un employé venait faire une réparation chez eux. Depuis qu'il refuse de retourner à l'école, il passe des heures dans sa chambre et lit la revue *Strange* en écoutant inlassablement les mêmes disques.

Alexis est reçu une fois par semaine par une thérapeute et vient assez régulièrement. C'est un garçon petit, ramassé sur lui-même, très peu mobile corporellement et dans ses expressions. Il apporte sa revue préférée et la lit en silence pendant les premières rencontres. Mais il prend ensuite confiance et se met à raconter les récits qu'il a lus. Mlle T. se rend compte alors qu'il est plongé dans des aventures, sans faire de distinction entre la réalité et la fiction, souvent absurde, de cette revue (qui mérite bien son nom). Le monde lui apparaît menaçant, peuplé d'êtres dangereux qui prennent le masque de personnes ordinaires, et la validité de cette crainte paranoïde semble confirmée par la revue qui est un compte rendu de ce qu'il vit.

Les entretiens avec la mère et les informations données par l'orthophoniste qui avait suivi Alexis permettent d'évaluer que c'est au cours de sa huitième année qu'apparurent les premières angoisses et les confusions entre fantasmes et réalité.

La psychothérapie se poursuit un an, Alexis ne va toujours pas à l'école mais semble plus communicatif avec sa mère et parle parfois de ses angoisses à sa thérapeute. Il semble avoir la conviction de posséder un pouvoir que des monstres tentent de lui ravir. De fait, depuis sa naissance, Alexis est la raison de vivre de sa mère et de son grand frère.

Après une assez longue maladie qui interrompt la psychothérapie, il fait dire par sa mère qu'il préfère changer de thérapeute : il aime bien Mlle T., mais il veut parler à un homme, et il ne souhaite pas que ce thérapeute rencontre sa mère. On tient compte de son souhait et quelque temps plus tard le motif de sa requête s'éclaire.

Alexis a été assez rapidement en confiance avec son nouveau thérapeute et il explique ce qu'il ne pouvait dire à Mlle T : sa puberté récente entraîne un drame planétaire. Il a constaté que chacune de ses masturbations était suivie d'un tremblement de terre quelque part dans le monde... Alexis vérifie maintenant le fait régulièrement, il se documente avec beaucoup d'efficacité, connaît tout de la sismographie et s'est mis en relation avec les services scientifiques compétents.

Quelques mois plus tard, la mère informe le thérapeute d'Alexis qu'ils déménagent dans une autre région de France.

Plus tard, nous apprendrons incidemment qu'Alexis a été hospitalisé à plusieurs reprises avec le diagnostic de schizophrénie.

3.6. *Les pathologies limites*

Nous avons retenu ce terme proposé par Misès (1990) pour l'étude des troubles psychiques de l'enfant qui sont souvent désignés en France comme *dysharmonies d'évolution* et comme *borderline* par les auteurs anglo-saxons.

L'unité de la notion de *pathologie limite* résulte davantage de l'étude psychopathologique que de la sémiologie, qui décrit plusieurs pôles divergents.

3.6.1. Description

Misès (1990) insiste sur l'extrême diversité des motifs de consultation : troubles du sommeil, de l'alimentation, de l'acquisition de la propreté, agitation, repli, agressivité, retard de langage et difficultés scolaires. La permanence de l'instabilité, l'imprévisibilité des conduites et la fréquence des effondrements régressifs semblent caractéristiques. On décrit aussi la fréquence significative de symptômes d'apparence névrotique (phobies ou rituels obsessionnels).

Dans un grand nombre de cas, la famille de ces enfants est gravement désorganisée, les relations sont conflictuelles ou confuses. Parfois, un des parents présente des troubles psychiques manifestes.

▲ Les relations avec l'entourage

Elles ont deux aspects contrastés, qui se succèdent chez le même enfant, ou qui, plus souvent, caractérisent des formes différentes. L'enfant peut être dépendant, familier, collé, ou au contraire distant, isolé, en état de repli. Les réactions aux événements sont caractérisées de la même façon, soit par l'excès, soit par l'apathie (K.S. Robson, 1983).

Certains enfants manifestent de l'agressivité diffuse et ont des crises de colère avec des conduites impulsives. D'autres frappent par leur absence d'intérêt, un vide affectif, une dépression sans contenu manifeste. Souvent, il y a peu de dialogue, les communications sont élémentaires. L'enfant apparaît alors comme un inconnu pour ses parents avec lesquels il est tantôt despotique tantôt inerte et passif. On observe souvent que le soutien d'une personne à laquelle l'enfant est attaché modifie favorablement ses conduites mais que toute rupture entraîne la désorganisation. Pour être en sécurité le sujet borderline doit être dans une situation familière, le nouveau ou le lointain suscitent l'angoisse.

▲ Le développement moteur

La motricité est globalement normale, mais on signale souvent de la maladresse dans la démarche, des postures inhabituelles, un défaut de coordination fine des gestes ; cela correspond au tableau clinique de la débilité motrice jadis décrite par Dupré. L'image du corps est souvent incomplète ou incohérente, ce qui apparaît dans les dessins et perturbe l'orientation dans l'espace.

▲ Les troubles de la pensée

Les retards du développement du langage sont fréquents. Au cours de la scolarité, on constate des troubles des acquisitions alors que le QI global est parfois proche de la normale. L'enfant a des difficultés à faire des synthèses et manifeste de l'adhérence aux idées, une absence de représentation de la durée et de l'organisation de l'espace. Il lui est, par exemple, très difficile de se repérer dans le déroulement de la semaine ou d'une journée, ou de s'orienter dans une ville.

Ses récits montrent sa difficulté à séparer fantasmes et réalité et on a signalé parfois des phénomènes hallucinatoires passagers (Berger, 1996).

▲ Troubles affectifs

L'enfant a souvent des angoisses provoquées par des séparations, des peurs d'être volé ou attaqué en représailles de ses propres pensées ou de ses actes de violence. Ces enfants, inhibés, moroses, connaissent parfois de brusques accès de désespoir.

3.6.2. Étude psychopathologique

La pathogenèse des états *borderline* est attribuée aux troubles des interrelations mère-bébé.

▲ Hypothèse de l'échec du processus individuation-séparation

Pour certains (Masterson, 1978), c'est au cours de la deuxième année que survient l'échec de la relation mère-bébé, au cours de la sub-phase « rapprochement » du processus individuation-séparation décrit par Mahler (Mahler *et al.,* 1975). La mère aurait contribué à fixer l'enfant dans la dépendance en se montrant intolérante à ses manifestations d'autonomie. Cette théorie est souvent adoptée pour sa simplicité et du fait de la notoriété de Mahler, mais elle ne rend pas compte des défauts d'intégration du Moi et de leurs effets sur le fonctionnement psychique. Il n'en demeure pas moins vrai que la phase d'interrelation incriminée est riche en perturbations du fait des difficultés que rencontre l'enfant pour se séparer et des particularités propres de la mère, particularités qui ont déjà produit leurs effets dès la naissance mais qui se manifestent encore et particulièrement dans cette période de mutation.

▲ L'hypothèse de Kernberg

L'hypothèse de Kernberg (1975), qui est aussi celle de Grotstein, offre un modèle cohérent de la psychopathologie des états limites. Le trouble aurait une origine précoce. La perturbation de l'interrelation mère-bébé serait comparable à celle qui est invoquée pour l'autisme et les psychoses, provoquée par l'absence matérielle de la mère ou par sa dépression. L'échec de la relation maternelle pourrait aussi résulter des modalités réactives particulières du bébé. L'organisation première du Moi, la constitution des frontières du self, de la peau psychique (Bick, 1968) ou du Moi-Peau (Anzieu, 1974) seraient alors en partie compromises.

▲ Troubles de l'organisation narcissique et clivage

Les défauts d'organisation des limites du self entraînent une situation proche de celle de l'autisme, à la différence que l'échec de la constitution des frontières du self n'est pas complet et qu'une partie du psychisme s'organise tandis que subsistent des modes de fonctionnements primitifs ; il y a clivage du Moi (Freud, 1938, a et b).

Les frontières du Moi étant fragiles et mal définies, la représentation des objets externes et de soi est perturbée, monde externe et monde interne sont en partie confondus. L'image du corps n'est que partiellement constituée, les expériences sensori-motrices sont mal intégrées. Les troubles de l'organisation narcissique sont complexes. Il y a internalisation partielle d'un objet idéal qui constitue le Moi idéal de la toute-puissance, mais l'absence d'intégration de cet objet dans le Soi ne permet pas sa transformation en idéal du Moi (Misès, 1990, p. 25). Les troubles de l'organisation du narcissisme primaire, de l'identification primaire à l'objet-soi sont à mettre en relation avec le sentiment de vide et de non-valeur qui apparaît souvent chez les patients *borderline*.

Le sujet *borderline* est privé d'identification à un objet qui pourrait lui assurer une sécurité interne, mais il subit l'injonction d'un idéal de toute-puissance. Cette association impressionnante de sentiment de dévalorisation et de rêveries de toute-puissance est très fréquente chez les enfants à pathologie limite.

L'hypothèse centrale est celle d'un développement clivé : une partie du Soi établit des modes de relations d'objets sur un mode normal d'internalisation et de projection. Cela entraîne la coexistence de niveaux de fonctionnement psychiques très différents et ce clivage du Soi explique la dysharmonie et l'instabilité permanente, caractéristiques des pathologies limites.

▲ Les troubles des relations intrafamiliales

La pathologie familiale souvent observée dans les états limites a pour effet que, dépourvus d'une organisation psychique stable, ces enfants sont utilisés dans les conflits, soumis à des projections massives et des érotisations incontrôlées. Leurs troubles sont entretenus et aggravés en fonction des fluctuations des tensions familiales.

▲ Les processus psychiques chez l'enfant « état limite »

L'enfant « pathologie limite », quand il a surmonté le mode adhésif de recherche d'immédiate proximité, est le plus souvent dans une relation d'objet schizo-paranoïde. Il lutte contre la séparation, qui lui est particulièrement intolérable car il n'a pas de représentation assurée de la permanence de l'objet en son absence. Il y a, chez lui, prédominance de mécanismes primaires et des clivages sur les refoulements. La position dépressive est atteinte d'une façon instable, les réactions paranoïdes dominent, ce qui explique la fréquence des colères et le mauvais contrôle de l'impulsivité. Cette organisation psychique favorise l'internalisation d'un Surmoi cruel et sadique qui entretient les angoisses de l'enfant. Attaqué du dehors par les persécutions externes, il est menacé du dedans par un Surmoi implacable et par les motions pulsionnelles qui désorganisent et entraînent un vécu de morcellement allant jusqu'à l'explosion (*cf.* chez Violette [voir encadré], le « cri qui tue », le tourbillonnement). Pour cette raison, l'enfant *borderline* est extrêmement dépendant de la « mère environnement ». Son besoin d'un objet externe sécurisant explique la fluctuation de son humeur en fonction de l'attention qui peut lui être accordée.

L'apparition tardive, à l'enfance, d'un trouble d'origine précoce, peut être expliquée par le soutien permanent dont bénéficie le petit enfant. On peut aussi faire l'hypothèse que, par leur maintien dans une grande dépendance, certains enfants ne manifestent leurs troubles *borderline* qu'à l'adolescence (voir chapitre 4).

Ces enfants affrontent la période œdipienne d'une façon particulière. Anna Freud avait observé qu'il y avait, dans les thérapies d'enfants limites, peu de matériel œdipien ; elle considérait que la position œdipienne est « abordée et non résolue » (texte non publié). Misès (1990) indique que la relation triangulaire s'organise selon un clivage (bon/mauvais parent) plutôt que sur la différence des sexes et l'identification. Il résulte de cet abord incertain du conflit œdipien une certaine confusion sur la différence des sexes et sur l'identité sexuée de l'enfant lui-même.

▲ Psychopathologie des troubles intellectuels

Un aspect important de la psychopathologie des pathologies limites concerne les troubles intellectuels et les difficultés des acquisitions. Berger (1996) les a particulièrement bien étudiés, sans utiliser d'ailleurs le terme d'« état limite ». Il considère que les troubles de la pensée résultent des défauts de la représentation corporelle et crée la notion de *contenants de pensée :*

> « J'ai défini ces contenants comme l'intériorisation de l'ensemble des expériences physiques et psychiques qui permettent à un sujet d'acquérir une représentation de lui unifiée spatialement (le sens de la continuité corporelle), temporellement (le sens de la continuité du vécu), émotionnellement (le sens de la continuité de la vie psychique elle-même et du désir de vivre), cognitivement (le sens de l'invariabilité relative du monde, ce qui introduit de la prévisibilité dans les perceptions, les actions, et les pensées). » [1996, p. 76]

Les difficultés que l'enfant *borderline* rencontre dans ses apprentissages ne résultent pas seulement des troubles de la pensée mais aussi des conflits intrapsychiques créés par les significations symboliques (souvent œdipiennes) des relations élémentaires que la scolarisation utilise. En lui-même, le désir de savoir, le jeu de la pulsion K, entraîne de l'envie, des fantasmes de dévoration et des angoisses de représailles.

Enfin, on peut penser que l'enfant *borderline* ne dispose que d'une façon fugitive de l'aptitude réflexive de la conscience. Il se trouve de ce fait dans l'incapacité de considérer avec un souci d'objectivité les expériences qu'il vient de vivre et de faire des prévisions — ce qui contribue à accroître ses angoisses et son agressivité.

3.6.3. Traitement

Pour des formes mineures, le traitement peut être assuré par l'instauration d'une psychothérapie de l'enfant et un soutien de la famille. Mais souvent les difficultés scolaires sont considérables et l'enfant est mal supporté dans sa famille. Il est alors nécessaire de prévoir un projet global de soins comparable à celui qui est étudié au chapitre 6 pour les états psychotiques.

▲ 6. Violette

Cette enfant unique est présentée en consultation par ses parents à l'âge de 3 ans et demi. La grossesse avait été activement recherchée et obtenue par FIV. C'était un bébé assez calme, nourri au biberon à partir de la troisième semaine. Un drame survient à 3 mois : Violette est dans un « semi-coma » en réanimation et reste hospitalisée trois semaines avec un diagnostic d'hémorragie cérébrale par rupture d'anévrisme. Elle s'en remet bien : à 9 mois elle se tient debout et marche à 11 mois. Un scanner fait à l'âge d'un an et demi a confirmé l'absence de séquelles.

Mais elle a commencé à pousser des cris très particuliers par leur violence à partir de 3 mois. Après un accident de voiture à l'âge d'un an et demi, elle a des cauchemars tous les soirs pendant 6 mois.

On signale des difficultés pour l'alimentation : elle ne mange rien de solide jusqu'à l'âge de 1 an et 1/2 à 2 ans. Encore actuellement, elle refuse parfois de manger de la viande.

Les parents font état des cris de Violette, particulièrement à la sortie du coma. « C'est "le cri qui tue" », disent-ils. Elle est aussi pénible par son obstination et ses colères. Elle adore jouer avec l'eau et vide systématiquement les récipients.

Elle n'a commencé à parler qu'il y a peu de temps et prononce quelques mots depuis qu'elle va à l'école. Elle a retenu des mots particuliers qu'elle répète souvent : « Cinderelle » et « Cote bancaire ».

Violette me regarde avec curiosité. En arrivant elle dit : « Elle veut pas », puis « C'est comme ça ». Au cours de l'entretien, elle se déplace progressivement, joue avec les clés de sa mère puis, après un long temps, prend une poupée dans les jouets. Quand l'entretien se prolonge, elle se met dans un rideau et pleure. Elle ne fuit pas le contact.

La mère était employée dans un restaurant, elle ne travaille plus depuis la naissance de Violette. Elle paraît peu aimable et peu communicative : on découvre peu à peu son angoisse, sa dépression et sa dépréciation d'elle-même.

J'apprends par la suite qu'elle a été élevée en nourrice puis envoyée ensuite en IMP où elle a été très malheureuse. Il est impossible d'évoquer son enfance et particulièrement sa relation avec sa propre mère sans grande réaction émotionnelle.

Le père travaille de 18 h à 1 h du matin — ce qui détermine la vie à la maison : il faut faire silence pour qu'il dorme dans la journée. Il est critique et angoissé aussi. Il apparaît profondément blessé d'avoir une petite fille anormale, persuadé qu'il s'agit d'une séquelle de l'anévrisme et que ce qui sera fait de non médical ne servira à rien.

En classe, Violette parle d'elle à la troisième personne : « C'est comme ça », « Elle veut pas ». Elle ne répond pas, aucun dialogue n'est possible. Elle se balance, danse avec la musique et chante en psalmodiant des mots.

Une psychothérapie ne put être instituée que deux ans plus tard du fait de la réticence du père, et elle prit de ce fait au début la forme inhabituelle d'une pédagogie spécialisée.

Au cours des premières séances, des planches de boutons de couleur sont utilisées. Violette les arrache et les disperse, systématiquement mais sans violence.

▶

L'avidité, l'envie et l'oralité agressive sont les thèmes prédominants des premiers commentaires, en tenant compte de la crainte d'être privée, spoliée, punie. L'utilisation des ciseaux met dramatiquement en scène le double mouvement d'attaque orale et de retour sur soi de l'agressivité : Violette attaque les objets avec les ciseaux et coupe son propre pull-over.

Progressivement, en utilisant l'appui de ce qui est « fait pareil », Violette peut se proposer des tâches de rangement. L'échec entraîne des moments d'explosion avec tourbillonnement et le fameux cri. Pour la calmer, la contenance physique est parfois nécessaire, et même l'enveloppement serré en utilisant une couverture. Violette découvre des modalités autoérotiques (ou autocalmantes ?) d'apaisement : elle s'autorise à utiliser son pouce (ce qui était interdit dans sa famille) et elle découvre une sorte d'enroulement sur elle-même qui la calme. Cette évolution est facilitée par le fait que, parallèlement, l'école tolère que Violette se livre à des activités qui lui font plaisir.

Sans aucune acquisition du concept de numération, elle connaissait un grand nombre de chiffres. Comme chez les très jeunes enfants, ce fut par les doigts, grâce à l'intérêt pour sa propre main, que les premières acquisitions du concept de nombre apparurent. Elle était également incapable d'effectuer des classements.

Il y avait dans le matériel mis à sa disposition un certain nombre d'animaux. Violette ne jouait pas et ne mettait pas en relation les animaux les uns avec les autres. Mais le sens symbolique de certains animaux prenait une grande importance au cours de certaines séances. La souffrance du crocodile-requin jamais apaisée fut un élément important pour moduler l'avidité, les craintes de représailles et affronter l'origine carentielle de l'avidité. La partie dépressive et d'auto-dévaluation se manifesta par l'utilisation de la tortue, bête, sale et maladroite !

Tandis que son langage se développait, Violette fit preuve d'une capacité narrative qui joua un rôle important dans sa scolarité. Elle semble avoir un plaisir particulier à dire, puis plus tard à écrire, des récits. Cette aptitude est une sorte d'énigme, car, par ailleurs, on peut constater que le dialogue est refusé par Violette, qui intime des ordres ou commente une situation.

Chapitre 4

Psychopathologie de l'adolescent

SOMMAIRE

OBJECTIFS DE CONNAISSANCE

▲ Décrire les modifications de l'équilibre psychique au cours de l'adolescence ;
▲ Les enjeux des traitements des états psychotiques au cours de l'adolescence ;
▲ Alimentation et relation d'objet chez l'anorexique ;
▲ Les enjeux des traitements des états psychotiques au cours de l'adolescence ;
▲ Comment concilier psychopathologie psychanalytique de l'addiction et conceptions neurophysiologiques.

1. Point de vue psychanalytique sur le développement de l'adolescence

La puberté propulse l'enfant dans la période mouvementée de l'adolescence. Ce temps de transformation permettra, au prix d'oscillations nombreuses, le développement de la différenciation sexuelle psychique et le développement de l'identité propre. Il prépare ainsi les relations d'amour génital (Freud 1905, p. 143-175).

Trois phases caractérisent l'évolution de l'adolescence : la préadolescence, le début de l'adolescence et l'adolescence proprement dite. (Blos, 1962).

1.1. *Préadolescence*

1.1.1. La puberté

Les transformations corporelles des premières manifestations de la puberté plongent adolescents et adolescentes dans le doute sur la représentation de leur propre corps. Ils s'inquiètent alors de leurs formes et de leur visage, en passant parfois de longs moments devant le miroir. L'intolérance aux frustrations s'accroît ainsi que l'agressivité ; ils sont alors très impérieux dans leur recherche de satisfactions.

La reprise de masturbation s'accompagne de fantasmes décrits par Freud (1908, p. 151), qui entraînent angoisses et culpabilité. Laufer considère comme une sorte d'organisateur du processus global de l'adolescence, le fantasme œdipien « central » qui accompagne selon lui toute masturbation (Laufer et Laufer, 1984).

Les filles préadolescentes se conduisent souvent comme des garçons manqués, et manifestent leur rivalité avec l'autre sexe et la négation de leur féminité. Elles cherchent à se démarquer de leur mère, refoulent leur sexualité infantile et paraissent plus mûres que les garçons, qu'elles dévalorisent.

Les garçons font preuve au contraire d'une régression puérile, en particulier par leurs jeux de mots et leurs plaisanteries scatologiques. Ils éprouvent un mélange de peur et d'envie à l'égard des filles qu'ils évitent en se réunissant entre eux. Ils recherchent les situations de groupe qui les sécurisent, et ils renforcent mutuellement leur hostilité à l'égard des filles.

La relation au père est souvent marquée par une recherche d'alliance dans la soumission, tandis que la mère est mise à distance.

1.1.2. Les processus

L'intériorisation des expériences avec le corps fait partie des premières intégrations du Moi (Tausk, 1919, p. 201-202) ; de ce fait la transformation rapide du corps menace l'organisation psychique du Soi.

Les fantasmes sexuels envahissent les relations avec les parents ; la représentation de la scène primitive est proche de la conscience et apparaît comme une scène particulièrement dangereuse. Le groupe offre à l'adolescent confronté à la nécessité d'une séparation de la famille l'appui en miroir sur les autres, chaque autre étant porteur d'une partie projetée de soi.

Les filles revendiquent la bisexualité et luttent contre leurs incertitudes intérieures en manifestant de façon provocante qu'elles n'ont rien à envier au sexe masculin.

Pour les garçons, le retour à la prégénitalité permet de fuir la sexualité génitale et la représentation de la mère phallique et castratrice. Lorsqu'un rapprochement avec le père est possible, il répond souvent à la recherche narcissique du « pareil », mais il peut aussi représenter une défense homosexuelle contre l'angoisse de castration.

1.2. *Début de l'adolescence*

1.2.1. Les grandes amitiés

Blos (1967) compare la période de la « première adolescence » ou du début de l'adolescence à ce que Mahler décrit chez le bébé entre l'âge de trois mois et trois ans comme processus d'individuation-séparation (1975). L'effort pour s'éloigner des parents est en effet la préoccupation principale. Elle entraîne la recherche de nouvelles relations qui prennent la forme d'amitiés intenses. L'autre sexe est évité : il n'y a pas encore la recherche de complémentarité qui marque le passage à l'adolescence.

Chez le garçon, une plus grande distance intérieure étant établie avec les parents, l'opposition au père peut alors se manifester plus ouvertement, parfois en alternance avec la recherche d'une camaraderie. La relation à la mère est distante et chaotique, avec de brusques retours d'affection. La relation de groupe est souvent remplacée par des amitiés exclusives avec des garçons du même âge, particulièrement admirés.

Chez la fille, la distance est généralement prise en fuyant la famille grâce à des occupations extérieures multiples ou en s'enfermant dans sa chambre. L'hostilité à l'égard de la mère peut se manifester brusquement, par exemple en faisant alliance avec le père dans une discussion. La fille poursuit la recherche d'une égalité avec l'autre sexe en récusant avec véhémence tout intérêt pour les garçons.

1.2.2. Les processus

Les objets des amitiés intenses sont « narcissiques » au sens de Freud (1914, p. 95), c'est-à-dire qu'il s'agit de personnes auxquelles l'adolescent s'identifie et dont les qualités sont enviées. Ces modèles sont supports de projections et d'introjections qui transforment les objets internes et entraînent des identifications secondaires.

L'évolution psychique de l'adolescent conduit à la transformation du Soi infantile et des objets parentaux internes. Le désinvestissement des parents en tant qu'objets externes s'accompagne d'une transformation du Surmoi, dont la partie « Idéal du Moi » s'accroît grâce aux nouvelles relations idéalisées tandis que le contrôle punitif du Surmoi se réduit. On dit parfois que l'Idéal du Moi est l'héritier du processus de l'adolescence comme le Surmoi est l'héritier de la période œdipienne, mais l'Idéal du Moi est constitué bien antérieurement à la puberté, et l'objet interne Surmoi n'est pas remplacé mais transformé. L'identité sexuelle, chez le garçon, se trouve confirmée par les identifications secondaires et la référence à l'Idéal du moi. La vivacité des conflits œdipiens et la représentation de la sexualité comme une mise à l'épreuve dangereuse lui fait craindre tout ce qui est féminin.

Au contraire chez la fille, les tendances bisexuelles sont moins réprimées. Parfois, remarque Blos (1967), les filles conservent le fantasme qu'elles peuvent choisir leur sexe malgré l'irruption pubertaire.

1.3. *L'adolescence*

1.3.1. Les premières rencontres amoureuses

À cause des distances prises avec sa famille, l'adolescence est généralement caractérisée par une superbe indifférence à l'égard de l'entourage, une attitude de rébellion et la recherche cynique de satisfactions, surinvestissement qui cache souvent fragilité et dépendance honteuses.

Les sensations et sentiments s'accompagnent d'une sorte d'hypersensibilité exaltante, d'impression de découverte du monde. Les adolescents éprouvent du plaisir à penser, ils recherchent les échanges d'idées, les lectures et se passionnent pour des projets, pour le monde des possibles et l'imaginaire. Les capacités d'abstraction, de raisonnement hypothético-déductif se développent, et l'acquisition de telles capacités peut contribuer à entretenir une illusion de puissance que contredit parfois la limitation des réalisations concrètes.

Le retrait affectif est ambivalent, il masque une faim d'objet qui entraîne angoisses et inhibitions. Pour lutter contre ses désirs, l'adolescent peut utiliser ses nouvelles capacités de penser et se réfugier dans l'intellectualisme. Il peut plus radicalement prendre des mesures répressives contre lui-même et opter pour l'ascétisme.

Les craintes qu'inspire l'autre sexe cèdent à la réalité des rencontres qui plongent adolescent et adolescente dans l'état amoureux. À cette période, le groupe cède la place à des rencontres duelles.

Les premières liaisons sont rapidement sexuelles dans la société actuelle, elles sont souvent suivies de ruptures et de nouveaux retraits narcissiques. Mais elles conduisent d'une part à l'expérience de l'idéalisation de l'objet et, d'autre part, à l'alliance de la satisfaction sexuelle et du sentiment amoureux. La complémentarité écarte la peur ou l'envie de l'autre sexe : « Le sexe que j'ai prend une signification du fait de la rencontre avec l'autre sexe. » (Gutton, 1996, p. 242).

1.3.2. Les processus

Le désinvestissement des objets parentaux et le processus de deuil semblent avoir été menés à leur terme, même si, pour une part, ce processus est interminable. Cette évolution permet aux adolescents, en utilisant un certain retrait narcissique, une transformation profonde qui se manifeste particulièrement dans le travail de la pensée.

La transformation corporelle est intégrée, les nouvelles identifications constituent un renforcement de l'organisation du Moi qui s'accompagne d'un accroissement de la fonction réflexive du Soi. Erickson parle d'accroissement de la fonction synthétique du Moi et d'une nouvelle représentation de soi (1968, p. 211).

Pour reprendre brièvement l'évolution d'un point de vue métapsychologique, on peut noter qu'au clivage obsessionnel de la période de latence, avec maintien à distance des parents de la scène primitive, succède un ensemble de clivages entre les aspects actifs/passifs, masculins/féminins du Soi, tandis que le fantasme des parents combinés prend une importance croissante. La puberté, les buts proposés par l'idéal du Moi et par les attentes sociales et les modèles imposent une transformation du Soi. C'est alors que l'adolescent doit utiliser l'appui des groupes de pairs ou d'intenses amitiés, pour des identifications secondaires. Il peut ainsi échapper au conflit que provoque tout rapprochement des objets parentaux et des fantasmes d'inceste ou de parricide qu'il entraîne.

1.3.3. Chances et risques

L'adolescence donne accès à de nouvelles formes de relations, à la sexualité intégrée à l'affectivité, à l'utilisation créative de la pensée. Mais cette évolution est acquise par des conflits et des deuils, dans la violence et l'angoisse. C'est à la fois une période d'une grande richesse et le temps des plus grands risques d'effondrement. Laufer nomme « rupture de développement » l'échec de cette transformation (1984), qui marque l'entrée dans des formes de vie pathologiques.

2. Troubles des conduites alimentaires

2.1. *L'anorexie mentale*

Cette affection, connue depuis le XVIe siècle, a été remarquablement décrite par Lasègue qui a proposé le terme d'*anorexie* (1873). Elle est très fréquente chez les filles (90 %) et se manifeste le plus souvent entre 15 et 16 ans, bien que d'autres cas se manifestent en fin d'adolescence.

On peut noter que le terme d'*anorexie* est inexact car les anorexiques ont faim, bien qu'elles refusent de se nourrir.

La description qui suit concerne la jeune fille. La symptomatologie et les mécanismes psychopathologiques sont comparables chez le garçon, mais le syndrome anorexique étant plus rare, l'éventualité d'une origine différente doit être envisagée (épisode psychotique ou dépressif).

2.1.1. Milieu familial

Contrairement à ce qu'on observe dans d'autres pathologies, le couple parental n'est généralement pas dissocié. On indique souvent que la mère a été hyperprotectrice et peu respectueuse des besoins propres de l'enfant, mais on parle aussi de mères distantes et froides. Ces affirmations semblent destinées à appuyer des modèles psychogénétiques. Il est vrai qu'une organisation pathologique apparaît dans un grand nombre de familles, mais il n'existe pas de profil spécifique.

2.1.2. Description

▲ Symptôme principal : refus de nourriture

L'enfant de la période de latence futur anorexique est généralement une petite fille complaisante aux désirs de ses parents. Brusset considère que ce faux self est une défense qui protège du désir un équilibre narcissique fragile (1985 a, p. 1705).

L'anorexie s'installe en deux ou trois mois. La jeune fille a décidé, à la suite d'un excès passager de poids, de faire un régime, ou bien un événement, une maladie, une préoccupation pour la santé d'un parent, a troublé la vie de la famille. La réduction de prise de nourriture est progressive ; quand elle entraîne un amaigrissement important, l'inquiétude des parents, leurs efforts pour persuader leur fille de se nourrir normalement, instaure une situation nouvelle qui transforme toute la vie familiale. Quand il y a d'autres enfants, l'anorexique prend une place prépondérante par les préoccupations dont elle est l'objet. Les persuasions, les supplications, les plaintes, les menaces s'enchaînent. Pendant les repas, les aliments sont pris ou refusés en fonction de leur valeur calorique et les conflits qui se succèdent conduisent souvent la jeune fille à manger à part dans une autre pièce. L'anorexique, dont l'humeur s'attriste quand elle reprend du poids, utilise souvent les lavements et laxatifs pour maigrir davantage. Mais la nourriture occupe son esprit, sa faim persiste, il lui arrive de céder à ce besoin et de manger beaucoup — à la suite de ces fringales, elle se fait régulièrement vomir.

Parfois les relations antérieures entre l'adolescente et le père étaient privilégiées, l'anorexie introduit une rupture, et c'est souvent le père qui réagit avec le plus de colère et fait preuve, selon l'adolescente, d'incompréhension. On peut rencontrer d'autres configurations, le fait constant est le changement de l'équilibre familial dont l'adolescente devient l'élément déterminant.

▲ L'amaigrissement

L'apparence physique de l'anorexique est impressionnante. La disparition du tissu adipeux s'accompagne d'une atrophie des muscles et d'une atteinte de la qualité de la peau qui devient sèche. Le déséquilibre hormonal entraîne une augmentation de la pilosité et les veines font saillie sur des membres grêles. Le visage est émacié et les yeux paraissent enfoncés dans des orbites agrandies. La perte de poids est de 30 % dans les formes sérieuses et la vie est menacée quand elle atteint les 50 %.

▲ L'aménorrhée

L'arrêt de la menstruation précède souvent les pertes importantes de poids et peut persister plus tard alors que l'anorexie régresse.

▲ L'hyperactivité et les performances

Avec l'installation de la perte de poids, l'adolescente fait preuve d'une vitalité débordante. Elle manifeste une énergie remarquable pour mener de front plusieurs activités physiques, de longues marches, la danse. Elle affirme son refus de se reposer : toujours en mouvement ou debout, elle dort très peu. Sa conduite fait penser à une attaque contre son propre corps, fragilisé par l'amaigrissement, soumis à des travaux excessifs et parfois à l'exposition au froid !

Ses activités scolaires sont très investies et elle se montre parfois brillante, au moins dans les domaines où la mémoire est en jeu. Il semble que cette hyperactivité intellectuelle ne soit pas de même nature que l'investissement créatif de l'adolescent normal qui découvre le plaisir de penser. Ses performances correspondent à des exercices du pouvoir de sa volonté.

▲ Conduite et relations

Au début de l'amaigrissement, l'adolescente est parfois préoccupée et déprimée mais dans la période de grand amaigrissement elle se montre optimiste et très déterminée. Elle fait preuve d'une bonne adaptation à la réalité, qui contraste avec la représentation irréaliste, on pourrait dire, délirante, de son propre corps. En effet, une partie ou l'autre de son anatomie lui paraît toujours trop grosse malgré sa maigreur impressionnante.

Dans ses relations avec la famille, l'adolescente se montre souvent tyrannique tout en prétendant vouloir éviter tout conflit avec ses parents. Il n'existe aucune préoccupation concernant le fait qu'elle place sa famille dans une situation très pénible en se mettant en danger et en interdisant toute forme d'aide. Tout en cherchant à maintenir une bonne relation avec ses parents, l'anorexique a peu de relations affectives et se montre très secrète. Elle a peu d'échanges avec ses camarades d'école, exprime son désintérêt pour les relations amoureuses et la sexualité. Dans le contexte actuel de banalisation des expériences sexuelles, l'adolescente peut faire comme ses amies, mais avec une grande indifférence.

La préoccupation dominante est la nourriture, la surveillance du régime et de la courbe de poids. Parfois, l'anorexique s'intéresse à la cuisine, aux recettes et se préoccupe de nourrir sa famille.

Bien qu'il soit difficile d'aborder, sans affronter son irritation, des questions concernant son alimentation, on peut constater sa conviction d'être en bonne santé, et son plaisir d'échapper au sort universel d'avoir besoin de manger pour vivre ; on peut alors deviner le sentiment de triomphe mégalomaniaque qui l'habite.

2.1.3. **Évolution**

Il existe des formes mineures, fréquentes. L'anorexie peut conduire à un amaigrissement considérable mais les troubles régressent en quelques mois.

Souvent les épisodes d'anorexie se succèdent par périodes qui peuvent être suivies de boulimie, ce fait a conduit Bruch (1973) à considérer qu'il existe une entité anorexie-boulimie. Jeammet a constaté avec un recul de onze ans que 50 % des anorexiques pouvaient être considérées comme « guéries ». Dans les autres cas, on assiste à des évolutions de type phobique, dépressions, états limites, conduites addictives. Cette pathologie confirme l'existence du défaut d'intégration du Moi et l'échec des relations d'objet non narcissiques.

Les formes graves conduisant à la cachexie entraînent un risque vital important (3 %). Les séjours en réanimation deviennent fréquents et les relations familiales sont alors complètement dépendantes de l'anorexique. Les risques de mortalité sont accrus par la fréquence des suicides.

2.1.4. **Étude psychopathologique**

▲ Relation à l'objet et relation à la nourriture

La réaction d'opposition à la faim chez les anorexiques a conduit Bruch (1973, p. 72-83) à faire l'hypothèse que le bébé futur anorexique n'a pas reçu de sa mère les réponses adaptées au cours des premières relations orales. Dans une perspective différente, Jeammet (1993) et Brusset (1985 a) considèrent que les premières relations ont entraîné des défaillances des identifications primaires et des défauts de l'organisation narcissique du Soi. La dépendance à l'objet maternel avait assuré pendant l'enfance un équilibre précaire qui est rompu par la puberté. Les identifications projectives massives entraînent la confusion avec l'objet et des angoisses d'envahissement (Rosenfeld, 1965, p. 73-84).

Jeammet montre que dans cette situation psychique, le désir est l'ennemi et que la relation à la nourriture est le modèle de la relation objectale de l'anorexique : une passion toujours menaçante.

La fragilité de l'organisation narcissique et le danger que représente toute relation d'objet sont les éléments fondamentaux de l'anorexie et de la boulimie. Mais, du fait des rapports particuliers entre le corps et la nourriture, la rupture pubertaire entraîne chez certaines adolescentes l'investissement spécifique de la nourriture. Selon Jeammet, il existe « une analogie entre la relation que ces patientes entretiennent avec la nourriture et leur corps propre et leurs relations d'objet ainsi que leurs modalités d'investissement en général » (1993, p. 239).

▲ Résurgence des conflits œdipiens

La prédominance féminine de cette pathologie est naturellement rapportée à la plus grande complexité de l'évolution œdipienne chez la fille. À la puberté, la résurgence du choix œdipien du père entraîne des angoisses de séparation de l'objet maternel et des craintes de rétorsion que l'organisation fragile du Soi ne peut tolérer. Les angoisses liées à l'interdit de l'inceste sont particulièrement violentes dans un contexte de vie familiale souvent marqué par une grande proximité.

Le corps transformé est semblable à celui de la « mère sexuelle en relation avec le père ». C'est un objet dangereux qu'il faut rejeter : une partie clivée de la mère est la source du mal et doit être dominée, contrôlée et même détruite. Un fantasme d'attaque de la scène primitive, de destruction de la mère enceinte est souvent en jeu dans l'attaque du corps sexué. L'autre partie du corps maternel clivé est asexuée, idéalisée, désincarnée. Elle est le corps d'avant la catastrophe pubertaire qui est, dans le fantasme, le vrai corps de l'anorexique.

Pour faire échec aux pulsions et vaincre sa faim, l'adolescente devient l'agent du Surmoi. Le contrôle implacable de la nourriture entraîne une érotisation de type sadique-anal qui conduit l'anorexique à exercer secondairement son emprise sur toute la famille. Le déni de toute dépendance et de tout désir d'objet développe une toute-puissance infantile qui se manifeste dans l'hyperactivité et le défi aux besoins corporels et à la fatigue ; il y a une sorte d'érotisation de l'activité musculaire. Jeammet considère que la faim devient un objet pervers de satisfaction, et Kestemberg et Jeammet ont proposé la notion d'orgasme de la faim (1972, p. 213).

L'adolescente prend appui sur un moi idéal qui la conduit à vivre un narcissisme triomphant dans une situation exceptionnelle, exaltante et irréelle. Mais l'angoisse et la dépression menacent. La répudiation du corps sexué promettait le maintien d'une relation préœdipienne aux parents, mais l'entreprise mobilise tous ses investissements dans une lutte interne où s'évanouit le fantasme d'une relation heureuse avec la mère idéalisée. Comme dans certaines formes de suicide, le risque de mourir est nié, car ce corps sexué, toujours laid, trop gros, n'est pas le vrai. Mais une partie saine de la personnalité est dans une profonde dépression.

▲ Les noyaux autistiques

Tustin, au cours de psychothérapies d'adolescentes anorexiques, a observé cette dépression et fait l'hypothèse que la carence d'organisation de l'enveloppe psychique du Soi entraîne la constitution de défenses autistiques que la puberté fait s'effondrer. L'angoisse de séparation est massive dans le transfert et les modes de relations sont adhésifs (1986, p. 208-210). Jeammet parle de la « culture de la sensation » : « où il va s'agir de remplacer le lien libidinal interne investi, garant de la continuité du Moi, par une *quête de sensations externes qui protègent le sujet du vide interne* et du risque de perte de cet objet, mais qu'il maintient à la périphérie de lui-même et qu'il contrôle ainsi, en le gardant extérieur, sans se laisser pénétrer par lui » (1993). La nécessité d'aborder ces niveaux archaïques représente une des difficultés du traitement.

2.1.5. Traitement

Malgré la rareté des pathologies organiques entraînant des troubles comparables au syndrome anorectique, l'avis d'un pédiatre est un préalable nécessaire. La participation médicale est d'ailleurs indispensable pour le traitement de l'anorexie. La charge de suivre l'évolution pondérale et la décision éventuelle d'hospitalisation doivent pouvoir être assurées indépendamment des psychothérapeutes.

▲ Hospitalisation et séparation de la famille

L'hospitalisation avec séparation de la famille était, jusqu'à une période récente, la règle thérapeutique incontestée. Il est habituel de proposer un contrat à l'adolescente et sa famille en conditionnant la sortie par son poids. À condition d'éviter le risque d'instaurer un contrôle policier, le contrat permet de libérer la patiente de la responsabilité de la reprise de nourriture. Le succès thérapeutique dépend de la capacité du personnel à établir des relations de maternage sans complaisance excessive. C'est au cours du séjour que peuvent s'instaurer des relations préparatoires à la psychothérapie.

Les hospitalisations en service de réanimation. Cette mesure peut devenir nécessaire du fait du danger vital qu'encourt la patiente. Ce risque explique la nécessité d'un suivi pédiatrique conjoint, puisque le psychothérapeute n'est pas en mesure d'apprécier la gravité de la situation et ne peut avoir d'intervention autoritaire.

Les aggravations sont souvent provoquées par des affections intercurrentes, par des inquiétudes concernant des épreuves redoutées (examens scolaires), et le cas échéant par des absences du thérapeute.

▲ Le traitement ambulatoire

Il se présente d'abord comme des consultations médicales avec une indication de psychothérapie qui n'entraîne au mieux qu'une acceptation condescendante et ironique de la part de l'adolescente. Il est souhaitable de rencontrer la famille au début puis, avec l'accord de la patiente, à intervalles espacés.

Les premières rencontres nécessitent un aménagement du cadre dans la mesure où le mode de communication porte sur la conduite pratique plutôt que sur les fantasmes. Jeammet (1993) écrit :

> « Il faut comme toujours commencer par parler le langage qu'elles nous parlent et non pas celui que nous souhaiterions leur voir adopter. C'est ainsi que si elles nous parlent un langage comportemental, on ne peut pas, nous d'emblée, leur répondre en langage fantasmatique… » [1993, p. 244]

La difficulté de maintenir une relation dans cette première période, alors que l'adolescente reste soumise aux tensions intrafamiliales, est si grande que beaucoup considèrent comme indispensable le passage en institution, parfois sans imposer la séparation complète de la famille. La première étape se déroule alors au cours de l'hospitalisation.

Quand, dans une seconde phase, un transfert étant instauré, une psychothérapie peut commencer, elle se déroule avec des phases d'investissements massifs et de retraits dramatiques. La verbalisation est difficile, les paroles presque inaudibles, et des séances entières peuvent se dérouler dans le mutisme.

Il y a souvent intrication entre des processus primitifs avec des identifications narcissiques et des fonctionnements œdipiens ; de ce fait, le choix du niveau des interprétations est décisif. Les incidents minimes peuvent être des occasions de dépressions graves avec rechutes, les absences du thérapeute sont insupportables pendant une longue période du début.

Kestemberg et Jeammet (1972) ont montré l'intérêt du psychodrame analytique individuel dans le traitement de l'anorexie mentale, cette technique utilisant les projections défensives très actives chez ces patientes.

2.2. *La boulimie*

Cette entité nosologique est relativement récente et sa fréquence serait en augmentation. La prépondérance féminine est grande, mais moins importante que pour l'anorexie.

Contrairement à ce que le terme de *boulimie* et la symétrie apparente avec l'anorexie évoquent, l'excès de poids n'est pas la règle. Il n'y a que 15 % des boulimiques qui soient obèses ; le plus grand nombre

7. Une anorexique affamée

Béatrice a quinze ans. Son visage est émacié, ses yeux cernés sont en partie masqués par des cheveux en rideau, elle est en pantalon et veste, la maigreur de ses mains est impressionnante. Elle accepte avec beaucoup de réticence de venir en consultation. Elle a perdu plus de vingt kilos ; sa menstruation s'est arrêtée quatre mois après le début de ses troubles d'alimentation.

Son enfance et sa famille

Troisième enfant, elle a une sœur et un frère aînés ; neuf ans la séparent de celui-ci. Elle a été une enfant très attendue (« J'étais comblée mais je voulais un autre enfant » dit la mère).

Grossesse, accouchement et petite enfance se passent sans problème. La mère décrit le développement et la petite enfance de Béatrice de façon vivante et avec émotion : « Quand elle est née, elle avait ses deux grands yeux ouverts qui regardaient, on aurait dit qu'elle était contente d'être là, de découvrir le monde ». Elle a fait ses nuits sans problème, dès le deuxième mois.

Béatrice n'a pas été nourrie au sein (« C'est un plaisir que je n'ai pas eu », dit la mère) ; l'allaitement a été arrêté au troisième jour à cause d'un problème de phlébite. Son développement psychomoteur a été normal, elle grossissait normalement, bien qu'elle n'ait jamais fini ses biberons. La propreté a été acquise à 14 mois : « Un jour elle a décidé de ne plus mettre de couche, elle riait joyeusement en trimbalant son pot ».

Elle a été choyée par sa famille mais les limites éducatives étaient bien établies. C'était une enfant joyeuse, le boute-en-train de la maison.

Le père est depuis peu à la retraite, il avait un emploi de reclassement après un accident de travail. Il semble être dévalorisé par sa femme et sa fille. L'anorexie de Béatrice le préoccupe, mais il adopte une position de repli alors que la mère cherche activement à comprendre et aider sa fille. Il y a une sorte de jeu cruel de Béatrice avec sa mère. L'adolescente triche et provoque à propos de son régime ; elle cherche assez malignement à provoquer les réactions de sa mère.

Le début des troubles

Avant de décider les restrictions alimentaires, elle avait eu une brève période de boulimie qui l'avait conduite à une consultation chez un généraliste. Elle était préoccupée par son poids parce qu'elle avait peur des moqueries de ses camarades. « Je voulais juste perdre un kilo, pas vingt-quatre. En fait, j'étais pas grosse, juste un peu costaud ».

Les entretiens avec Béatrice

« Je ne dirais pas que je suis anorexique. J'ai perdu le goût de quelque chose [...], je dois le retrouver en faisant dix mille choses ». Elle parle ensuite de ses activités multiples et de son programme forcené (ménage, danse, cuisine !). — Tristesse : elle se sent « comme un oiseau enfermé en cage ». — Angoisse : gorge serrée ; angoisse plus forte le matin, avec l'idée de « comment arriver à ne pas grossir », et le soir, à la tombée de la nuit.

« Pour moi il y a un mot à éviter : *manger,* un mot qui m'angoisse, je pense à autre chose ; mais des fois j'ai envie d'aller vers cette angoisse pour la connaître. »

Mais il apparaît que la nourriture occupe son esprit ; dans ses rêveries, elle a des pensées complexes sur la nourriture, elle imagine des aliments dont le mélange serait néfaste, des poisons. Un démon se tient près d'une porte et interdit l'accès à la nourriture. Dans ses rêves apparaissent des thèmes mêlant sexualité, oralité et présence de son père.

Sa représentation d'elle-même est étrange : « Je n'ai pas de corps, mon corps n'existe pas ; si on me regarde c'est comme si on regardait une belle femme qui n'est pas moi. »

La masculinisation de personnages féminins, les erreurs d'emploi des adjectifs et des pronoms de genre (exemple : « je me suis *assis* ») font penser à une incertitude sur son identification féminine. Béatrice manifeste de l'envie et de la jalousie à l'égard de l'aspect maternel de la féminité. Elle est tantôt collée tantôt hostile à sa mère, mais l'hostilité est aussitôt suivie de réparation et d'expression de reconnaissance à son égard.

Béatrice a conscience de la place qu'elle occupe : « Je me suis mise au centre de la famille » dit-elle. Elle redoute la dépendance et parle souvent de sa crainte d'être sous l'emprise de quelqu'un qui lui impose sa façon de voir. Elle raconte avec vivacité comment elle s'est opposée à son père au cours d'une fête familiale. Son omnipotence transparaît dans l'orgueil qu'elle éprouve à faire échouer tous ceux qui tentent de la faire reprendre du poids, mais elle s'impose à elle-même ce pouvoir par son contrôle sévère : « Je me dis "tu as mangé à midi tu n'as pas besoin de goûter"... »

Il y a en elle une partie enfant, partie vraie et saine, emprisonnée comme un otage oublié, prise entre deux feux, — affamée par l'anorexie qui veut détruire et attaquer le geôlier. Diverses images de rêves et des pensées évoquent cela : elle rêve d'un bébé las et affamé qui pleure, une mère sans tête (dépression) ou sorcière vient, et le bébé cesse de pleurer pour ne pas être empoisonné, mais il meurt de faim. Béatrice a aussi des images d'enfants dans les camps de concentration, et d'elle-même cernée, en cage, entourée de petits personnages qu'il faut manger pour se libérer.

La psychothérapie, à raison de deux séances par semaine, s'est poursuivie pendant trois ans. L'anorexie avait disparu au cours de la première année. Béatrice poursuit ses études et, sept ans plus tard, continue d'aller bien.

d'entre eux ont un poids normal, mais on rencontre souvent des fluctuations rapides.

2.2.1. La famille

Les familles des boulimiques donnent parfois la même impression d'unité et d'ordre que les familles des anorexiques. On rencontre souvent aussi des foyers dissociés et on a remarqué la fréquence de conduites alimentaires particulières et d'impulsivité.

2.2.2. Description

La nécessité d'une définition précise a conduit Brusset (1985b, p. 1714) à utiliser les critères du DSM-III-R.

Il retient cinq éléments :

- ▲ Épisodes répétés d'accès boulimiques (consommation rapide d'une grande quantité de nourriture en une courte période) ;
- ▲ Sentiment de perte de contrôle du comportement alimentaire durant les épisodes ;
- ▲ Recours aux vomissements, aux laxatifs ou diurétiques, aux restrictions alimentaires ou à des exercices physiques importants pour prévenir toute prise de poids ;
- ▲ Fréquence de deux accès boulimiques en moyenne par semaine pendant au moins trois mois ;
- ▲ Préoccupation excessive du poids et des formes corporelles.

Le début du trouble coïncide souvent avec une déception, un échec ou une séparation. Les premières crises, qui durent quelques heures, sont ressenties comme pathologiques et effrayantes ; on peut cependant constater une apparente indifférence quand le trouble se prolonge. Le besoin impérieux ressenti entraîne à l'acte sans aucune considération des circonstances et des bienséances. La prise de nourriture est effectuée dans une répétition de gestes ritualisés. L'angoisse qui précède l'ingurgitation ne s'accompagne pas de représentations et de fantasmes. Le débordement qui pousse irrésistiblement l'adolescente à l'acte est une recherche de satisfaction violente, parfois qualifiée d'orgastique, mais paradoxalement l'absorption vorace de nourriture ne s'accompagne pas de plaisir au sens habituel, n'est pas éprouvée, comme s'il y avait perte de la conscience.

On note parfois des choix spécifiques d'aliments. On a proposé de distinguer deux formes différentes de boulimie selon que la nourriture ingérée est sucrée ou salée. Le sucré serait préféré par les plus impulsives, le salé par les anxieuses.

Le vomissement est assez rituellement provoqué aussitôt après l'ingestion, avec une violence détachée. La honte et la dépréciation font suite à la crise. La crainte de grossir conduit par ailleurs l'adolescente à des mesures qui peuvent se rapprocher de la conduite des anorexiques : elle suit par périodes un régime strict et se livre à des activités physiques excessives. Parmi ces activités, les sports hippiques tiennent une place statistiquement significative.

Un grand nombre de sujets boulimiques éprouvent d'une façon presque permanente une grande honte, un sentiment de dévalorisation et des réactions dépressives qui peuvent conduire au suicide.

2.2.3. Évolution

La boulimie s'accompagne, dans une grande proportion des cas, d'autres conduites symptomatiques : toxicomanie et vols compulsifs. Les troubles des conduites alimentaires peuvent se manifester ultérieurement d'une façon épisodique. On signale aussi des dépressions et un tableau clinique correspondant à la catégorie des états limites.

2.2.4. Psychopathologie

Après l'échec pubertaire de la quête de nouveaux investissements, la conduite boulimique se substitue à la recherche d'objet. Cet échec traduit un défaut d'organisation du Soi dans sa composante narcissique et l'incapacité d'établir des relations avec un objet parental interne. Le défaut de contenance, de tenue, s'accompagne d'un sentiment de vide, d'inutilité, de dépréciation de soi et de réactions dépressives. La dépendance à l'égard des objets externes qui en résulte entraîne, comme dans l'anorexie, une alternance d'appétence extrême et de rejet de l'objet, ainsi qu'un besoin de contrôle de la relation. Dans cette impasse, l'objet n'est pas reconnu comme séparé, la souffrance de la séparation ne peut être affrontée et les risques de dépendance qu'implique la complémentarité génitale ne peuvent être acceptés.

Du fait de troubles de l'organisation du Soi, l'identification phallique de la période de la préadolescence chez les filles semble se prolonger. La nourriture devient régressivement objet de substitution et symbole phallique, le corps est celui de la mère. Alors que l'anorexique triomphe de la nourriture dans un contrôle absolu, l'adolescente boulimique s'en empare avec violence et la rejette aussitôt. La maîtrise s'exerce sur le scénario d'une scène primitive entre objets partiels.

La recherche de possession d'un objet phallique et d'identification explique la fréquente coïncidence entre la passion pour les chevaux et la boulimie. On peut aussi comprendre les périodes de kleptomanie comme prise de possession d'un objet phallique.

La succession de prise de nourriture et d'expulsion provoquée est, pour une part, mise en acte d'une relation sadomasochiste. La reviviscence œdipienne créée par les premiers émois sexuels entraîne une culpabilité « outrancière » et l'autoreproche de séduction (Chabert, 1993, p. 251). L'ingurgitation est une violence faite au corps sexué et marque le souhait de le détruire. C'est à la fois le corps de la mère et le sien que l'adolescente attaque dans les deux temps du scénario.

2.2.5. Traitement

La difficulté du traitement des boulimiques est aussi grande que pour les anorexiques. Les risques immédiats sont moins apparents, mais la fréquence des dépressions graves et des conduites toxicomaniaques est préoccupante.

Ce sont souvent des nutritionnistes, des services spécialisés pour la diététique qui prennent d'abord en soin ces adolescentes. Il est parfois nécessaire que ces moyens fassent la preuve de leur inefficacité pour que l'abord psychothérapique soit envisagé.

La situation de groupe est mieux tolérée que le face-à-face du fait des craintes de dépendance qu'il entraîne, et le psychodrame est souvent utilisé. Par la suite, les indications de psychanalyse peuvent apparaître quand les passages à l'acte à type de ruptures sont moins intenses. Les psychothérapeutes sont confrontés aux problématiques particulières des personnalités narcissiques et *borderline*.

Dans une autre perspective, du fait de la fréquence des dépressions associées, on prescrit souvent des traitements médicamenteux qui peuvent se montrer utiles, même en l'absence de dépression manifeste.

3. Le suicide de l'adolescent

La fréquence des suicides d'adolescents varie considérablement en fonction des pays et des époques. En France, elle a doublé en vingt ans, mais cette tendance semble s'inverser. Le taux de mortalité par suicide entre 15 et 24 ans est de 13 pour 100 000 pour les garçons et de 4 pour 100 000 pour les filles.

Pour un suicide conduisant à la mort, on compte plus de cinquante tentatives et ces tentatives sont beaucoup plus fréquentes chez les filles. On note également que le mode de suicide est différencié : les médicaments sont davantage utilisés par les filles et les garçons recourent souvent aux armes et à la pendaison.

L'accroissement de fréquence est souvent interprété comme l'effet de l'augmentation des désorganisations familiales et de l'abus généralisé des boissons alcooliques. Mais l'exemple du Japon, où le suicide de jeunes atteint des proportions dramatiques, montre l'effet des idéologies culturelles sur les risques de suicide chez les adolescents. On a noté une certaine contagiosité du suicide ; l'effet médiatique est discuté depuis l'exemple historique des suicides provoqués en Europe par le suicide du Werther de Goethe.

3.1. *La famille*

Les foyers dissociés et les mésententes familiales occupent une place significative dans les statistiques. Une grande fréquence d'antécédents d'abus sexuels est signalée par Pommereau dans les admissions pour suicide dans son unité de soin (1996, p. 87-93).

Un représentation négative de sa famille est l'un des aspects les plus significatifs des relations parentales de l'adolescent suicidaire.

3.2. *Les signes avant-coureurs*

Les circonstances qui précèdent le passage à l'acte sont souvent caractéristiques : l'adolescent a subi une réprimande, une sanction de la part d'une autorité respectée ou d'une personne aimée ; il s'est senti rejeté ou humilié. L'anamnèse fait apparaître une suite de ruptures successives avec un isolement progressif. Les garçons manifestent une certaine violence, une rupture brusque avec la famille, tandis que les filles réagissent plus souvent à leur mal-être par l'effacement, la fugue, l'arrêt de la scolarité. Il y a souvent dans ces conduites de véritables appels à l'aide partiellement conscients, que la famille interprète parfois comme tels, après le drame.

3.3. *Étude psychopathologique*

La tentative de suicide est toujours signe d'un trouble grave, bien qu'un grand nombre d'adolescents dont le développement est normal puissent penser parfois au suicide.

Ce symptôme a des pathogénies multiples. Les décompensations psychotiques, les dépressions et les états limites peuvent conduire au suicide. Mais dans la majorité des cas, l'adolescent ne présentait pas de pathologie manifeste ; le projet de suicide apparaît comme l'unique solution de conflits psychiques intolérables.

Le conflit central est commun à tous les adolescents : le besoin d'objet est intense et confronte à des fantasmes incestueux et parricides alors que le recours nécessaire à l'éloignement entraîne des sentiments d'abandon. Chez l'adolescent suicidaire, la solitude est intolérable du fait d'un effondrement narcissique et de la dépendance à l'égard des exigences du Surmoi. L'événement précipitant a pour effet de rompre la protection qu'offraient les refoulements. L'angoisse qui en résulte entraîne souvent une sorte de dépersonnalisation qui produit le suicide impulsif. Haim (1970) considère que l'incapacité de certains adolescents à faire le deuil des objets parentaux est à l'origine des suicides. Cette dépendance elle-même est insupportable et le suicide est aussi un refus de se soumettre passivement à l'attraction familiale.

On peut distinguer les formes à prédominance dépressive et les formes à prédominance d'agressivité, bien qu'il y ait toujours une part mêlée d'agressivité et de violence dans l'acte suicidaire.

Dans les formes dépressives, la perte des objets parentaux et la perte du corps idéalisé de l'enfant est insupportable en l'absence du soutien représenté par le groupe et les amitiés nouvelles. La constitution du noyau narcissique du self ne peut faire face aux exigences d'un idéal du Moi intransigeant. Une blessure narcissique transforme ce déséquilibre en effondrement. Le suicide est bien alors un désir de mort, la mort représentant un retour à la fusion maternelle.

Dans les formes agressives, la part associée au corps pubère, aux désirs et fantasmes sexuels est clivée et persécutrice. Les projections sur les objets externes entraînent un mode de relation paranoïde avec développement des tendances primitives de toute-puissance du Moi idéal de la première enfance.

C'est le corps pubère qui menace l'équilibre, et c'est lui qui est attaqué par le suicide. Par une sorte de négation de la réalité et dans un sentiment de toute-puissance, l'adolescent recherche la destruction du corps sexué tout en espérant la survie du corps d'enfant.

Parfois, au contraire, c'est l'enfant prépubère, fruit d'une scène primitive insupportable, qui est attaqué. De tels cas légitiment l'opinion de Laufer (1984) selon laquelle les suicides de l'adolescent seraient agis dans un moment de décompensation psychotique.

3.4. *Pronostic*

La tentative de suicide donne lieu à une récidive dans près de 15 % des cas et le mode de suicide utilisé ne donne pas d'indice fiable des dangers pour l'avenir. Les tentatives récidivantes représentent une situation clinique difficile à gérer, ce qui montre l'intérêt de séparer le travail du psychothérapeute et du médecin soignant, ce dernier pouvant opérer des interventions concrètes auprès de l'adolescent et de sa famille en cas de danger. Quelques études catamnestiques font état d'une fréquence accrue de troubles physiques et psychiques dans les dix ans qui suivent.

3.5. *Traitement*

On tente d'utiliser la période d'hospitalisation médicale pour permettre une rencontre avec un thérapeute bien que les conditions pratiques de l'entretien soient souvent incommodes. Pommereau (1996) a décrit l'intérêt et la difficulté de ces entretiens « au réveil » qui permettent souvent l'acceptation de rencontres ultérieures. Il a démontré aussi l'intérêt de disposer d'une unité de soin spécialisée qui accueille pendant une à deux semaines les adolescents ayant fait une tentative de suicide.

Le traitement se déroule dans les conditions caractéristiques des thérapies d'adolescents, avec la mise à l'épreuve du cadre, les ruptures, les passages à l'acte et les retraits dans le silence. Il est important d'élaborer assez rapidement ce que recherchait l'adolescent par son geste, en tenant compte de la polysémie de la conduite suicidaire.

L'équipe soignante doit tenir compte des angoisses et de la culpabilité de la famille, même si l'alliance thérapeutique avec les parents est parfois difficile à obtenir. Mais il importe de séparer nettement l'aide apportée aux parents de celle qui est proposée à l'adolescent afin qu'il n'éprouve pas de crainte de collusion ou de dépossession.

4. États psychotiques au cours de l'adolescence

4.1. *Décompensations psychotiques et schizophrénie*

L'adolescence est la période de début la plus fréquente des schizophrénies de l'adulte. Mais tout épisode psychotique de l'adolescent n'évolue pas en psychose confirmée.

Considérée sous un angle quasi médical, la schizophrénie est une affection qui a un début fréquent dans l'adolescence, et il importe de distinguer les débuts de schizophrénie des décompensations passagères de l'adolescent.

Dans une autre perspective, qui est celle que j'adopte dans cet ouvrage, la décompensation psychique évolue selon les circonstances, c'est-à-dire pour une grande part, selon les modalités thérapeutiques qui seront offertes, soit vers des formes de réorganisation équivalant à des états de normalité, soit vers une psychose constituée. Dans cette conception il n'y a pas, comme s'il s'agissait d'un cancer psychique, de développement inéluctable d'une psychose à partir des signes de début. Les effets des transformations des soins sur l'évolution des psychoses au cours du XXe siècle ont bien démontré la plasticité des états psychotiques.

4.2. *Milieu familial et anamnèse*

Les études psychanalytiques des familles des sujets psychotiques ont cherché à mettre en évidence les troubles des relations entre les trois générations qui seraient à l'origine de la pathologie schizophrénique (Eiguer, 1987, p. 13). Dans un grand nombre de cas, la famille ne semble pas présenter de particularité notable, mais il est vrai que les familles pathologiques savent parfois présenter une façade de normalité qui s'effondre après de nombreuses rencontres.

On trouve généralement peu de particularités dans l'enfance des adolescents qui présentent un état psychotique. On décrit souvent ces enfants comme plus gentils et obéissants que les autres (Cahn, 1991, p. 54) mais peu sociables. Ils ont parfois présenté une phobie ou un rituel obsessionnel un peu étrange. On a noté que leur isolement pouvait s'accompagner d'une attitude ironique et agressive à l'égard de leurs camarades. Chez quelques-uns, les séparations ont été acceptées avec indifférence ; plus souvent au contraire, l'enfant a réagi d'une façon dramatique aux étapes de l'éloignement des parents. Parfois des signes plus inquiétants sont signalés : quelques dysharmonies de la mimique et des épisodes de stéréotypies autistiques.

4.3. *La décompensation*

Les premiers signes préoccupants peuvent survenir dès le début de la puberté ou plus tard au cours de l'adolescence. La scolarité et le comportement avec les proches sont les deux situations les plus révélatrices.

Un fléchissement important du travail scolaire s'accompagne d'un désintérêt pour toutes les activités intellectuelles. L'adolescent éprouve une sorte de barrage de la pensée, une difficulté à fixer son attention. Très souvent, il abandonne la scolarité ou manifeste une opposition qui entraîne son exclusion.

En famille, il se montre excessivement dépendant ou brusquement agressif, arrogant et violent. Son caractère est transformé ; méfiant, susceptible, soupçonneux, il supporte mal le regard d'autrui et se replie dans sa chambre en écoutant inlassablement les mêmes enregistrements. Il exprime des préoccupations hypocondriaques diverses et des craintes concernant la forme de son visage. Il passe de ce fait un temps considérable devant le miroir avec une impression d'étrangeté. La rencontre avec un tel adolescent crée un sentiment de malaise qui résulte des inadéquations de sa mimique, du déroulement surprenant de sa pensée et d'une impression de mise à distance.

Les troubles de la pensée sont ressentis avec angoisse par l'adolescent comme des menaces de folie ; les idées parasites saugrenues qui surgissent provoquent des soliloques, des rires (que la psychiatrie qualifie d'immotivés), mais il peut y avoir aussi des sentiments de perte irrémédiable et des pleurs. La confusion qui l'envahit s'accompagne souvent d'un sentiment vague de persécution qui peut entraîner des réactions impulsives, des fugues ou des actes délictueux. L'apparition d'idées délirantes est fréquente. Il s'agit tantôt d'idées fugitives, tantôt de convictions liées dans une pseudologique qui peuvent constituer un véritable délire parfois soigneusement dissimulé. L'identification massive à un personnage peut aussi provoquer une conduite délirante. L'apparition d'hallucinations contribue à accroître l'angoisse et le sentiment d'étrangeté.

L'apparition de ces troubles peut être progressive et lente. Par exemple, le retrait du monde extérieur s'aggrave avec le temps, et l'adolescent vit confiné dans sa chambre avec le minimum de relations avec ses parents.

Dans d'autres cas, les angoisses persécutives et les idées délirantes se manifestent brusquement et peuvent s'accompagner d'actions violentes ou de fugues. L'adolescent est dans un état de dépersonnalisation et de confusion, avec des alternances de dépression et d'exaltation extrêmes. Les hallucinations sont souvent très intenses, sous de multiples formes, et s'accompagnent de sentiments d'influence ou de réactions mégalomaniaques. Les passages à l'acte peuvent entraîner des conduites délictueuses qui sont tout à fait en désaccord avec la personnalité antérieure du sujet. Ces psychoses aiguës, les « bouffées délirantes » de la nosographie française, nécessitent l'hospitalisation dans l'urgence.

4.4. *Évolution*

L'appréciation de l'avenir des adolescents qui présentent une décompensation psychotique est controversée (Sztulman, 1991, p. 91-103). On peut dire que 30 % à 40 % d'entre eux ne présentent plus de troubles ultérieurement. Le fait que l'évolution est fonction de la qualité des mesures prises est suggéré par l'expérience convergente de plusieurs thérapeutes mais n'a fait l'objet d'aucune recherche quantitative.

4.5. *Étude psychopathologique*

L'apparition des troubles psychotiques est attribuée aux bouleversements psychiques de l'adolescence qui font apparaître les fragilités de l'organisation du Moi. Il s'agirait d'une fragilité de l'intégration psychique préœdipienne qui n'aurait pas de retentissement pendant l'enfance.

Les troubles de l'organisation du Soi sont attribués à la fois au seuil bas de débordement des pare-excitations et à l'incapacité maternelle de contenir les angoisses du bébé.

Ce modèle est tout à fait comparable à celui qui est décrit dans les psychoses de l'enfant. Mais il paraît surprenant qu'un enfant ayant une déficience des premières organisations psychiques, ait pu traverser la crise œdipienne sans troubles manifestes. Pour rendre compte d'un développement psychique relativement normal au cours de l'enfance de l'adolescent qui présente une décompensation psychotique, il faut faire l'hypothèse d'un clivage du Moi (Freud, 1938 a). Selon cette hypothèse, il existerait une autre partie du psychisme, un jumeau (Bion, 1967, p. 7-28), séparé du Soi « schizophrène », qui parviendrait à utiliser les expériences satisfaisantes avec les objets-soi narcissiques pour constituer, grâce à des identifications primaires, une partie saine du Soi.

Cette partie « saine » de la personnalité serait encore accessible, même alors que la psychose est manifeste. C'est, selon Rosenfeld (1965) et Bion (1967, p. 51-73), par la relation avec cette part du Soi que la psychothérapie analytique s'établit.

La rupture du développement à l'adolescence entraînerait la prédominance de cette partie schizophrénique et la perte de contact avec la réalité. De la forme des relations qui sont alors disponibles pour l'adolescent dépend la consolidation de ce fonctionnement psychotique ou le retour à la situation de normalité fragile antérieure. Le risque d'évolution schizophrénique est particulièrement grand dans le cas d'une pathologie familiale qui enferme l'adolescent dans des relations de pseudo-mutualité (Wynne, 1958).

Quand surgit la décompensation psychotique, le modèle kleinien de la position schizo-paranoïde dans sa forme la plus massive peut rendre compte de la symptomatologie. Les multiples clivages et les projections entraînent la dépersonnalisation, les persécutions proviennent à la fois des objets externes (entourage menaçant) et d'objets internes (possession diabolique). Les hallucinations produites par le retour des projections résultent de l'incapacité de séparer le monde interne et le monde externe. Pour Rosenfeld, la prédominance des pulsions destructrices trouble les processus de clivage et entraîne les confusions des bouffées délirantes (1965, p. 71-84).

4.6. *Conceptions génétiques et biologiques*

L'existence d'un facteur génétique est indiscutable, mais il ne s'agit pas d'une transmission chromosomique simple et les manifestations pathologiques sont tributaires des circonstances de vie.

La conception d'une origine remontant à des défauts des premières organisations psychiques est souvent contestée pour le motif, déjà souligné, qu'il paraît surprenant que des troubles aussi fondamentaux n'aient pas plus d'effets sur la conduite pendant toute la période de la naissance à la puberté. L'hypothèse d'un facteur biologique dont le temps d'interférence serait génétiquement déterminé paraît plus satisfaisante. Parmi ceux qui soutiennent ce modèle, Willick, lui-même psychanalyste, démontre qu'il n'existe pas d'incompatibilité entre ces théories et les conceptions psychodynamiques du fonctionnement psychique (1990).

4.7. *Traitement*

4.7.1. Relations thérapeutiques

Quand on rencontre un adolescent dont la déviance, la violence et la coupure de la réalité paraissent dépasser les limites de la crise d'adolescence, il est important de ne pas sous-estimer les risques d'un processus de désorganisation psychique. Mais dans la perspective indiquée précédemment, ce n'est pas un diagnostic entre une décompensation psychotique de l'adolescence et un début de schizophrénie, qui est recherché. Si des manifestations psychotiques sont décelées, l'important est d'établir une relation thérapeutique dans les meilleures conditions possibles. La détection précoce, si elle est suivie de mesures brusques d'hospitalisation dans de mauvaises conditions, peut fixer pour l'avenir, des attitudes de rejet de tous les traitements psychiatriques et favoriser l'évolution schizophrénique.

Mâle (1964) a bien exprimé l'importance de ces premières rencontres ; il insiste sur l'importance de l'accueil du consultant, sur la nécessité de renoncer à la neutralité distante en offrant un soutien par la parole.

La relation de soutien n'est qu'une part du traitement de l'adolescent. Selon le contexte familial, la fréquentation scolaire, les liens avec ses camarades, on peut être amené à rechercher, avec l'accord de l'adolescent, des aménagements d'organisation de sa vie. S'il peut encore vivre dans sa famille, des rencontres avec les parents sont souhaitables. On propose, plutôt qu'une thérapie familiale classique, un travail conjoint, parallèle entre la psychothérapie de l'adolescent et des rencontres avec la famille. Comme l'a montré Cahn (1991, p. 255-266), grâce à la présence des thérapeutes, l'adolescent peut avoir un nouveau regard sur ses parents et réduire ses perplexités.

Il est rare que la qualité des établissements psychiatriques justifie un placement quand il n'y a pas d'urgence, mais si la séparation du milieu familial s'avère utile, elle ne peut souvent se réaliser autrement que par une hospitalisation. C'est un soulagement pour l'adolescent de se sentir éloigné des personnes qui suscitent ses angoisses et délivré de la responsabilité de l'organisation de sa vie. Dans le cas où il existe un hôpital de jour pour adolescents, sa fréquentation peut s'avérer extrêmement utile dans la mesure où l'orientation institutionnelle s'harmonise avec le travail de psychothérapie du patient et de soutien de sa famille.

4.7.2. Chimiothérapies

L'usage de neuroleptiques à l'adolescence n'a pas les contre-indications et les limites rencontrées dans l'enfance. Leur utilisation est souvent nécessaire et permet la disparition rapide des états délirants. Mais pour le patient, la prescription n'est pas un geste anodin. Prendre un médicament est à la fois signe d'une anomalie psychique et atteinte corporelle, envahissement par des substances dangereuses qui réduisent les capacités d'autonomie et de défense contre l'entourage.

Les chances d'évolution favorable dépendent de la capacité des thérapeutes d'obtenir l'alliance du patient pour la prise ultérieure de médicaments. Cette alliance est incompatible avec des prescriptions brutales, l'indifférence aux effets secondaires pénibles, ou des injections de neuroleptiques retard.

La décision de traitement par chimiothérapie ne peut être prise par le psychothérapeute. Il est donc nécessaire que le patient soit suivi à la fois par un psychothérapeute et par un praticien ayant l'expérience des chimiothérapies, ce qui entraîne des concertations régulières dont l'intéressé est averti.

Dans l'éventualité d'une bouffée délirante, dont un exemple est donné (voir encadré), l'hospitalisation est indispensable et le cadre ferme et bienveillant d'un service psychiatrique de bonne qualité a un effet sécurisant. Les traitements chimiothérapiques apaisent rapidement les symptômes et ce temps d'hospitalisation peut être mis à profit pour organiser la poursuite des soins.

4.7.3. La thérapie familiale systémique

Selon la perspective systémique, dans la famille du jeune psychotique chacun recherche le contrôle de la définition de la qualité de la relation (de l'autre et de soi) et devant l'échec, utilise des méthodes pour « disqualifier sa propre définition de la relation vite avant que l'autre n'y parvienne » (Selvini Palazzoli *et al.*, 1975, p 29).

La psychose serait une forme d'évasion de cette disqualification grâce à l'adoption d'un mode paradoxal de communication par le comportement et le langage. La thérapie familiale systémique serait, selon l'expérience de Selvini, particulièrement indiquée pour les psychoses de l'adolescence.

5. États limites à l'adolescence

Cette catégorie de troubles d'abord décrite chez les adultes (Bergeret, 1975 ; Kernberg, 1975) a été étendue aux enfants et aux adolescents.

5.1. *Description*

Ce sont des adolescents dont la conduite est particulièrement instable, caractérisée par de fréquents passages à l'acte et les attitudes d'opposition dans la famille et la société.

Les situations d'échec scolaire sont habituelles ; elles entraînent le refus de scolarité et les conduites perturbatrices.

L'humeur de ces adolescents est morose : ils s'ennuient toujours et expriment un sentiment de vide et de tristesse. Ils ont souvent des préoccupations hypocondriaques, des craintes de maladie grave. Ils ont peu de véritables camarades mais ils peuvent devenir dépendants d'une relation avec un adulte qui prend l'initiative des activités.

L'enfance de ces adolescents est souvent marquée par des difficultés scolaires et de l'instabilité. Parfois, la pathologie limite était déjà manifeste et se poursuit à l'adolescence d'une façon plus bruyante.

Ce syndrome se trouve ouà l'origine d'une grande partie des conduites pathologiques de l'adolescence : suicides, addictions, boulimie et délinquance.

5.2. *La famille*

On retrouve les tableaux de mésentente familiale et de séparation fréquente des parents, déjà décrits dans les état limites de l'enfant. Les conduites pathologiques sont souvent signalées chez les parents. Dans leur enfance, on relève souvent des antécédents de maltraitance et de multiples placements.

5.3. *Étude psychopathologique*

Cette étude ayant déjà été faite à propos des pathologies limites de l'enfant, je rappelle brièvement les processus caractéristiques de l'état limite.

▲ Le trouble de l'organisation du Soi et particulièrement de l'organisation narcissique : coexistence d'un défaut de narcissisme primaire et persistance d'un Moi idéal de toute-puissance.

▲ Le clivage du Soi entraîne la coexistence de modes de fonctionnement qui correspondent tantôt à des modes primitifs de relations d'objet (relation adhésive) tantôt à des modes de relations différenciées.

▲ Le fonctionnement prédominant est celui de la position schizo-paranoïde entraînant méfiance et persécution. Les tendances schizo-paranoïdes entraînent des persécutions par les objets internes qui sont à l'origine des hypocondries. L'importance des projections et des clivages des objets explique la qualité manichéenne et mouvementée des relations avec l'entourage.

▲ L'absence d'un bon objet internalisé et le défaut narcissique transforment toute frustration en catastrophe et toute séparation en attaque injustifiée.

▲ La relation d'objet la plus fréquente est narcissique ; l'adolescent *borderline* crée un lien parasitique d'identification projective avec une personne qui lui sert de support et de protection. La perte de cet objet entraîne des passages à l'acte, des suicides ou des décompensations psychotiques passagères.

▲ Les troubles de l'image du corps et de la représentation de soi chez l'adolescent *borderline* perturbent l'organisation des contenants de pensées (Berger, 1996, p. 76). Les difficultés d'apprentissage inévitables et des échecs multiples confortent l'adolescent dans l'image dévalorisée de lui-même et stimulent ses idées de persécution.

La capacité du sujet *borderline* d'utiliser l'appui d'un tiers comme support narcissique, repère et protection peut expliquer qu'il lui soit possible de traverser l'enfance sans manifestations pathologiques importantes. Mais à l'adolescence, le changement d'objet fait partie des nécessités de l'évolution et l'effondrement est inévitable.

Selon Masterson (1978), pour qui la psychopathologie de l'état limite se réduit à la problématique mahlerienne de l'individuation-séparation, ce qu'il nomme « *triade* borderline » (séparation intolérable — dépression — défenses contre la dépression) serait un processus caractéristique de l'adolescence, qui prend une forme pathologique dans l'état limite.

5.4. *Le traitement*

Les demandes de soins se produisent à l'occasion des passages à l'acte, des moments dépressifs ou des dépressions durables de l'adolescent. Souvent l'état limite entraîne une manifestation symptomatique — tentative de suicide, addiction, acte délictueux — qui nécessite d'abord des formes de traitement particulières.

Il convient d'étudier les conditions de vie familiales afin d'apprécier si l'appui parental est consistant ou si certaines relations en complémentarité risquent de figer l'adolescent dans une relation anaclitique souhaitée par le parent.

La psychanalyse est, malgré la réputation qui avait été parfois faite aux états limites, une indication nécessaire dans les cas où elle peut être exercée dans de bonnes conditions. La plus grande difficulté n'est pas dans l'établissement d'une relation transférentielle, mais dans sa gestion à long terme. La psychothérapie des sujets *borderline* est en effet une aventure presque aussi longue qu'une psychothérapie de psychose.

6. Les conduites addictives

Le terme de *conduites addictives* a supplanté celui de *pharmacodépendance* du fait que certaines conceptions psychopathologiques font considérer qu'un ensemble d'habitudes incluant la toxicomanie, l'alcoolisme, la passion des jeux, les troubles des conduites alimentaires et les vols impulsifs appartiennent à la même catégorie de troubles.

J'ai adopté ici une perspective plus limitée en restreignant l'étude des conduites addictives à l'usage des drogues et des boissons alcoolisées, sans faire de distinction radicale entre alcoolisme et toxicomanie.

En effet, s'il est habituel de présenter séparément l'étude de l'usage des drogues et de l'alcoolisme, cette étude séparée n'est pas justifiée par une différence d'effet du produit psychotrope, puisqu'il y a autant de différence entre la cocaïne et les opiacés qu'entre l'alcool et ces produits. Elle s'explique par l'importance du facteur culturel et la fréquence de l'alcoolisme d'entraînement en France, ce qui avait pour conséquence, jusqu'à une époque récente, que tout usage excessif de boissons alcoolisées n'avait pas la signification de conduite toxicomaniaque. Un demi-siècle a été nécessaire pour que les vertus de notre alcool national soient contestées.

6.1. *Définition et description*

Depuis une vingtaine d'années, l'addiction apparaît souvent au cours de l'adolescence. Cette évolution résulte de facteurs économiques, politiques, culturels et psychologiques. Le caractère illicite d'une consommation offre une occasion d'appartenir à des groupes en opposition avec le monde des adultes, qui font les lois. Et, par ailleurs, les effets psychotropes des drogues offrent à l'adolescent une échappatoire à ses difficultés. Il existe une sorte d'adéquation entre la dépendance qu'entraîne la drogue et la problématique spécifique de l'adolescent.

L'addiction est caractérisée par une compulsion à s'engager dans des comportements qui ont des effets dangereux et par l'envahissement obsédant qui accompagne cette conduite.

Dans le domaine de la toxicomanie, on peut retenir la définition de l'OMS (1965) : « état de dépendance psychique ou physique, ou les deux à la fois, vis-à-vis d'un produit, s'établissant chez un sujet à la suite de l'utilisation périodique ou continue de ce produit ».

Cette situation entraîne :

▲ *l'accoutumance*, le désir violent de renouveler la prise de drogue ;

▲ *la tolérance*, qui conduit à augmenter les quantités prises ;

▲ *l'assuétude*, c'est-à-dire que la suppression de la drogue entraîne des effets très pénibles qui paraissent dangereux.

Le terme d'*escalade* est souvent utilisé pour décrire le passage d'une drogue « douce » aux drogues « dures ». On sait que ce passage n'est pas un processus inévitable ; il résulte simplement de la quête d'un produit dont les effets psychotropes sont ceux que recherche l'adolescent. La notion d'escalade a été utilisée en France en 1970 pour favoriser l'extension des mesures répressives, comme elle l'est aux États-Unis actuellement pour éviter la remise en cause d'une législation d'exception.

6.2. *La classification*

Les psychotropes ont des effets qui peuvent être différenciés selon :

▲ *l'importance des effets physiologiques du manque* : les dérivés morphiniques entraînent rapidement l'assuétude, tandis que le cannabis n'a pas cet effet ;

▲ *les effets physiologiques à long terme*, comme le cancer du poumon pour le tabac et la cirrhose pour l'alcool ;

▲ *les effets pharmacodynamiques*, qui modifient l'état physiologique ;

▲ *la nature des effets psychiques* : les produits sont excitants, tranquillisants, euphorisants, soporifiques, sédatifs ou hallucinogènes, avec des effets souvent mêlés et successifs, et les effets psychiques ne sont que partiellement prévisibles ; il existe des réactions spécifiques des utilisateurs — on sait, par exemple, que certains « ont le vin triste » ;

▲ *la dépendance psychique* : cette dépendance résulte des caractéristiques pharmacologiques du produit, l'assuétude la favorise d'ailleurs ;

mais ce sont les particularités de la personnalité qui jouent un rôle prédominant ; on pouvait bien l'observer à l'époque où il existait en France un alcoolisme professionnel : chez de tels alcooliques, travailleurs de force qui avaient appris que le vin était un fortifiant, l'abstinence pour des raisons médicales pouvait être obtenue sans difficulté, contrairement aux situations où l'alcoolisme traduisait une difficulté psychologique ;

▲ *le mode de consommation* : c'est un aspect important de la toxicomanie. L'oralité joue un rôle essentiel pour le tabac et l'alcool. L'utilisation de seringues augmente le sentiment de toute-puissance en permettant un changement rapide de l'état psychique. Le flash, expérience psychique comparée à l'orgasme, montre le rôle que joue la recherche de plaisir chez certains toxicomanes et contribue à augmenter les prises de produit.

6.3. *Famille et anamnèse*

L'étude des familles des adolescents toxicomanes montre la fréquence des dissociations, des conflits et des placements. On a aussi signalé l'existence de troubles psychiques ou d'addiction chez un des parents. Une proportion significative de troubles psychiques (dépression, tendances délinquantes, psychose) est trouvée dans les antécédents des adolescents, mais il semble que la configuration la plus fréquente correspond à ce qui est décrit dans cet ouvrage comme pathologie limite.

6.4. *La prise de produits psychogènes et ses effets*

Les premières utilisations de drogue se font à l'occasion de rencontres le plus souvent en groupe dans une période où l'adolescent est psychologiquement en difficulté. C'est de son état psychique que dépend le passage de la prise exceptionnelle à la toxicomanie. Les premières prises de produit représentent la période dite *lune de miel* toxicomaniaque. L'explosion du *flash* ou la propulsion du *rush* est l'expérience hors du commun qui sert de référence au toxicomane. La « *planète* » est un temps de libération des fantasmes avec une sélection de sensations agréables. La *descente* est le retour dans la vie ordinaire, avec l'impression de retrouvailles intolérables et le souvenir des fantasmes. L'adolescent se détache de toutes ses activités habituelles, particulièrement de la scolarité ; sa vie lui apparaît transformée et il a l'impression qu'il en découvre l'essence. Par la suite, les périodes de plus en plus longues de manque, après la « descente », s'accompagnent de dépression, d'autodépréciation et d'angoisse.

Effets des produits psychogènes

Produits	Effets psychiques	Dépendance	Assuétude	Accident aigu	Risques physiologiques	Danger social
Cannabis et dérivés	Euphorisant Excitant ou sédatif	*				**
Alcool	Euphorisant Excitant ou sédatif	***	*	*	***	****
Tabac	Stimulant intellectuel Antidépresseur	***			***	
Éther	Excitant	***	*	**	**	***
Opium et dérivés	Euphorisant Soporifique Flash en mode intraveineux	****	***	****	**	***
Cocaïne et crack	Euphorisant Excitant et hallucinogène Stimulant	****	*	***	***	****
Amphétamines	Excitant Stimulant Flash en mode intraveineux	***	*	**	**	***
LSD	Hallucinogène Stimulant sensoriel	*		*	*	**
Hypnotiques Médicaments	Hallucinogène Sédatif	***	*	***	***	**

6.5. *Évolution*

Contrairement à l'opinion courante, un quart seulement des toxicomanies persistent après plusieurs années, mais la proportion de morts par accident et suicide est considérable (20 % sur une prospective de vingt ans, d'après Vaillant, 1979). Les difficultés psychiques de ces sujets se manifestent par la fréquence des dépressions et des conduites antisociales.

6.6. *Étude psychopathologique*

Diverses situations cliniques peuvent entraîner des conduites addictives.

On peut souligner trois aspects significatifs pour la période de l'adolescence :

▲ La toxicomanie résulte d'une rupture grave du développement de l'adolescent, qui a parfois été précédée de troubles manifestes dans l'enfance. Le passage de la prise épisodique de drogue à l'usage fréquent révèle généralement une pathologie borderline.

▲ L'adolescent en impasse du développement est dans le morcellement du Soi et la dépersonnalisation, la violence des conflits œdipiens, les angoisses primitives de séparation. Ce drame psychique disparaît par l'expérience de la drogue pour faire place au bonheur. La drogue est une automédication qui offre une réparation narcissique massive — et éphémère.

▲ La nature illégale de la prise de drogue a pour conséquence que la fréquentation du milieu toxicomane réalise la rupture avec le monde des parents, ce qui est une solution partielle à l'impasse de l'adolescence. C'est pourquoi la forme que prend l'alcoolisme des jeunes doit être différente de celle des adultes.

Les troubles des adolescents toxicomanes peuvent être considérés comme des formes d'états limites. Savitt (1963) fait état d'une carence de l'organisation du Moi au niveau le plus archaïque. C'est une situation de dépression anaclitique : les relations d'objet sont basées sur la satisfaction des besoins, l'objet de satisfaction est indifférencié — la nourriture est plus importante que celui qui nourrit. La qualité de pseudo-médicament des produits psychogènes est plus significative que la recherche de plaisir car il s'agit d'une évasion de la souffrance psychique par la recherche d'un objet magique et maléfique. Pour Meltzer (1972, p. 140-141), l'abolition de l'angoisse persécutive et plus encore de l'angoisse dépressive est recherchée dans le sein-drogue.

L'intégration du Moi se poursuit pendant l'enfance, et la qualité des relations parentales pendant la crise œdipienne ainsi qu'aux abords de la puberté est déterminante. Après une enfance parfois apparemment normale, la crise d'adolescence est une occasion de reprise, de réparation, ou de confirmation des carences et des conflits. Quand l'équilibre est fragile du fait des défauts d'organisation du Soi, les circonstances, la qualité des groupes rencontrés et du soutien apporté par les parents peuvent être déterminantes pour entraîner les conduites addictives. Mais celles-ci sont toujours l'indice d'une carence d'organisation du Moi.

6.7. *Aspects neurophysiologiques : la notion de vulnérabilité*

Le passage de l'usage occasionnel à l'abus pourrait refléter une difficulté d'ajustement émotionnel aux conflits qui résulterait de particularités biologiques. Les travaux physiologiques ont montré l'inégalité des réactions à l'usage des drogues, et conduit à définir une vulnérabilité d'origine génétique, tributaire de la sécrétion de certains peptides, les enképhalines. Malgré quelques termes biochimiques inconnus, je cite un texte qui éclaire ce processus :

> « Les enképhalines activeraient un système de réduction du stress (douloureux, par exemple) et des systèmes impliqués dans l'hédonie. En retour et de manière à adapter l'organisme à toute agression possible, le système CCKergique augmenterait la vigilance et aiderait à mémoriser les événements. Un déséquilibre dans le fonctionnement de ces systèmes produirait une perte d'émotivité dans un cas et une sensation d'anxiété dans l'autre. Cette dualité a été encore peu prise en compte dans les conduites toxicophiles. Elle pourrait expliquer les différences interindividuelles de vulnérabilité. En fonction de son patrimoine génétique, chaque individu confronté à des situations conflictuelles au cours du développement générerait des états spécifiques de la balance entre "renforçants" (opioïdes) et "opposants" (CCK-8, dynorphine FRFamide). Cela conduirait à des potentiels d'adaptation différents et donc à des vulnérabilités variées. » [Roques, 1999, p. 55.]

L'interprétation de ce phénomène est complexe puisque les phénomènes psychiques influencent la régulation hypothalamique de ces sécrétions. Mais il est intéressant de trouver là un exemple de la complexité des systèmes bio-psychiques.

6.8. *Traitement*

Le traitement de la toxicomanie est d'autant plus difficile que l'usage des produits peut entraîner des mesures de coercition et que les usagers sont en relation avec des vendeurs associés au grand banditisme du fait de l'enjeu économique des trafics de drogue.

Le premier problème est donc de rencontrer les adolescents qui utilisent des drogues et de leur offrir une aide réaliste.

Le terme d'*aide réaliste* est choisi pour marquer que les démarches qui visent à obtenir une interruption rapide de l'usage de drogue sont illusoires, de même que les propositions de psychothérapie immédiate.

Une référence idéologique à la psychanalyse a contribué à multiplier les obstacles à l'utilisation en France des produits de substitution parce qu'il était plus satisfaisant d'imaginer obtenir l'arrêt de la prise de drogue par la psychothérapie. Mais l'expérience montre que, dans la mesure où l'adolescent connaît par la drogue un apaisement partiel à ses difficultés psychiques, il n'est pas possible de l'aider à renoncer à cette habitude sans lui offrir une aide efficace.

Le traitement de la toxicomanie est une tâche multiple qui doit prendre de multiples formes. La pluridisciplinarité d'une équipe thérapeutique n'est pas suffisante. Il faut disposer de lieux diversifiés que l'adolescent doit pouvoir, selon ses besoins, utiliser tour à tour : consultation médicale, clubs, foyers, conseillers professionnels, service social. Ces structures en réseau offrent au toxicomane les occasions de retrouver d'autres choix que la drogue et, quand un produit de remplacement est accepté, la sortie du cycle de la délinquance devient possible.

Il est nécessaire que sur ces trajets des thérapeutes soient rencontrés qui sachent établir des contacts qu'on pourrait qualifier de « prémices à la psychothérapie ». Les résistances opposées à cette forme de traitement sont considérables car l'adolescent se défend contre toute situation qui rappelle une dépendance parentale et affirme, dans la toute-puissance, qu'il n'a pas besoin d'une aide personnelle. La psychothérapie analytique est donc assez rarement possible dans les premiers mois du traitement, mais elle demeure le meilleur instrument d'une évolution favorable à long terme.

L'accord de la famille est nécessaire pour mener à bien cette approche de l'adolescent, mais il est indispensable de bien séparer le travail thérapeutique destiné à l'adolescent de l'aide apportée à la famille elle-même.

7. La délinquance juvénile

Le terme de délinquance appartient au monde du droit plutôt qu'à celui de la psychiatrie, et la conduite délinquante peut résulter de formes de pathologie très diverses.

Les conduites antisociales sont devenues fréquentes à l'adolescence. La configuration familiale, l'appartenance aux groupes sociaux, la scolarisation sont des facteurs déterminants pour l'incidence de la délinquance, si bien que son étude relève à la fois de la sociologie, de la psychiatrie et du droit…

7.1. *La famille*

La famille des délinquants est souvent dissociée ; les mésententes, les séparations, la violence intrafamiliale, l'alcoolisme sont notés avec une fréquence très significative. Les adolescents ont souvent été placés dans leur enfance dans des institutions, parfois du fait des carences parentales ou de mauvais traitements. Ces circonstances de vie sont similaires à celles qui ont été décrites chez les enfants borderline, forme de pathologie qui prédomine, en effet, chez les adolescents délinquants.

7.2. *Description*

L'adolescent délinquant n'est pas un solitaire. Il refuse d'appartenir à la fraction de société à laquelle appartiennent ses parents, mais il éprouve comme tous les jeunes de son âge le besoin d'appartenir à un groupe ; ainsi, la conduite délinquante, quand elle est plus grave que le chapardage, est majoritairement le fait de groupes de jeunes.

Les vols sont souvent motivés par un souhait immédiat : véhicules, objets d'usage, ou argent pour acheter de la drogue. Les actes de violence sont plus fréquents à la fin de l'adolescence : déprédations, racket, agressions sexuelles, viols collectifs.

On avait remarqué jusqu'à présent que la délinquance chez les filles était particulière : abus de confiance, fraudes, escroqueries avec utilisation de diverses formes de prostitution. Il semble que la différence s'atténue ces dernières années.

7.3. *Évolution*

Les possibilités d'évolution favorable sont dépendantes des conditions sociales et économiques, ainsi que des modalités d'aide disponibles après d'éventuelles sanctions légales. On estime à environ 20 % la proportion d'adolescents qui poursuivent leurs activités délinquantes.

7.4. *Psychopathologie*

On peut distinguer, selon Redl (1945, p. 367-368), d'après les processus psychologiques en cause, quatre formes de délinquance juvénile :

- ▲ défenses contre des expériences traumatiques, des défauts éducatifs, et des milieux pathologiques ;
- ▲ trouble aigu de développement (décompensations psychotiques) ;
- ▲ troubles névrotiques ;
- ▲ atteinte grave de l'organisation du Moi entraînant une délinquance « vraie ».

Je n'envisagerai ici que les éventualités :

- ▲ des origines névrotiques ;
- ▲ des troubles du Moi.

7.4.1. Origine névrotique

On trouve chez Freud la description de ceux qui estiment ne pas avoir à se soumettre aux règles sociales parce qu'ils se considèrent comme des exceptions :

> « [...] leur névrose se rattachait à un événement ou à une souffrance qui les avait atteints dans leur première enfance, desquels ils se savaient innocents, et qu'ils pouvaient considérer comme un préjudice injuste porté à leur personne. Les privilèges qu'ils faisaient découler de cette injustice et l'insubordination qui en résultait n'avaient pas peu contribué à rendre plus aigus les conflits qui avaient amené plus tard l'éclosion de la névrose. » [*Essais de psychanalyse appliquée*, p. 108 (1915)]

Ce thème a été retrouvé et développé par Winnicott qui l'applique spécifiquement à la délinquance :

> « Lorsqu'il y a une tendance antisociale, c'est qu'il y a eu un véritable sevrage (pas seulement une simple privation) ; c'est-à-dire qu'il y a eu une perte de quelque chose de bon, qui a été positif dans l'expérience de l'enfant jusqu'à une certaine date, et qui lui a été retiré. Ce retrait a dépassé la durée pendant laquelle l'enfant est capable d'en maintenir le souvenir vivant. » [1956 b, p. 178]

Ainsi, selon Winnicott, la conduite antisociale résulte d'une faillite de l'environnement au cours des premières années de l'enfant. Il écrit avec optimisme que l'acte antisocial exprime l'espoir de retrouver ce qui a été injustement arraché.

7.4.2. Trouble du développement du Soi

Plus souvent, c'est un trouble du développement du Soi qui est à l'origine de la délinquance.

▲ Dans la majorité des cas, il s'agit de pathologies limites (décrites au chapitre 3 et dans le présent chapitre).

▲ Mais, parfois, on peut reconnaître, chez ces sujets qui présentent une pathologie limite, un type d'organisation psychique particulière dont la manifestation clinique correspond au tableau de la psychopathie.

Selon Meltzer, ce processus serait contemporain des premières internalisations et organisations du Soi, et résulterait d'un mode d'évitement des angoisses persécutives et dépressives. Une partie du Soi fait alliance avec la partie destructrice d'un objet interne clivé :

> « [...] ce qui ressort du matériel analytique, c'est l'existence d'une partie du self, qui s'est fusionnée à un degré variable avec une mauvaise partie de l'objet, et dont la visée essentiellement malveillante est dirigée contre la toute première organisation et le développement des parties idéalisées du self et des objets idéalisés ; c'est-à-dire contre la "famille idéalisée". » [1972, p. 137]

Cette partie de la personnalité, qui peut être considérée comme « virulente », fait alliance avec des personnes de l'entourage de l'enfant qui présentent des caractéristiques de cynisme et de cruauté, ce qui favorise la constitution d'un Surmoi sadique.

Le devenir de ces formations est très variable selon l'organisation du Soi et la qualité des expériences relationnelles. Dans la limite du normal, certains de ces adolescents font apparaître dans des occasions particulières, le groupe par exemple, certaines tendances perverses inattendues. Les adolescents qui présentent des clivages du Soi et dont les troubles appartiennent à la catégorie des états limites peuvent se placer sous l'égide de cette partie perverse de leur personnalité. Ces attributs du psychisme se développent à des fins destructrices dans la recherche envieuse d'un monde d'anti-valeurs et trouvent satisfaction dans les activités délinquantes.

7.5. *Traitement*

Le traitement de la délinquance est prioritairement social et psychiatrique. Les entretiens nécessitent une compétence confirmée du psychothérapeute sans que le modèle de la psychothérapie puisse être utilisé.

Le plus grand nombre des adolescents délinquants a des troubles qui s'apparentent aux états limites, pourtant la psychanalyse ne peut généralement pas être considérée comme une indication thérapeutique immédiate pour la délinquance. L'appartenance à des groupes est un trait essentiel de la délinquance juvénile, et le groupe soutient les résistances au changement de l'adolescent. Certains essais anciens ont montré que le travail thérapeutique est efficacement attaqué par l'influence du groupe.

Le milieu de vie détermine les chances d'évolution, c'est pourquoi il importe de savoir que l'aspect social est prioritaire dans un premier temps. Les premiers traitements peuvent prendre la forme de thérapies de groupe ou de collectifs organisés en communautés thérapeutiques (Jones, 1968). Comme dans les cas d'addiction, à plus long terme, la psychanalyse demeure une indication. Il faut reconnaître cependant que c'est une entreprise particulièrement difficile quand il existe des traits de psychopathie.

Chapitre 5

Troubles psychiques liés aux atteintes somatiques

SOMMAIRE

OBJECTIFS DE CONNAISSANCES

▲ Conséquences des déficiences sensorielles sur les premières interrelations et sur le développement psychique ;
▲ Les retentissements psychiques de l'épilepsie ;
▲ Envisager les conséquences familiales (parents et fratrie) de l'évolution d'une encéphalopathie post-natale.

Introduction

On comprend que des atteintes neurologiques et sensorielles puissent avoir des conséquences directes importantes sur le fonctionnement psychique et des conséquences indirectes par l'effet des relations avec l'entourage.

Les déficiences sensorielles nécessitent des aménagements précoces des conditions de vie des enfants ; en effet, la qualité de ces mesures conditionne leur avenir psychique.

Les premières manifestations de certaines maladies neurologiques sont quelquefois d'ordre psychiatrique et il importe de connaître cette éventualité.

Quand la maladie est reconnue et s'accompagne de troubles du comportement, le retentissement affectif sur l'ensemble de la famille peut entraîner l'aggravation secondaire des troubles psychiques. L'intervention conjointe d'équipes pédiatriques et psychiatriques est donc souvent nécessaire.

1. Déficiences sensorielles

Le développement de l'enfant qui présente un handicap sensoriel dès la naissance est tout à fait spécifique. Les interactions sont transformées et les informations sont obtenues par des modalités indirectes, au prix d'une attention soutenue. Les parents qui ignorent encore le handicap de leur enfant sont désorientés par l'absence de réaction adéquate de sa part et le défaut de communication menace l'établissement des liens d'attachement.

1.1. *La cécité*

Est aveugle l'enfant dont l'acuité visuelle est inférieure à 0,5 dixième, amblyope celui dont l'acuité est inférieure à 3 dixièmes.

L'interaction est profondément perturbée par l'absence d'accrochage du regard si important pour la constitution du « Moi-Peau » (Anzieu, 1974) ; le développement de la motricité, de la préhension des objets, de la marche, est considérablement retardé. Le développement du langage fait apparaître un plaisir à vocaliser et, plus tard, à utiliser des mots dépourvus de sens. Un retard cognitif global est habituel au cours des premières années de vie mais l'évolution se normalise par la suite.

La dépendance de l'enfant aveugle est considérable et, de ce fait, peut conduire à des réactions de rejet ou plus souvent d'hyperprotection.

L'enfant est souvent anxieux, incertain, très sensible aux contrariétés.

On a signalé la fréquence de mouvements stéréotypés qui constituent des autostimulations (les *blindismes*) : balancements du corps, sautillements, effleurements. On note aussi parfois des troubles de la préhension d'objets, dits *phobies du toucher*.

Plusieurs auteurs, dont Fraiberg (1977) ont signalé la fréquence des cas d'autisme chez des aveugles de naissance (jusqu'à 28 % !). Ce fait semble confirmer les recherches de Haag (1988 a) sur l'importance du regard dans la constitution de la peau psychique et les idées de Meltzer (1975) sur la psychopathologie de l'autisme.

1.2. *La surdité*

Le problème essentiel concerne la capacité d'acquisition du langage parlé. L'évaluation du degré de surdité permet de déterminer si un appareillage est nécessaire. Dans l'affirmative, il sera installé le plus précocement possible, afin que l'enfant vive dans un bain sonore.

Au point de vue cognitif, on note souvent un retard global et des difficultés d'abstraction. On attribue à l'enfant sourd un caractère peu tolérant, coléreux, avec une grande instabilité émotionnelle.

Les études démographiques font apparaître la plus grande fréquence de troubles psychiques manifestes : débilité et psychoses.

Cependant, le retard intellectuel et les troubles du caractère ne se manifestent pas quand l'enfant sourd profond est élevé par des parents sourds utilisant le langage des signes, ce qui montre qu'ils sont les effets des troubles précoces des interrelations. Ces troubles résultent du fait que la possibilité de communiquer — par signes — est encore souvent refusée aux bébés sourds profonds et à leurs parents. De la fin du XIXe siècle jusqu'à une période récente, l'apprentissage du langage des signes pour les sourds a été proscrit des écoles, des lieux de soins et par voie de conséquence littéralement interdit aux parents. Cette prise de position résulte d'une idéalisation de la communication vocale qui accorde la priorité absolue au langage oral en sacrifiant la construction psychique par le langage visuel. Le langage des signes constitue un véritable langage, organisé sur le principe de la double articulation, et permet aux parents et à l'enfant d'utiliser précocement un mode de communication aussi satisfaisant que la langue vocale (Bouvet, 1982). Le développement psychique de l'enfant sourd profond étant assuré, il est plus facile d'envisager un apprentissage vocal qui, dans le meilleur des cas, sera toujours partiel. Mais il est vrai que le sourd qui « signe » appartient à un monde particulier et minoritaire. Le développement des techniques d'implantation d'électrodes sur le nerf auditif aura peut-être pour effet de modifier les perspectives de traitement du plus grand nombre des surdités profondes.

2. Les épilepsies

2.1. *Description*

C'est une pathologie fréquente chez les enfants, qui sont plus sujets que les adultes à présenter des crises à forme convulsive.

Il s'agit d'un syndrome caractérisé par des crises entraînant des perturbations cliniques paroxystiques diverses : altération de la conscience, symptomatologie motrice, psychique, neurovégétative, sensitive ou sensorielle. Il traduit un dysfonctionnement du système nerveux central qui peut être décelé et étudié par l'électroencéphalographie.

Les crises peuvent prendre deux formes ; elles sont généralisées ou partielles :

▲ Dans les formes *généralisées,* il y a perte de connaissance. Elles comprennent les crises motrices avec convulsions (le *« grand mal »*) et les absences ou *« petit mal »*. Il existe aussi des formes sévères d'épilepsie généralisée, au tableau complexe : syndrome de West (chez le nourrisson) et syndrome de Lennox-Gastaut chez le jeune enfant. La plupart de ces patients gardent des troubles cognitifs et peuvent présenter des évolutions autistiques.

▲ Les formes partielles ne s'accompagnent pas de perte de connaissance mais peuvent se généraliser secondairement. Les crises peuvent être psychomotrices temporales, rolandiques et bravais-jacksonniennes.

Il existe des épilepsies symptomatiques de cause organique décelable et des épilepsies « essentielles ».

2.2. *Troubles psychiques*

Il n'y a pas de troubles psychiques spécifiques de l'épilepsie ; les perturbations résultent des rapports complexes entre la forme électro-clinique de l'épilepsie, son évolution, et l'environnement familial.

Une étude globale fait apparaître une moyenne d'efficience intellectuelle diminuée ; l'atteinte intellectuelle est fonction de la fréquence des crises, de la précocité du début, des médications et de l'atteinte organique. On a signalé une réduction des capacités imaginatives et la prédominance de la pensée concrète.

La rupture provoquée par les crises, la perte de contrôle, menacent l'intégrité et la continuité temporelle du Soi. Les troubles de l'organisation narcissique dépendent pour une large part des attitudes des parents et de l'environnement proche.

Parfois (Soulayrol, 1999), l'enfant trouve dans les crises une occasion d'obtenir des bénéfices secondaires : « Il traverse les mêmes vicissitudes de développement que n'importe qui à ceci près qu'il a à sa disposition des manifestations visibles d'une affection somatique dont il peut ou non se servir pour exprimer, éviter ou détourner ses conflits » (p. 201). Il peut même présenter des manifestations hystériques avec reproduction de pseudo-crises.

3. Les encéphalopathies

Ces pathologies sont citées sans commentaires, dans l'intention seulement de situer l'extrême diversité des troubles somatiques qui s'accompagnent très souvent d'atteintes psychiques importantes.

3.1. *Encéphalopathies congénitales ou prénatales*

3.1.1. Aberrations chromosomiques

Il s'agit d'anomalies soit de nombre, soit de structure des chromosomes. Ce sont des affections généralement non transmises héréditairement.

La *trisomie 21* (syndrome de Down) occupe une place particulière du fait de sa grande fréquence (1/600). Les enfants présentent des particularités morphologiques, leur développement cognitif est toujours perturbé et ils sont souvent turbulents à partir de l'âge de latence, mais la qualité de leur relation affective permet souvent un maternage heureux.

L'intérêt s'est porté depuis quelques années sur le *syndrome de l'X fragile,* qui s'accompagne de traits autistiques et de troubles cognitifs.

3.1.2. Maladies héréditaires du métabolisme

Ces maladies sont la conséquence d'une mutation qui modifie le gène codant une protéine. Dans la quasi-totalité des affections, il s'agit d'une protéine enzymatique nécessaire au fonctionnement d'une chaîne métabolique de synthèse. La plus connue est la *phénylcétonurie,* détectée par le test néo-natal de Guthrie.

Les troubles psychiatriques qui en résultent sont nombreux, avec des tableaux cliniques évocateurs, mais les manifestations psychiques peuvent rester isolées parfois assez longtemps, ce qui pose des problèmes de diagnostic. Je signale ici, bien que son origine génétique soit encore inconnue, le *syndrome de Rett,* qui frappe exclusivement les filles avec des troubles similaires, les premières années, à l'autisme.

3.1.3. Neuro-ectodermoses

Ce sont des maladies héréditaires associant une atteinte neurologique et une atteinte cutanée. Elles entraînent presque toujours une atteinte cognitive.

3.1.4. Malformations cérébrales

Elles comprennent les anencéphalies, les agénésies du corps calleux, les micro- et les macrocéphalies.

3.1.5. Embryo-fœtopathies

Il s'agit d'atteintes infectieuses – infections virales (rubéole), toxoplasmose – ou de fœtopathies liées à une pathologie maternelle.

3.2. *Encéphalopathies périnatales*

Elles résultent de traumatismes obstétricaux (anoxie, hémorragie sous-durale) ou d'infections transmises par la mère au fœtus.

Les effets psychiques sont extrêmement variables, allant de l'atteinte massive à des troubles cognitifs mineurs.

Les encéphalopathies dites « infirmités motrices cérébrales » (la maladie de Little est l'une d'entre elles) occupent une place importante de cette pathologie. Une lésion cérébrale « fixée » est responsable de troubles moteurs prédominants, mais certaines formes sont associées à un retard mental.

3.3. *Atteintes postnatales*

On peut citer :

▲ les méningites et les encéphalites aiguës et subaiguës, qui peuvent avoir pour séquelles des troubles du comportement et des déficiences cognitives importantes ;

▲ les tumeurs cérébrales ;

▲ les atteintes traumatiques.

Une caractéristique commune de la majorité de ces pathologies est leur caractère irréversible. La blessure narcissique qu'entraînent ces atteintes vient s'ajouter aux limitations de vie qu'elles imposent. Même dans le cas où une maladie n'a pas de conséquence psychique directe, un soutien psychologique de l'enfant et de sa famille est généralement justifié.

Chapitre 6

De l'accueil au traitement

SOMMAIRE

OBJECTIFS DE CONNAISSANCE

▲ Recueil d'informations au cours des premiers accueils des familles et de l'enfant ;
▲ Les réactions des parents aux propositions de soins ;
▲ Les particularités de la psychothérapie analytique de l'enfant psychotique ou autiste ;
▲ Les relations sociales et les activités pédagogiques des enfants psychotiques.

La décision de conduire son enfant en consultation pour des difficultés psychologiques est beaucoup plus pénible pour les parents que s'il s'agit d'une consultation médicale, et la rencontre avec les « psys » est une épreuve angoissante. Il faut reconnaître que les psychologues, psychiatres et psychothérapeutes ont contribué à pérenniser une représentation effrayante des rencontres avec eux. La crainte qu'ils inspirent contribue à différer les consultations alors que la précocité des soins est une condition de leur efficacité.

1. L'accueil

1.1. *La première consultation*

Les lieux de consultation pour enfants sont soit des centres publics ou associatifs qui disposent d'équipes pluridisciplinaires (psychiatres et psychologues, orthophoniste, psychomotricien), soit des cabinets privés où le consultant, psychologue ou psychiatre, travaille généralement seul. Les Centres médico-psychologiques (CMP) et médico-psycho-pédagogiques (CMPP) publics font partie d'un ensemble, dit *secteur de psychiatrie infanto-juvénile,* placé sous la responsabilité d'un médecin. Recevoir une famille est le premier acte d'un parcours qui peut se révéler bref et peu préoccupant ou devenir au contraire un chemin douloureux à parcourir pendant des années avec l'enfant et ses parents. Tandis que le praticien, installé dans son domaine familier, est protégé des émotions excessives par son professionnalisme, la famille est dans une situation inconnue et s'apprête à affronter un verdict.

Le cadre de l'entretien est fonction de l'âge : le bébé et l'enfant sont reçus avec leurs deux parents, au moins avec la mère ; l'adolescent est reçu seul, on lui demande par la suite son accord pour recevoir ses parents séparément.

Pour l'enfant, les techniques sont diverses : rares sont ceux qui reçoivent l'enfant en premier ; certains reçoivent les parents d'abord. Il me semble que pour avoir un aperçu des relations parentales et réduire les craintes qu'éprouve l'enfant d'une collusion du thérapeute avec les parents, la démarche naturelle est de recevoir la famille telle qu'elle se présente.

Pour un bébé ou un enfant, il y a intérêt à disposer d'une pièce adaptée, avec un espace où le bébé peut ramper et du matériel pour dessiner et jouer.

Le modèle psychanalytique s'est diffusé dans un grand nombre de situations où il est inadéquat : il n'est pas superflu de souligner que la consultation n'est pas une séance de psychanalyse. Le praticien distant, froid, silencieux ou sibyllin accroît l'angoisse des parents et justifie leurs préjugés contre les « psys ».

À l'opposé, la position efficace, directive et méthodique de la tradition médicale, bien que plus rassurante, ne favorise pas l'expression des sentiments.

L'objectif important est d'établir une relation de confiance tout en recueillant de nombreuses informations tant par ce qui est dit par la famille que par l'observation des échanges entre parents et enfant pendant l'entretien. Une position respectueuse et non intrusive conduit parfois à mettre en suspens certaines questions qui font partie de la liste des données que nous souhaitons obtenir ; toute réticence signale des conflits et une souffrance. Le praticien ne peut échapper à certaines contradictions — il sait que les questionnements pressants et prolongés dénaturent l'entretien, et pourtant la liste des informations qui pourraient lui être utiles est longue :

▲ le motif et les conditions de cette décision de consulter ;

▲ l'anamnèse : du projet de sa naissance à l'âge actuel de l'enfant ;

▲ les parents : leur ascendance, leur histoire, leur milieu ;

▲ la vie familiale et les formes de relations, le couple, les enfants, la vie sociale, la profession ;

▲ les temps de séparation de l'enfant et sa scolarité.

Les parents sont venus pour avoir des réponses à plusieurs questions : « Est-il malade ? Est-ce grave ? Que faut il faire ? Quelle est la cause de son trouble ? », avec, en arrière-plan, « Sommes-nous fautifs ? »

Le spécialiste consulté ignore après le premier entretien les réponses à la plupart de ces questions et certaines sont dépourvues de sens pour lui. Il existe aussi une différence de langue qui gêne le dialogue : la référence dont disposent le plus grand nombre de parents est celle de maladies dont le diagnostic, l'évolution et l'étiologie dépendent d'outils de recherche précis ; or les troubles psychiques ne correspondent pas à ces critères. Il est souvent très difficile d'informer, mais le silence ferait craindre la dissimulation d'une vérité insupportable. La rencontre ne peut se terminer sans une information aussi véridique et précise que possible, en recherchant le mode de communication adapté aux interlocuteurs. Les premières hypothèses permettent au minimum d'envisager certaines catégories de troubles et d'en situer la gravité, il est alors possible d'indiquer aux parents les premières mesures proposées.

1.2. *Particularités des consultations des nourrissons*

Pour le plus grand nombre de parents, il ne semble pas concevable qu'un bébé puisse avoir une difficulté d'ordre psychique. Souvent, les parents cessent de fréquenter une consultation de Protection maternelle et infantile parce qu'un conseil de consultation psychologique leur a été donné sans précaution. Pour affronter le risque de blesser la susceptibilité des parents, le pédiatre doit connaître la forme d'accueil qui attend la famille ; il y a intérêt à établir des relations de travail entre la PMI et les consultations de pédopsychiatrie. Plusieurs centres de consultation de pédiatrie publics associent un psychologue au pédiatre et à la puéricultrice à l'accueil. Son intervention ne peut se faire d'une façon systématique : elle n'est appropriée qu'en fonction des préoccupations des mères ou des souffrances d'un bébé.

1.3. *Premières décisions*

En fonction des recherches faites antérieurement à la première consultation, il est nécessaire de déterminer si des examens médicaux spécialisés, des évaluations en orthophonie ou psychomotricité sont nécessaires. L'option d'examens complémentaires la plus souvent discutée concerne des tests projectifs et psychométriques. L'évaluation systématique est une pratique critiquable, mais la tendance à négliger la psychométrie, sous prétexte de prééminence de la clinique, prive d'informations précieuses.

Il est vrai que les praticiens qui travaillent en cabinet privé peuvent difficilement concilier un travail d'évaluation et la position de psychothérapeute par la suite. La difficulté peut être surmontée par le travail en réseau avec d'autres spécialistes, modalité qui s'impose de toute façon pour l'orthophonie et la psychomotricité.

1.4. *Psychométrie et tests projectifs*

1.4.1. Évaluation des aptitudes

Cette évaluation est une mesure d'aptitudes présentée sous diverses formes : âge mental, quotient de développement, indice de dispersion (*cf.* Perron-Borelli, Perron, 1970, p. 66-91).

En marge de toute préoccupation psychométrique, Brazelton (1973) a utilisé, pour mettre en évidence certaines compétences du nouveau-né, une série de mises en situation qui permettent d'observer les actions et réactions du bébé (*cf.* Lebovici, Stoleru, 1983, p. 123-131). L'Échelle d'évaluation des conduites néonatales étudie les réactions d'habituation, d'orientation, l'éveil, la motricité du bébé et ses interactions. Sans avoir de valeur prédictive précise, elle permet d'être attentif au développement d'un bébé vulnérable dans les premières semaines après la naissance.

La passation de tests destinés à des évaluations d'aptitudes est effectuée après une prise de contact avec l'enfant, en utilisant en médiation, selon son âge, les jouets, les jeux et les dessins.

De 2 à 30 mois. Échelle de développement de la première enfance, de Brunet-Lezine Cette échelle étudie la posture, la coordination motrice, la vocalisation et les échanges.

De 3 à 4 ans. Pour les enfants de plus de trois ans, le Wechsler est le test le plus communément utilisé. Les épreuves sont ordonnées en deux séries de sub-tests : l'épreuve verbale et l'épreuve performance. Le résultat de chaque épreuve est calculé en fonction de l'âge de l'enfant, ce qui permet d'établir trois « quotients intellectuels » : QI verbal, QI performance, QI global.

De 4 ans à 6 ans. On utilise le WPPSI *(Wechsler Preschool and Primary Scale of Intelligence).*

De 6 ans et demi à 16 ans et demi. On se sert du WISC-R *(Wechsler Intelligence Scale for Children, Revised).* L'intérêt principal du test est la variété des épreuves, qui permet d'apprécier la relation de l'enfant avec des champs de connaissance variés, tout en évaluant le facteur de l'émotivité et la sensibilité à l'échec.

Deux épreuves utilisent les travaux de Piaget :

▲ de 5 ans à 8 ans : l'échelle de développement cognitif de l'enfant. Elle met en évidence le passage du stade préopératoire au stade des opérations concrètes, la conservation de la quantité de matière, la conservation de la longueur.

▲ de 8 ans à 16 ans : l'échelle de développement de la pensée logique de Longeot. Elle permet l'évaluation des niveaux préopératoire, concret, intermédiaire et formel, par des épreuves de conservation de poids et de volumes, de permutations, d'appréciation de probabilités, d'études du pendule et de courbes.

1.4.2. Les tests projectifs

▲ Épreuves structurales

Le test créé en 1920 par Rorschach (1921), psychanalyste suisse, fut utilisé pour les enfants quelques années plus tard. Ce test donne une image dynamique de la personnalité, permet d'avancer des hypothèses sur la nature des angoisses et sur les processus de défense et la cohésion du Soi.

▲ Épreuves thématiques

Elles consistent à présenter des images dans un ordre déterminé, en demandant à l'enfant de raconter une histoire. Les images renvoient à des situations de la vie courante, transposées aux animaux pour le CAT :

▲ entre 3 et 12 ans : CAT (*Children Apperception Test)* ;

▲ au-delà de 8 ans : TAT *(Thematic Apperception Test),* de Murray.

Ces tests peuvent révéler les modes conflictuels de la relation de l'enfant avec sa famille et ses pairs (Boekholt, 1998).

Le test de *Patte-noire* a été conçu en référence à la psychanalyse, pour étudier la forme des conflits névrotiques de l'enfant (Corman, 1961).

1.5. *Les propositions de soins*

1.5.1. Le passage de l'accueil aux soins

Au cours du premier accueil, l'intensité des affects mobilisés par la décision de consulter et par le fait de confier des aspects personnels de sa vie, la forme d'intérêt accordée à l'enfant, ont pour conséquence l'établissement de liens transférentiels intenses avec le premier praticien rencontré dans le centre de consultation. Quand une psychothérapie est indiquée, si le praticien qui a fait l'accueil peut être celui qui poursuit le traitement, cette situation est favorable. Par contre, s'il y a rupture des premier liens, le psychothérapeute qui prend la suite rencontre des résistances considérables, dans la mesure même où les premiers entretiens s'étaient déroulés dans de bonnes conditions.

1.5.2. La proposition de traitement

La proposition d'un traitement est un temps difficile de la relation avec les parents. Le sens que prend une proposition de psychothérapie est très variable : selon le milieu social de la famille et son histoire, elle est encore souvent assimilée à un diagnostic de folie et culpabilise les parents. La proposition faite aux parents doit tenir compte non seulement de l'état de l'enfant mais aussi de la capacité de la famille d'accepter certains traitements et d'en assumer la charge : en déplacements, en temps, éventuellement en dépenses. S'il est relativement facile d'expliquer l'objectif de l'orthophonie, ou d'une pédagogie spécialisée, la présentation de la psychothérapie pose un problème difficile puisqu'il s'agit de marquer la différence avec des « leçons particulières » sans inquiéter des parents qui attendent de nous « une remise en ordre ».

2. Les traitements

2.1. *Mise en place d'un projet de traitement*

Dès l'âge de deux ou trois ans, l'enfant peut manifester son accord ou son opposition aux séances qui lui sont proposées. En fait, comme le remarque Chiland (1983, p. 90), l'enfant est surpris et intéressé par un adulte qui est tout à fait disponible pour lui et qui ne manifeste pas les formes d'autorité qu'il rencontre habituellement. Jusqu'à la période de l'adolescence, l'attitude la plus adéquate semble être, si l'enfant s'oppose, de lui demander impérativement de venir, même si cela lui déplaît, pour deux ou trois fois, en précisant qu'il pourra décider ensuite librement.

Dans la rencontre régulière avec l'adulte, l'enfant développe rapidement un transfert dont l'intensité est à la mesure des angoisses et des conflits qui l'ont conduit en consultation. Il donne alors au thérapeute la responsabilité de répondre avec compétence à cette attente inconsciente. L'établissement d'un transfert n'est évidemment pas réservé à la situation de la psychothérapie ; en effet, les traitements orthophoniques et de psychomotricité donnent lieu à des relations intenses de l'enfant avec ceux qui se rendent disponibles pour lui.

Il n'y a pas à craindre une « dispersion » ou « dilution » du transfert du fait qu'une rééducation orthophonique est conduite parallèlement à la psychothérapie. Le danger pourrait résulter des conflits entre les intervenants, et c'est pourquoi la coordination et l'entente d'une équipe sont particulièrement importantes. Un souci de bon sens, est de ne pas écraser l'emploi du temps de l'enfant et celui de ses parents par de trop nombreux déplacements.

2.2. *Les différents types de traitements*

Je ne ferai état ici que de trois techniques : systémiste, cognitivo-comportementale et psychanalytique, sans revenir sur les aspects théoriques qui ont été discutés dans le premier chapitre. Seront ensuite indiqués les problèmes posés par les médications en psychiatrie de l'enfant.

2.2.1. Les traitements systémiques

Dans la perspective systémique, l'enfant qui présente des troubles est le patient désigné d'un système familial dont le mode de communication est pathologique.

Le traitement s'adresse donc à l'ensemble de la famille et les conditions pratiques de la rencontre sont importantes. J'en indique ici une modalité habituelle : deux thérapeutes rencontrent la famille dans une séance d'une heure, tandis que deux cothérapeutes observent et écoutent les échanges derrière un miroir sans tain ; ils peuvent communiquer par microphone avec les thérapeutes. Les membres de la famille ont été informés de ce dispositif, qui fonctionne sous leurs yeux : pendant la séance, un observateur peut proposer à un thérapeute de le rejoindre pour lui faire une suggestion.

Le nombre de séances est limité à dix et elles sont espacées de quinze jours ou d'un mois.

Il y a une procédure précise pour chaque séance :

▲ un temps de réunion préparatoire (avant la première séance, on discute des informations obtenues, par exemple au cours de l'échange téléphonique préalable ; par la suite, on étudie le procès-verbal de la précédente réunion) ;

▲ la séance ;

▲ la discussion : après la séance (les thérapeutes et leurs observateurs se réunissent pour décider de la prescription qui sera faite à la famille — la famille attend ! — ; cette prescription est en règle générale paradoxale) ;

▲ la conclusion : un thérapeute énonce la prescription ; elle peut s'accompagner d'un texte à lire en certaines circonstances, qui est remis à un membre de la famille. Il est important que ce temps soit bref, les réactions immédiates de la famille sont observées ;

▲ la rédaction d'un procès-verbal, précédée d'une dernière réflexion du groupe de thérapeutes.

Les thérapeutes s'intéressent principalement au jeu des communications dans la famille. Dans les familles schizophréniques (Selvini Palazzoli *et al.*, 1975), le patient désigné est celui pour qui le mode de relation est tellement insoutenable qu'il s'en aliène (p. 39).

Le mode d'intervention des thérapeutes au cours de la séance est basé sur le principe de la connotation positive de l'effort de chacun pour maintenir l'homéostasie du groupe familial.

La prescription est construite en utilisant les redondances observées, elle recommande sur un mode paradoxal le maintien de la situation.

Une tâche est parfois proposée aux parents :

> « À la fin de la séance, les thérapeutes confièrent à chacun des parents un petit cahier et firent la prescription suivante : pendant la semaine à venir, les parents devaient écrire, chacun sur son propre cahier, toutes les expressions verbales de la fillette et ceci avec la plus grande exactitude possible. Ils devaient y accorder une attention extrême afin de ne rien oublier. Une seule omission pouvait nuire au travail thérapeutique. » [*Paradoxe et contre-paradoxe*, p. 67 (1975)]

La recherche systémique se poursuit et ces dernières années, Selvini centre moins le travail thérapeutique sur la prescription finale et davantage sur les interventions en cours de séance, en s'appuyant sur des hypothèses et l'analyse réaliste du jeu familial.

2.2.2. Techniques cognitivo-comportementales

Dans les pratiques thérapeutiques actuelles, il y a habituellement une référence conjointe aux théories comportementales et cognitives, c'est-à-dire que des modèles béhavioristes, généralement abandonnés depuis l'essor du cognitivisme, servent encore de référence à certaines formes de traitement.

▲ Le point de vue comportementaliste

On sait que le courant béhavioriste de Skinner (1969) a développé, dans ses travaux sur l'apprentissage, le concept de *conditionnement opérant*. Le conditionnement opérant est fonction du résultat d'une action, avec trois types de réponses :

▲ un renforcement positif, dans les cas ou le comportement est adapté ;

▲ un renforcement négatif, qui va conduire à un évitement ;

▲ une extinction, du fait de l'absence de renforcement par non-réponse de l'environnement.

Dans l'application de ce principe en thérapie, on considère que le comportement pathologique à traiter résulte d'un conditionnement qu'il convient de traiter par un « contre-conditionnement ». La thérapie doit se baser sur une analyse précise des comportements, afin de déterminer les facteurs discriminants de la réponse, ainsi que les circonstances et les conséquences de cette réponse.

▲ Le point de vue cognitiviste

L'application thérapeutique est basée sur l'hypothèse selon laquelle le processus cognitif s'opérerait en fonction de schèmes. Ces schémas cognitifs, acquis dans les premières années de la vie, ont un mode d'action inconscient et seraient stockés dans la mémoire à long terme. Dans une situation pathologique, ces schémas, organisés en constellation, perturberaient le traitement de l'information par une distorsion de la pensée logique et de l'analyse de la réalité.

Parmi les auteurs qui ont développé ce courant thérapeutique, Beck (1976), a étudié le rôle des pensées automatiques et des dialogues internes (inconscients ou subconscients) dans la gestion des événements de la vie courante.

Les techniques thérapeutiques se sont développées dans le domaine de l'adulte ; elles sont très limitées dans leurs applications à l'enfant, à l'exception de l'autisme (méthode TEACCH).

Ces thérapies sont brèves, symptomatiques et structurées. Le nombre de séances est déterminé d'avance, l'objectif est symptomatique et les symptômes cibles sont désignés après un travail avec l'enfant et ses parents.

Après une première étape d'analyse de la situation, un programme structuré de soin est établi, adapté à chaque cas, avec la participation active de l'enfant et de sa famille.

Le traitement cherche à agir sur les aspects cognitifs et affectifs du comportement. Il s'agit de développer des raisonnements alternatifs, d'apprendre à différencier les faits de leur appréciation subjective (sans confronter le sujet à ses erreurs). On apprend à autoquestionner la validité de ses propres comportements par une analyse de la réalité.

Ces techniques sont utilisées particulièrement pour les troubles obsessionnels compulsifs et les phobies.

2.2.3. Les traitements psychanalytiques de l'enfant

L'histoire de la psychanalyse de l'enfant est marquée par les doutes qu'avait tout d'abord exprimés Freud (1909 a, p. 93-94) sur la possibilité d'appliquer la technique psychanalytique à l'enfant. On sait que par la suite il apporta cependant tout son soutien à sa fille pour des recherches dans une voie où elle avait été précédée par Hug Hellmuth et Klein (*cf.* C. Geissmann et P. Geissmann, 1992). Pour les principaux fondateurs, tels que Melanie Klein et Anna Freud, la psychanalyse de l'enfant ne pouvait se concevoir qu'en situation duelle. Les formes nouvelles sont souvent dérivées des psychothérapies de groupe.

▲ La psychanalyse de l'enfant en situation duelle

Les conditions matérielles :

▲ un bureau suffisamment isolé pour que les péripéties de la séance ne soient pas suivies par les parents dans la salle d'attente ;

▲ utilisation d'eau dans la pièce, et un cabinet de toilette directement adjacent ;

▲ une pièce meublée de façon simple avec des meubles robustes ;

▲ le matériel nécessaire pour écrire et dessiner (l'enfant jeune doit disposer d'un matériel qui lui est spécialement destiné, comportant des petits personnages et des animaux).

Les parents pendant la séance. La négociation de la venue de l'enfant dans la salle de thérapie est préparée dès la décision du traitement, en s'adressant directement à l'enfant. Quand il est très jeune ou que son angoisse de séparation est particulièrement grande, les premières séances peuvent avoir lieu en présence de la mère, bien que ce soit une situation difficile à gérer. La séance dure trois quarts d'heure ; il y a intérêt à ce que l'enfant sache qu'un parent l'attend dans la salle d'attente. Les situations où l'enfant quitte prématurément la salle de thérapie sont à gérer en fonction des lieux et de l'aptitude des parents à intervenir avec tact.

Le processus psychanalytique. C'est sous ce titre que Meltzer publia en 1967 un ouvrage qui fait référence, où il décrit les vicissitudes du transfert au cours de la psychothérapie analytique de l'enfant. Les étapes successives : rassemblement des éléments du transfert, tri des confusions géographiques, seuil de la position dépressive et processus de sevrage, sont atteintes à travers les rythmes des séparations de chaque séance, de la semaine et des vacances.

▲ Les psychothérapies parents-enfants

Les consultations thérapeutiques de Winnicott, pédiatre et psychanalyste, le mettaient en relation avec la mère et le bébé, et il utilisait cette situation pour instaurer un travail thérapeutique (1969 a). Fraiberg (1976), parfois contrainte de travailler à domicile dans les conditions les plus inconfortables, insistait sur la qualité particulière de communication des mères quand elles se trouvent en présence de leur bébé.

La situation de parentalité confronte l'adulte à des remaniements psychiques qui rappellent ceux de l'adolescence : deuils et identifications. Ce conflit de parentalité (Cramer, Palacio Espasa, 1993, p. 55-63) peut soumettre le bébé à des identifications projectives qui menacent son développement.

Les thérapies brèves mère-jeune enfant qui peuvent faire suite à la première consultation, ont été étudiées par l'équipe de Cramer à Genève. Au cours des séances, qui sont au nombre d'une dizaine et généralement espacées d'une semaine, le thérapeute s'adresse à la mère et parfois au bébé et commente plus qu'il n'interprète ce qu'il observe.

▲ La psychothérapie de groupe pour enfants

Tandis que la pratique des psychothérapies analytiques de groupe pour adultes s'est peu développée en France, on constate depuis quelques années que plusieurs thérapeutes utilisent la psychothérapie analytique de groupe soit pour les enfants en période de latence (Privat, Sacco, 1995), soit pour les enfants autistes et psychotiques (Haag *et al.,* 1988). La forme la plus habituelle est celle de la cothérapie, avec des séances d'une heure bihebdomadaires. Les divergences importantes concernent l'objet, groupal ou individuel, des interprétations.

▲ Le psychodrame

Le psychodrame est utilisé pour un petit groupe d'enfants ou pour un seul enfant. Le groupe est constitué par deux thérapeutes et cinq ou six enfants. Après un temps de discussion, un thème est choisi, et généralement l'enfant qui en a l'initiative occupe le rôle principal tandis qu'un seul thérapeute participe au jeu dramatique. Au cours de la discussion qui suit, d'éventuelles reprises de jeu peuvent être décidées en changeant le rôle principal.

Dans le psychodrame dit individuel, il y a un seul enfant et deux thérapeutes. L'enfant joue un rôle qu'il a déterminé dans une première partie de la séance et un des thérapeutes lui répond. Le renversement des rôles, la répétition des scènes confrontent le patient à son propre théâtre interne et un travail de nouvelles perlaborations devient possible. La seconde partie de la séance est un temps essentiel du psychodrame (Kestemberg, Jeammet, 1972).

▲ La psychothérapie analytique familiale

Les séances sont proposées à l'ensemble de la famille, dont deux générations doivent être présentes. Il y a généralement deux thérapeutes ; les séances durent au moins une heure, sont espacées d'une quinzaine de jours, et la durée totale du traitement est déterminée — pour une année, par exemple.

Cette situation est une situation groupale, mais elle offre des résistances spécifiques au transfert central qui résultent de la prépondérance du groupe naturel familial avec ses alliances et ses ritualisations.

Les interrelations familiales font apparaître le jeu des identifications projectives des parents, la pathologie des enfants « actualise » ces projections. (Zinner, Shapiro, 1972).

Eiguer (1987) se réfère à la notion de *parenté fantasmatique* pour interpréter le mythe familial. Les processus transférentiels font apparaître le déploiement des fantasmes qui caractérisent la famille.

2.2.4. La place des parents : la famille des enfants suivis en psychothérapie

La place des parents dans les soins est très différente selon l'âge de l'enfant et les modalités thérapeutiques choisies.

Le traitement du nourrisson implique toujours la présence des parents ou de la mère avec son bébé. Dès l'âge de deux à trois ans, les thérapies de l'enfant seul sont possibles, mais quand il s'agit d'un très jeune enfant, la mère reste parfois présente dans la pièce.

En règle générale, l'enfant doit pouvoir constater que le temps particulier de la séance lui appartient et n'est pas rapporté aux parents. Une exception notable, rapportée par Chiland (1983, p. 98), concerne la position adoptée par Winnicott dans le traitement de Piggle (1969b), puisqu'il communique avec les parents, qu'il utilise comme cothérapeutes, à propos du contenu des séances avec leur petite fille. Gammill (1998) étudie les réactions des parents à la psychothérapie de leurs enfants et montre la nécessité de les recevoir de temps en temps (p. 233-248). Il faut tenir compte de leur culpabilité, de leur blessure narcissique et, parfois, de leur grande jalousie car certains ont un besoin infantile d'être écoutés et ce sentiment peut les conduire à de véritables attaques contre la thérapie en cours.

La connaissance de l'influence des processus familiaux sur la pathologie de l'enfant fit parfois suggérer aux parents une psychothérapie, dans l'intérêt de l'enfant, dès les premières rencontres. Cette proposition faisait violence aux familles et les culpabilisait davantage. Pourtant, des changements d'attitude des parents, une mise en question de leurs principes éducatifs, sont des objectifs importants.

Dans de nombreux CMP et CMPP, des rencontres sont proposées aux parents pendant la période où l'enfant est en rééducation ou en psychothérapie. Un médecin ou une assistante sociale reçoit les parents régulièrement ou à leur demande pour discuter de l'évolution de l'enfant et les assister dans leurs difficultés éducatives. Ces rencontres, tantôt avec le couple de parents, tantôt avec un seul, n'ont pas le caractère formel des psychothérapies ; elles sont conduites d'une façon non directive mais sans refuge dans la « neutralité ».

Pour donner à ce travail thérapeutique plus de cohérence et utiliser l'effet particulier des rencontres associant diversement les membres de la famille, j'ai utilisé une méthode dite de « psychothérapie multifocale » (Despinoy, 1981). L'enfant et les parents sont reçus ensemble la première fois par deux thérapeutes. Par la suite, un thérapeute suit l'enfant s'il y a une indication de psychothérapie individuelle. L'autre thérapeute reçoit les parents dans la perspective d'un travail de réflexion sur les relations de l'enfant avec la famille. Les parents sont reçus seuls ou séparément, mais aussi des membres de la fratrie et éventuellement des grands-parents. À intervalles réguliers, assez espacés, les deux thérapeutes reçoivent, comme au premier jour, l'enfant avec sa famille. Cette forme de projet thérapeutique favorise une réflexion globale sur la psychopathologie de l'enfant et de sa famille en respectant le cadre de la psychothérapie analytique de l'enfant, mais elle s'écarte de toute référence formelle à la psychothérapie familiale.

2.2.5. **Traitement médical : les psychotropes**

▲ Les dangers des psychotropes chez l'enfant

Les chimiothérapies ont des objectifs symptomatiques ; leur usage chez l'enfant suscite les plus grandes réserves, particulièrement en France, pour plusieurs raisons :

▲ L'évaluation difficile des indications et des résultats, avec les limites éthiques et pratiques des études pharmacologiques chez des enfants. La pharmacocinétique est différente chez l'enfant. En général, l'effet des molécules actives est plus rapide et plus court (du fait d'une demi-vie plus courte et d'une moindre fixation plasmatique) avec, de plus, une grande variabilité de la réponse suivant les individus (intensité de la réponse, effet paradoxaux).

▲ Des effets secondaires à court et long terme, par exemple des dyskinésies irréversibles qui nécessitent des prescriptions de correcteurs eux-mêmes générateurs d'effets secondaires.

▲ Des préoccupations déontologiques qui résultent du fait que les autorisations d'usage des médicaments excluent généralement les enfants.

Un bilan médical, clinique et paraclinique (EEG, ECG, dosages sanguins…), est nécessaire au préalable, car il existe un certain nombre de contre-indications. De même, une surveillance médicale ultérieure est impérative.

Dans tous les cas, une prescription chez l'enfant doit se faire sur des périodes de temps les plus courtes possibles, la seule importante exception étant les anticonvulsivants.

▲ Les principales familles de psychotropes et leurs indications

Les neuroleptiques. Ils sont utilisés pour traiter l'agitation, l'instabilité, l'agressivité et les angoisses psychotiques. L'un d'entre eux, l'Haldol (Halopéridol) a de plus une indication particulière pour le traitement du syndrome de Gilles de la Tourette.

Les antidépresseurs. Leur utilisation pour la dépression n'est envisageable qu'après l'âge de douze ans, mais ils ont une indication pour l'énurésie après six ans (cet usage est concurrencé par l'utilisation d'un dérivé de l'hormone antidiurétique, la desmopressine, Minirin). Certains antidépresseurs, sont préconisés dans les TOC (troubles obsessionnels compulsifs).

Les psychostimulants. Les dérivés amphétaminiques sont utilisés dans le syndrome hyperkinétique.

Les tranquillisants et sédatifs. Ils sont utilisables dans les manifestations anxieuses et les troubles du sommeil, mais leur usage est très limité du fait d'accoutumance rapide chez l'enfant.

Les anticonvulsivants. Ce sont les seuls médicaments utilisés d'une façon souvent permanente, car ils sont parfois indispensables pour stabiliser les pathologies épileptiques. Parmi eux, le Tégrétol (carbamazépine) a aussi une indication dans les manifestations dysthymiques et agressives, mais il peut avoir un effet paradoxal.

2.3. *Projet thérapeutique en fonction de la pathologie*

Le projet thérapeutique a des caractères spécifiques à chaque situation ; élaboré après l'accueil, il est révisé ensuite selon l'évolution de l'enfant. La gravité des troubles détermine les principales orientations : les états limites, les troubles cognitifs, la dysphasie, les troubles autistiques et psychotiques justifient de traitements multiples et difficiles, beaucoup plus intensifs que pour d'autres pathologies.

2.3.1. Traitement en CMP ou CMPP

Dans la majorité des cas, l'essentiel du projet thérapeutique peut être réalisé dans le CMP ou le CMPP, parfois en établissant quelques liaisons avec la crèche ou l'école. Diverses interventions, par exemple des séances d'orthophonie associées à une psychothérapie de l'enfant, ainsi que des rencontres avec les parents selon les modalités que j'ai discutées, conduisent à la reprise d'une évolution normale – dans une proportion des cas qui fait rarement l'objet d'évaluations…

2.3.2. Traitement des troubles graves du développement

La psychose ou l'autisme d'un enfant nécessite la mise en place, avec la participation des parents, d'un projet thérapeutique multiple qui dépasse le cadre d'un centre de consultation.

Je décrirai ici un modèle d'organisation de soins qui s'appuie en grande partie sur les conceptions d'Hochmann (1997).

Le traitement est organisé par un collectif de soins ; il comporte la psychothérapie de l'enfant, le travail avec la famille, l'aménagement des activités et la pédagogie.

▲ La psychothérapie de l'enfant

Il s'agit le plus souvent d'une psychothérapie individuelle. Par l'utilisation du transfert et les modes d'intervention, c'est une pratique analytique, mais Haag (1988b) montre la nécessité de quelques modifications techniques :

- ▲ sobriété et solidité du cadre matériel, attention extrême à la stabilité spatiale et temporelle ;
- ▲ tolérance aux approches corporelles dont on recherche l'interprétation ;
- ▲ position active, en allant « à la recherche » de l'enfant autistique en retrait, en protégeant des automutilations, en limitant la destructivité des enfants en psychose symbiotique.

Pour ces enfants, qui utilisent des défenses projectives et adhésives massives, l'objectif pour le thérapeute est de permettre le jeu des identifications tout en assurant la solidité du cadre et en tenant compte de l'intensité des angoisses archaïques. La forme de relation du thérapeute qui « appelle » la présence de l'enfant (Alvarez, 1992, p. 74-92) semble être l'un des éléments nécessaires à l'instauration d'un processus thérapeutique.

Les psychothérapies individuelles des enfants autistes et psychotiques pourraient être utilement remplacées par des thérapies de groupe qui semblent favoriser les processus d'élaboration des enveloppes psychiques (Haag, 1988 b ; Boubli et Despinoy-Trouvé, 1996). Le groupe est constitué de quatre à cinq enfants présentant des états post-autistiques ou des psychoses symbiotiques, âgés de quatre à dix ans, et de deux thérapeutes. La technique adoptée est dite *groupale* : les thérapeutes ne s'adressent pas à un enfant en particulier mais au groupe dans son ensemble, en utilisant le *« on »* dans les interprétations. Le langage qu'il faut décoder dans de tels groupes est essentiellement préverbal : les déplacements, les attitudes, les manipulations d'objets, quelques émissions sonores. Le thème global qui s'en dégage permet d'évaluer quels processus prédominent à ce moment particulier de la vie du groupe.

▲ Travail avec la famille

La famille a une place essentielle dans un projet de traitement d'enfant psychotique qui recherche son maintien dans la communauté. Des rencontres régulières avec les parents ont pour objet à la fois de traiter des problèmes concrets des relations et d'accueillir leurs réactions affectives. Hochmann (1997, p. 351) décrit ces rencontres comme des échanges de dons. Le travail thérapeutique à domicile avec l'enfant sous forme d'activités avec lui (p. 338-339) permet aux soignants d'observer les cercles vicieux qui s'instaurent parfois entre l'enfant et sa famille.

La possibilité d'appeler l'équipe à l'aide en urgence contribue à réduire l'angoisse que suscitent les moments de crises.

▲ L'aménagement des activités

Le milieu social de l'enfant est l'école, mais au-delà de l'École maternelle, l'accès aux structures scolaires est généralement très difficile pour des enfants autistes et psychotiques.

À défaut de l'intégration scolaire, qui me semble être la situation préférable à tout milieu thérapeutique, le collectif de soins propose, en tenant compte des disponibilités des parents et des temps thérapeutiques déjà prévus, des activités qui ont pour principe essentiel de toujours permettre à l'enfant de retrouver le même adulte de référence. Hochmann considère qu'un point important du projet thérapeutique est l'articulation des différents temps de rencontre avec le récit qui en est fait à l'enfant.

▲ La pédagogie et les apprentissages

On ne se préoccupe généralement guère d'apprentissage pour ces enfants, et les enseignants spécialisés à qui on les confie, privés du soutien de ceux qui connaissent l'enfant et des moyens très spécifiques qui seraient nécessaires, travaillent sans illusion.

Pourtant l'expérience d'intégration scolaire des enfants psychotiques et autistes montre que les activités pédagogiques suscitent chez eux de l'intérêt et même de l'envie d'apprendre. Un travail d'apprentissage est possible mais il nécessite, en plus de la connaissance des processus d'acquisition, une compréhension des conflits psychiques et des angoisses de l'enfant. Cette forme de pédagogie nécessite une formation très spécifique et constitue une partie importante du traitement d'un enfant psychotique.

▲ L'hôpital de jour

L'hôpital de jour est souvent considéré comme le lieu privilégié de soin pour les enfants psychotiques. Mais disposer d'un hôpital de jour fait courir le risque d'utiliser l'établissement comme un instrument thérapeutique « total » au lieu de le transformer en centre organisateur d'un réseau ouvert sur le milieu naturel. Lucas (1997) montre, en donnant de multiples exemples des activités d'un centre de soins, qu'une évolution heureuse des hôpitaux de jour d'enfants est possible en tirant parti « des avantages de la multidisciplinarité des équipes et du maintien, autant que faire se peut, des enfants dans leur milieu de vie habituel » (p. 1).

Bibliographie

ABRAHAM K. (1924), « Esquisse d'une histoire du développement de la libido fondée sur la psychanalyse des troubles mentaux », *Œuvres complètes II, 1915-1925,* Paris, Payot, 1965, 170-226.

AJURIAGUERRA J. de (1970), *Manuel de psychiatrie de l'enfant,* Paris, Masson.

AINSWORTH M. (1969), « Object Relations, Dependency and Attachment : a Theorical View of the Infant-Mother Relationship », *Child Developement, 40,* 969-1025.

ALVAREZ A. (1992), *Une présence bien vivante,* Larmor-Plage, Éditions du Hublot.

ANTHONY E-J., CHILAND C., KOUPERNIK C. (1978), *L'Enfant vulnérable,* Paris, PUF.

ANZIEU D. (1974), « Le Moi-Peau », *Nouvelle Revue de Psychanalyse,* n° 9, 195-208.

ASPERGER H. (1944), *Les Psychopathes autistiques pendant l'enfance,* Paris, Synthélabo, PUF, 1998.

AUBRY J. (1955), *La Carence de soins maternels,* Paris, Centre international de l'Enfance.

BACAL H., NEWMAN K. (1990), *Theories of Object Relations : Bridges to self Psychology,* New York, Columbia University Press.

BALINT M. (1965), *Amour primaire et technique psychanalytique,* Paris, Payot.

BATESON G. (1977-1980), *Vers une écologie de l'esprit,* 2 tomes, Paris, Seuil.

BERGER M. (1992), *Les Séparations à but thérapeutique,* Toulouse, Privat.

— (1996), *Les Troubles du développement cognitif,* Paris, Dunod.

BERGERET J. (1975), *La Dépression et les états limites,* Paris, Payot.

BERGUEZ G. (1983), *L'Autisme infantile*, Paris, PUF.

BERTALANFFY L. (VON) (1968), *Théorie générale des systèmes,* Paris, Dunod.

BECK A. (1976), *Cognitive Therapy and Emotional Disorders,* New York, International Universities Press.

BICK E. (1964), « Remarques sur l'observation de bébés dans la formation des analystes », *Journal de la psychanalyse de l'enfant, 1992,* 12, 14-35.

— (1968), « The Experience of the Skin in Early Object Relations », *International Journal of Psychoanalysis*, 49, 484-486.

BION W. (1967), *Réflexion faite,* Paris, PUF, 7-28.

— (1962), *Aux Sources de l'expérience*, Paris, PUF.

— (1975), « Césure », *Entretiens psychanalytiques,* Paris, Gallimard, 241-259.

BLOCK J. (1968), « Further Considerations of Psychosomatic Predisposing Factors », *Allergy, Psychosomatic Medecine*, 30, 202-208.

— BLOS P. (1962), *Les Adolescents,* Paris, Stock.

(1967), « The Second Individuation Process of Adolescence », *The Psychoanalytic Study of the Child, 22,* 62-186.

BOEKHOLT M. (1998), *Les Épreuves thématiques en clinique infantile, approche psychanalytique,* Paris, Dunod.

BOUBLI M., DESPINOY-TROUVÉ S. (1996), « Effet dynamisant et mutatif de l'hétérogénéité des processus de pensée en groupe », *Revue de psychothérapie psychanalytique de groupe, 27,* 31-44.

BOUVET D. (1982), *La Parole de l'enfant sourd,* Paris, PUF.

BOUVET M. (1956), « La clinique psychanalytique. La relation d'objet », *La Psychanalyse d'aujourd'hui, 1,* Paris, PUF, 41-121.

BOWLBY J. (1951), *Soins maternels et santé mentale,* Genève, OMS.

— (1960), « Separation Anxiety », *International Journal of Psychoanalysis,* 41, 89-113.

— (1969), *Attachement et perte I, L'Attachement ;* Paris, PUF.

— (1973), *Attachement et perte II, La Séparation. Angoisse et colère,* Paris, PUF.

— (1980), *Attachement et perte III, La Perte. Tristesse et dépression,* Paris, PUF.

— (1989), « La théorie de l'attachement », *in* S. Lebovici et F. Weil-Halpern, *Psychopathologie du bébé,* Paris, PUF, 165-170.

BRAZELTON T.B. (1973), *Neonatal Behavorial Assesment Scale,* Londres, Heinemann.
— (1982), « Le bébé : partenaire dans l'interaction », *La Dynamique du nourrisson*, Paris, ESF, 11-27.
BRUCH H. (1973), *Les Yeux et le Ventre,* Paris, Payot.
BRUNER J. (1973), « L'organisation des premiers savoir-faire », *Le Développement de l'enfant. Savoir faire, savoir dire,* Paris, PUF, 1983, 87-110.
BRUSSET B. (1985 a), « L'Anorexie Mentale des adolescentes », *in* S. LEBOVICI, R. DIATKINE et M. SOULÉ, *Nouveau Traité de psychiatrie de l'enfant et de l'adolescent, t. 2,* Paris, PUF, éd. 1997, 1693-1711.
— (1985b), « La boulimie », *in* S. LEBOVICI, R. DIATKINE et M. SOULÉ, *Nouveau Traité de psychiatrie de l'enfant et de l'adolescent, t. 2,* Paris, PUF, éd. 1997, 1713-1721.
BURSZTEJN C. (1997), « Sciences cognitives et psychopathologie de l'enfant : questions et enjeux », *Neuropsychiatrie de l'enfance et de l'adolescence, 7-8,* 307-319.
CAHN R. (1991), *Adolescence et folie,* Paris, PUF.
CHABERT C. (1993), « La boulimie : perversion ou mélancolie ? », *Neuropsychiatrie de l'enfance et de l'adolescent,* 41, 5/6, 250-253.
CHANGEUX J. P. (1989), *L'Homme neuronal,* Paris, Fayard.
CHATOOR I., SCHAEFER S., DICKSON L., EGAN J., « Non organic Failure to Trive. A developmental perspective », *Pediatric Annals,* 13, 829-842.
CHILAND C. (1971), *L'Enfant de six ans et son avenir*, Paris, PUF.
— (1983), *L'Entretien clinique,* Paris, PUF.
— (1985), « La naissance de l'identité sexuée », *in* S. LEBOVICI, R. DIATKINE et M. SOULÉ, *Nouveau Traité de psychiatrie de l'enfant et de l'adolescent, t. 1,* Paris, PUF, éd. 1997, 297-317.
— (1997), « Cognition et développement, un nouveau regard sur la psychopathologie de l'enfant », *Neuropsychiatrie de l'enfance et de l'adolescence,* 7-8, 327-332.
COHEN D. (1992), « Le syndrome de Tourette », *La Psychiatrie de l'enfant, 35, 2,* 365-419.
CORMAN L. (1961), *Le Test PN : une dynamique nouvelle de la projection*, Paris, PUF.
COSNIER J. (1980), « Le développement de la communication dans l'espèce humaine », *Audition et Parole,* 2, 3-7.
CRAMER B. (1982), « La psychiatrie du nourrisson : une introduction », *La Dynamique du nourrisson,* Paris, ESF, 28-83.
— (1985), « Psychothérapies du nourrisson », *in* S. Lebovici, R. Diatkine et M. Soulé, *Nouveau Traité de psychiatrie de l'enfant et de l'adolescent, t. 3,* Paris, PUF, éd. 1997, 2093-2101.
CRAMER B., PALACIO ESAPASA F. (1993), *La Pratique des psychothérapies mères-bébés,* Paris, PUF.
CURRIE J. (1970), « A Psychiatric Assessment of the Battered Child Syndrome », *South African Journal,* 44, 635-638.
DAMASIO A. (1994), *L'Erreur de Descartes. La raison des émotions,* Paris, Odile Jacob.
DAVID M., APPEL G. (1962), « Étude des facteurs de carence affective dans une pouponnière », *Psychiatrie de l'enfant,* IV, 2, 401-442.
DAVID M. (1987), « Souffrance du jeune enfant exposé à un état psychotique maternel », *Perspectives psychiatriques*, 26, 6, *(1)* 7-22.
DAWS D. (1989), *Through the Night,* London, Free Association Books.
DESPINOY M. (1981), « Thérapies multi-focales des familles », *Psychiatrie française*, 12, 2, 84-91.
DIATKINE G. (1985), « Obsessions et névrose obsessionnelle », *in* S. LEBOVICI, M. SOULÉ, *Nouveau Traité de psychiatrie de l'enfant et de l'adolescent*, t. 2, Paris, PUF, éd. 1997, 1131-1157.
DIATKINE R. (1985 a), « Introduction à la théorie psychanalytique de la psychopathologie », *in* S. LEBOVICI, M. SOULÉ, *Nouveau Traité de psychiatrie de l'enfant et de l'adolescent*, t. 2., Paris, PUF, éd. 1997, 1039-1087.
— (1985b), « Les troubles de la parole et du langage », *in* S. LEBOVICI, M. SOULÉ, *Nouveau traité de psychiatrie de l'enfant et de l'adolescent*, t. 2, Paris, PUF, éd. 1997, 1599-1634.
DONNET J.-L., GREEN A. (1973), *L'Enfant de ça,* Paris, Minuit.
EDELMAN G. (1994), *Biologie de la conscience,* Paris, Odile Jacob.
EIGUER A. (1987), *La Parenté fantasmatique,* Paris, Dunod.

EMDE R. (1989), « L'expérience du bébé au cours des relations : aspects affectifs et développementaux », *in* A. Sameroff et R. Emde, *Les Troubles des relations précoces,* Paris, PUF, 56-83.
ERICKSON E. (1950), *Enfance et Société,* Neuchâtel, Delachaux et Niestlé.
— (1968), *Adolescence et crise. La quête de l'identité,* Paris, Flammarion.
ESCALONA S. K. (1968), *The roots of Individuality : Normal Patterns of Development in Infancy,* Chicago, Aldine Publishing Company.
FAIRBAIRN W. (1952), *Psychoanalytic Studies of the Personality,* London (Tavistock), Routledge and Kegan Paul.
FEDIDA P. (1994), « Psychopathologie et métapsychologie », *in* D. WIDLÖCHER, *Traité de psychopathologie,* Paris, PUF, 319-340.
FODOR J. (1983), *La Modularité de l'esprit, essai sur la psychologie de facultés,* Paris, Minuit.
FOLSTEIN S., RUTTER M. (1978), « Études de cas d'autisme infantile précoce par la méthode des jumeaux », *in* M. RUTTER, E. SCHOPLER, *L'Autisme,* Paris, PUF, 1978, 262-288.
FRAIBERG S. (1971), « Smiling and stranger reaction in blind infants », *Selected Writings of Selma Fraiberg,* 1987, Columbus, Ohio States University Press, 505-524.
FRAIBERG S., SHAPIRO V., ADELSON E. (1976), « Infant-Parent Psychotheray on Behalf of a Child in a Critical Nutritional State », *The Psychoanalytic Study of the Child*, 31, 461-491.
FRAIBERG S., (1977), *Insights from the Blind,* New York, Basic Books.
FREUD A. (1926), « Un symptôme hystérique chez un enfant de deux ans et trois mois », *International Journal of Psychoanalysis*, 7, 227-229.
— (1936), *Le Moi et les mécanismes de défense,* Paris, PUF.
— (1965), *Le Normal et le Pathologique chez l'enfant,* Paris, Gallimard.
FREUD S., 1887-1902 (1950), *La Naissance de la psychanalyse,* Paris, PUF.
— (1901), *Psychopathologie de la vie quotidienne,* Paris, Payot.
— (1905), *Trois essais sur la théorie de la sexualité,* Paris, Gallimard « Folio ».
— (1908), « Les fantasmes hystériques et la bisexualité », *Névrose, psychose et perversion,* Paris, PUF, 149-160.
— (1909 a), « Analyse d'une phobie chez un petit garçon de 5 ans [Le petit Hans] », *Cinq psychanalyses,* Paris, PUF, 93-198.
— (1909b), « Remarques sur un cas de névrose obsessionnelle », *Cinq psychanalyses,* Paris, PUF, 199-261.
— (1909c), « Le roman familial des névrosés », *Névrose, psychose et perversion,* Paris, PUF, 157-165.
— (1911 a), « Formulation sur les deux principes du cours des événements psychiques », *Résultats idées, problèmes*, 1, Paris, PUF, 135-143.
— (1911b), « Remarques psychanalytiques sur l'autobiographie d'un cas de paranoïa » in *Cinq Psychanalyses*, Paris, PUF, 263-324.
— (1913 a), « L'intérêt de la psychanalyse », *Résultats idées, problèmes*, I, Paris, PUF, 187-213.
— (1913b), « La disposition à la névrose obsessionnelle », *Névrose, psychose et perversion,* Paris, PUF, 189-197.
— (1914), « Pour introduire le narcissisme », *La Vie sexuelle,* Paris, PUF, 81, 105.
— (1915), « Quelques types de caractère dégagés par la psychanalyse », *Essais de psychanalyse appliquée,* Paris, Gallimard, 105-136.
— (1917), *Deuil et mélancolie,* in *Œuvres complètes*, XIII, *1914-1915,* Paris, PUF, 261-280.
— (1917-1918), *Introduction à la psychanalyse,* Paris, Payot.
— (1920), *Au-delà du principe de plaisir,* in *Œuvres complètes*, XV, *1916-1920,* Paris, PUF, 273-338.
— (1923), *Le Moi et le Ça,* in *Œuvres complètes*, XVI, Paris, PUF, 255-301.
— (1924), « Névrose et psychose », *Névrose, psychose et perversion,* Paris, PUF, 283-286.
— (1926), *Inhibition, symptômes et angoisse,* Paris, PUF.
— (1927), « Le fétichisme », *La Vie sexuelle,* Paris, PUF, 133-138.
— (1938 a), « Le clivage du moi dans le processus de défense », *Résultats, idées, problèmes, II, 1921-1938,* Paris, PUF, 283-286.

— (1938b) (1946), *Abrégé de psychanalyse,* Paris, PUF.
FRITH U. (1989), *L'Énigme de l'autisme,* Paris, Odile Jacob.
GAMMILL J. (1998), *À partir de Mélanie Klein,* Meyzieu, Césura.
GEISSMANN C., GEISSMANN P. (1992), *Histoire de la psychanalyse de l'enfant,* Paris, Bayard.
GIBELLO B. (1984), *L'Enfant à l'intelligence troublée,* Paris, Le Centurion.
GREEN A. (1974), « L'analyste, la symbolisation et l'absence dans le cadre analytique », *La Folie privée,* Paris, Gallimard, 63-102.
— (1980), « La mère morte », *Narcissisme de vie, narcissisme de mort,* Paris, Minuit, 1983, 222-253.
GRINBERG L., (1990), *The Goals of Psychoanalysis,* London, Karnak Books.
GROTSTEIN J.S. (1981), *Splitting and Projective Identification,* New York/London, Jason Aronson.
GUTTON P. (1996), *Adolescens,* Paris, PUF.
HAAG G. (1988 a), « Réflexions sur quelques jonctions psycho-toniques et psycho-motrices dans la première année de la vie », *Neuropsychiatrie de l'Enfance*, 36, 1, 1-8.
— (1988b), « La psychanalyse des enfants psychotiques », *Journal de la psychanalyse de l'enfant, 5,* 185-204.
HAIM A., (1970), *Les Suicides d'adolescents,* Paris, Payot.
HARTMANN H. (1950), « Psychoanalysis and Developmental Psychology », *The Psychoanalytic Study of the Child,* 5, 7-17.
HOBSON R.P., (1989), « Beyond Cognition. A Theory of Autism », *in* G. DAWSON, *Autism,* New York, The Guilford Press.
HOCHMANN J. (1997), *Pour soigner l'enfant autiste,* Paris, Odile Jacob.
HOUZEL D. (1985 a), « Une application de la méthode d'observation des nourrissons : les traitements à domicile », *in* S. Lebovici, R. Diatkine, M. Soulé, *Nouveau Traité de psychiatrie de l'enfant et de l'adolescent*, t. 1, Paris, PUF, éd. 1997, 519-530.
— (1985b), « Nouvelles approches psychopathologiques de l'autisme infantile », *in* S. Lebovici, R. Diatkine, M. Soulé, *Nouveau Traité de psychiatrie de l'enfant et de l'adolescent,* t. 2, Paris, PUF, éd. 1997, 1224-1254.
INHELDER B. CELLERIER G. (1992), *Le Cheminement des découvertes de l'enfant,* Lausanne, Delachaux et Niestlé.
JEAMMET Ph., (1993), « L'approche psychanalytique des troubles de conduites alimentaires », *Neuropsychiatrie de l'enfance et de l'adolescence*, 41, 5/6, 235-244.
JONES M. (1968), *Social Psychiatry in Practice,* Londres, Penguin Books.
KHAN M. (1974), *Le Soi caché,* Paris, Gallimard.
KERNBERG O. (1975), *Les Troubles de la personnalité,* Toulouse, Privat.
KESTEMBERG E., Kestemberg J., Decobert S. (1972), *La Faim et le Corps,* Paris, PUF.
KESTEMBERG E., JEAMMET Ph. (1972), *Le Psychodrame psychanalytique,* Paris, PUF.
KING R., NOSHPITZ J., (1991), *Pathways of Growth. Essentials of Child Psychiatry*, vol. 2, *Pychopathology*, New York, John Wiley & sons.
KLAUS M., KENNEL J. (1976), « Maternal-Infant Bonding », *The Impact of Early Separation or Loss on Family Development,* Saint Louis, Mosby.
KLEIN M. (1923), « Le rôle de l'école dans le développement libidinal de l'enfant », *Essais de psychanalyse,* Paris, Payot, 90-109.
— (1926), « Les principes psychologiques de l'analyse des jeunes enfants », *Essais de psychanalyse,* Paris, Payot, 166-177.
— (1928), « Les stades précoces du conflit œdipien », *Essais de psychanalyse,* Paris, Payot, 229-241.
— (1932), *La Psychanalyse des enfants,* Paris, PUF.
— (1935), « Contribution à l'étude de la psychogenèse des états maniaco-dépressifs », *Essais de psychanalyse,* Paris, Payot, 311-340.
— (1940), « Le deuil et ses rapports avec les états maniaco-dépressifs », *Essais de psychanalyse,* Paris, Payot, 341-369.

— (1946), « Notes sur quelques mécanismes schizoïdes », *Développements de la psychanalyse,* Paris, PUF.
— (1948), *Essais de Psychanalyse,* Paris, Payot.
— (1952), *Développements de la psychanalyse,* Paris, PUF.
— Rivière J. (1937), *L'Amour et la Haine,* Paris, Payot.
Kohut H. (1971), *Le Soi,* Paris, PUF.
Kreisler L. (1981), *L'Enfant du désordre psychosomatique,* Toulouse, Privat.
— (1985 a), « La pathologie psychosomatique », *in* S. Lebovici, R. Diatkine, M. Soulé, *Nouveau Traité de psychiatrie de l'enfant et de l'adolescent,* t. 2, Paris, PUF, éd. 1997, 1641-1665.
— (1985b), « Conduites alimentaires déviantes du bébé. A) l'anorexie mentale », *in* S. Lebovici, R. Diatkine, M. Soulé, *Nouveau Traité de psychiatrie de l'enfant et de l'adolescent,* t. 3, Paris, PUF, éd. 1997, 2061-2072.
— (1987), *Le Nouvel Enfant du désordre psychosomatique,* Toulouse, Privat.
— (1989), « La dépression du nourrisson », *in* S. Lebovici et F. Weil-Halpern, *Psychopathologie du bébé,* Paris, PUF, 341-351.
Kreisler L., Fain M., Soulé M. (1974), *L'Enfant et son corps,* Paris, PUF.
Kreisler L., Cramer B. (1981), « Bases cliniques de la psychiatrie du nourrisson », *Psychiatrie de l'enfant*, 24, 1, 233-263.
Kris M., (1957), « The Use of Prediction in a Longitudinal Study », *The Psychoanalytic Study of the Child*, 12, 175-189.
Kubicek L. (1980), « Organisation in two Mother-Infant Interactions Involving a Normal Infant and his Fraternal Twin Brother who was Later Diagnosed as Autistic », *in* T.M. Field, S. Goldberg, D. Stern, A.M. Sostk (Eds), *High Risk Infants and Children, Adult and Peers Interactions,* New York, Academic Press.
Lakoff G. (1987), *Women, Fire, and Dangerous Things,* Chicago and London, The University of Chicago Press.
Lamour M., Lebovici S. (1991), « Les interactions du nourrisson avec ses partenaires : évaluation et modes d'abord préventifs et thérapeutiques », *La psychiatrie de l'enfant*, XXXIV, 1, 170-275.
Lasègue E.-C. (1873), « De l'anorexie hystérique », *Archives générales de Médecine,* 21, 385-403.
Laufer M.; Laufer M. E. (1984), *Adolescence et rupture de développement,* Paris, PUF.
Leboyer, M. (1990 a), « Neuropsychologie et cognition », *in* Ph. Mazet et S. Lebovici, *Autisme et psychoses de l'enfant,* Paris, PUF, 107-114.
— (1990b). « Opioïd Excess Hypothesis of Autism : Double-blind Study of Naxeltron », *Brain Dysfunction,* Basel, Karger A.G.
Lebovici S., Stoleru S. (1983), *Le Nourrisson, la Mère et le Psychanalyste,* Paris, Bayard.
Lehman E. (1949), « Feeding Problems of Psychogenic Origin-A Survey of the Literature », *The Psychoanalytic Study of the Child*, 4, 461-487.
Loewald E. (1985), « Psychotherapy with Parent and Child in Failure-to-Thrive », *The Psychoanalytic Study of the Child*, 40, 345-364.
Lucas G. (1997), *Folies d'enfance,* Paris, PUF.
Mahler M. (1968), *Psychose infantile,* Paris, Payot.
Mahler M., Pine F., Bergman A. (1975), *La Naissance psychologique de l'être humain,* Paris, Payot.
Mâle P. (1964), *Psychothérapie de l'adolescent*, Paris, PUF.
Mannoni M. (1964), *L'Enfant arriéré et sa mère,* Paris, Seuil.
Marcelli D. (1985), « La dépression chez l'enfant », *in* S. Lebovici, R. Diatkine, M. Soulé, *Nouveau Traité de psychiatrie de l'enfant et de l'adolescent,* t. 2, Paris, PUF, éd. 1997, 1437-1461.
Marty P. (1976), *Mouvements individuels de vie et de mort,* Paris, PUF.
Masterson J. F, (1978), « L'adolescent borderline », *in* S.C. Feinstein, P.L. Giovacchini, A.A. Miller, *Psychiatrie de l'adolescent,* Paris, PUF, 169-205.

MELTZER D. (1967), *Le Processus psychanalytique,* Paris, Payot.
— (1972), *Les Structures sexuelles de la vie psychique,* Paris, Payot.
— BREMNER J., HOXTER S., WEDDELL D., WITTENBERG I. (1975), *Explorations dans le monde de l'autisme,* Paris, Payot.
— (1978), *Le Développement kleinien de la psychanalyse,* Paris, Bayard.
MIERMONT J. (1994), « Les paradigmes systémiques », *in* D. WIDLÖCHER, *Traité de psychopatholgie,* Paris, PUF, 177-222.
MISES R. (1975), *L'Enfant déficient mental,* Paris, PUF.
— (1990), *Les Pathologies limites de l'enfance,* Paris, PUF.
OGDEN T. (1986), *The Matrix of the Mind,* London, Karnak Books.
OPPENHEIMER A., (1996), *Kohut et la psychologie du self,* Paris; PUF.
PERRON-BORELLI M., PERRON R. (1970), *L'Examen psychologique de l'enfant,* Paris, PUF.
PETOT J.-M. (1982), *Mélanie Klein. Le moi et le bon objet. 1932-1960,* Paris, Dunod.
PIAGET J. (1936), *La Naissance de l'intelligence chez l'enfant,* Neuchâtel et Paris, Delachaux et Niestlé.
PIÑOL-DOURIEZ M. (1984), *Bébé agi- Bébé actif,* Paris, PUF, « Le Fil rouge ».
— (1985), « Interactions fantasmatiques ou protoreprésentations infantiles à l'épreuve des fantasmes parentaux ? », *Neuropsychiatrie de l'enfance et de l'adolescence*, 33, 89-93.
— (1989), « La genèse de la pensée et des représentations », *in* S. LEBOVICI, F. WEIL-HALPERN, *Psychopathologie du bébé,* Paris, PUF, 181-190.
PIONTELLI A. (1992), « L'observation du comportement humain à partir des stades les plus précoces », *Journal de la Psychanalyse de l'enfant*, 12, 154-172.
POMMEREAU X. (1996), *L'Adolescent suicidaire,* Paris, Dunod.
PORTE M., PORTE J.-M. (1982), « L'anorexie néo-natale », *Psychiatrie de l'enfant*, 25, 2, 261-294.
PREMACK D., WOODRUFF G. (1978), « Does a Chimpazee Have a Theory of Mind ? », *Behaviour and Brain Sciences,* 4, 515-526.
PREYER W. (1887, éd. fr.), *L'Âme de l'enfant,* Paris, Alcan.
PRIVAT P., SACCO F. (1995), *Groupes d'enfants et cadre psychanalytique,* Paris, Érès.
PROCHIANTZ A. (1997), *Les Anatomies de la pensée,* Paris, Odile Jacob.
REDL F. (1945), « The Psychology of Gang Formation and the Treatment of Juvenile Delinquents », *The Psychoanalytic Study of the Child*, 1, 367-377.
ROBSON K.S. (1983), *The Borderline Child : Approaches to etiology, diagnostic and treatment,* New York, Mc Graw Hill.
ROQUES B. (1999), *La Dangerosité des drogues,* Paris, Odile Jacob.
RORSCHACH H. (1921), *Psychodiagnostic,* Paris, PUF.
ROSENFELD H. (1965), *États psychotiques,* Paris, PUF.
ROULIN J.-L. (1998), *Psychologie cognitive,* Paris, Bréal.
RUTTER M., SCHOPLER E. (1978), *L'Autisme,* Paris, PUF.
SAVITT R. (1963), « Psychoanalytic Studies on Addiction : Ego Structure in Narcotic Addiction », *Psychoanalytic Quarteley*, 32, 43-57.
SELVINI PALAZZOLI M., BOSCOLO L., CECCHIN G., PRATA G. (1975), *Paradoxe et contre-paradoxe,* Paris, ESF.
SILVERMAN F. (1953), « Roentgen Manifestation of Unrecognized Skeletal Trauma in Infants », *American Journal of Roentgenology*, 69, 413-427.
SKINNER B., (1969), *L'Analyse expérimentale du comportement,* Bruxelles, Charles Dessart.
SOULAYROL R. (1999), *L'Enfant foudroyé,* Paris, Odile Jacob.
SPITZ R. (1945), « Hospitalism : An Inquiry into the Genesis of Psychiatric Conditions in Early Childhood », *The Psychoanalytic Study of the Child*, I, 53-74.
SPITZ R. (1946), « Anaclitic Depression : An Inquiry into the Genesis of Psychiatric Conditions in Early Childhood », *The Psychoanalytic Study of the Child*, II, 313-342.
SPITZ R. (1950), « Relevancy of Direct Infant Observation », *The Psychoanalytic Study of the Child*, 5, 66-73.
— (1965), *De la Naissance à la parole,* Paris, PUF.
STERN D., (1985), *Le Monde interpersonnel du nourrisson,* Paris, PUF.

— (1995), *La Constellation maternelle,* Paris, Calmann-Levy.

STOLOROW R, ATWOOD G., BRANDCHAFT B., (1994), *The Intersubjective Perspective,* Northvale (N.J.), Jason Aronson.

STOLLER R.J. (1975), *Sex and Gender, 2, The transsexual Experiment,* London, The Hogarth Press.

SZTULMAN H., (1991), « Méthodes d'évaluation : problématiques et enjeux », *Adolescence*, 9, 91-103.

TAUSK V. (1912-1919), *Œuvres psychanalytiques,* Paris, Payot.

TRONICK E., WEINBERG M., (1998), « À propos des conséquences toxiques psychiques de la dépression maternelle sur la régulation émotionnelle mutuelle des interactions mère-bébé : l'impossibilité de créer des états de conscience dyadiques », *in* Ph. MAZET, S. LEBOVICI, *Psychiatrie périnatale,* Paris, PUF, 299-333.

TUSTIN F. (1972), *Autisme et psychose de l'enfant*, Paris, Seuil.

— (1986), *Le Trou noir de la psyché,* Paris, Seuil.

— (1990), *Autisme et protection,* Paris, Seuil.

— (1991), « Revised Understandings of Psychogenic Autism », *International Journal of Psychoanalysis*, 72, 585-591.

— (1994), *Conversation psychanalytique,* Saint-André-de-Cruzières, AUDIT.

VAILLANT G. (1979), « A twenty Year Follow-up of New York Narcotic Addicts », *Archivs of General Psychiatry*, 29, 237-241.

WALLON H. (1942), *De l'Acte à la pensée. Essai de Psychologie comparée,* Paris, Flammarion.

WATZLAWICK P., HELMICK-BEAVIN J., JACKSON D., (1967), *Une logique de la communication,* Paris, Seuil.

WILLICK M., (1990, « Psychoanalytic concepts of the Etiology of Severe Mental Illness », *Journal of American Psychoanalytic Association*, 38, 1049-1081.

WINNICOTT D. (1952), « L'angoisse associée à l'insécurité », *De la Pédiatrie à la psychanalyse,* Paris, Payot, 126-130.

— (1956 a), « La préoccupation maternelle primaire », *De la Pédiatrie à la psychanalyse,* Paris, Payot, 168-174.

— (1956b), « La tendance antisociale », *De la Pédiatrie à la psychanalyse,* Paris, Payot, 175-190.

— (1958 a), « La première année de la vie », *De la Pédiatrie à la psychanalyse,* Paris, Payot, 191-204.

— (1958b), *De la Pédiatrie à la psychanalyse,* Paris, Payot.

— (1960), « Distorsion du moi en fonction du vrai et du faux self », *Processus de maturation chez l'enfant,* Paris, Payot, 115-131.

— (1962), « Vues personnelles sur l'apport de Melanie Klein », *Processus de maturation chez l'enfant,* Paris, Payot, 139-149.

— (1963), « De la communication et de non-communication », *Processus de maturation chez l'enfant,* Paris, Payot, 151-168.

— (1969 a), *La Consultation thérapeutique et l'enfant,* Paris, Gallimard, 1971.

— (1969b), *La Petite Piggle,* Paris, Payot, 1977.

WYNNE L. (1958), « Pseudomutality in the Family Relations of Schizophrenia », *Psychiary*, 21, 205-220.

ZINNER J., SHAPIRO R., (1972), « Projective Identification as a Mode of Perception and Behaviour in Families of Adolescents », *International Journal of Psychoanalysis*, 53, 523-530.

Index

Table des matières

Photocomposition : Nord Compo
59650 Villeneuve-d'Ascq

Imprimerie France Quercy - Cahors
N° d'impression : 31904

N° de projet : 10107973 - NC - Dépôt légal : septembre 2003
Imprimé en France